JN138889

「満洲国建国」は正当である

米国人ジャーナリストが見た、歴史の真実

The case for Manchukuo

ジョージ・ブロンソン・レー

George Bronson Rea

［監修］
竹田恒泰

［企画・調査・編集］
吉重丈夫

［訳］
藤永二美

PHP

『「満洲国建国」は正当である』新訳版刊行に寄せて

竹田恒泰

「満洲国は、悲劇に見舞われ続けた広大な支那の土地に明るく輝き始めた光である。満洲国の樹立という先例は、地球の西半球の全人口も超える一大民族にとって幸福を得られるかもしれないという希望となっているのだ」

「日本が満洲国三千万の民の独立の権利を認め、強力で自立可能な国家の樹立を助けることを選択し、さらに彼らの正統な統治者（溥儀）を復活させ、国内外の敵に対する相互防衛のために、その政権と同盟を結んだことは、侵攻でも征服でもなく、国際社会によって合法と認められた他の仕組みと何ら変わりない。『日本は捌け口を見つけたのだ』。今のところ、満洲国は自由で独立した主権国家であり、その歴史と伝統を誇りにしている」

満洲国に関するこの記述は、戦前の国定教科書の文言でもなければ、帝国陸軍将校の言葉でもない。満洲国建国から三年になる昭和十年（一九三五年）に米国人ジャーナリストのジョージ・ブロンソン・レーが書き記した本書『「満洲国建国」は正当である』に記されていることとである。レー氏はアジア在住期間が長く、孫文とも親交があり、満洲国の顧問も務めた人物である。

戦後の国際社会では、満洲事変は日本の「侵略行為」であり、その後建国された満洲国は日本の「傀儡（かいらい）国家」であるとされ、日本でもそのように教育されてきた。これは、満洲国建国直後から欧米列強によって主張されたことである。その後、東京裁判で連合国側が主張し、そのまま定着し現在に至る。

敗戦国であり「裁かれる」側に立たされた日本が、満洲国建国の正当性を述べたところで、国際社会がそれに耳を傾けるわけもなく、日本には十分な反論の機会も与えられなかった。戦後の日本人がこれに反論を試みたところで、直ぐに「軍国主義者」のレッテルを貼られるのが関の山であろう。

東京裁判では、日本側が満洲国建国の正当性を立証するために、『「満洲国建国」は正当である』を証拠として提出しようとしたところ、認められなかった。もしこの本の提出が許されたなら、戦後の満洲国の評価は違ったものになったと思われる。

同書は、本文に「米国世論に訴えることが目的」と明記されていることから、レー氏が米国の反日一辺倒の論調に危機感を覚え、そこに一石を投じるつもりで書かれたことがわかる。米国人が読んでわかりやすい事例やたとえ話が豊富に紹介されていることからも頷ける。たとえば、

「満洲国の独立は、日本人による働きかけと援助がなければ決して行われなかったと言われており、その点は認める。しかし、日本の援助が何だというのだ？　米国自体、フランスの支援なしに独立を勝ち得ただろうか？」

というように、愚の音も出ないような説明をしている。また、日本が満洲国を建国に導いたことを、米国がテキサスを併合したことを引き合いにし、

「満洲で日本が果たした役割は、テキサスでの米国の役割と同一であり、しかも日本は保護下の満洲国を米国のように『併合』したりはしていない。（中略）米国によるテキサス併合の狙いよりはるかに考慮に値する正統な理由があったのだ」

とも述べている。たしかに、併合もせず植民地にもしないというのは、当時の世界の常識に反することで、満洲を「傀儡」という人たちは、自分たちならそうするという前提で語っているに過ぎないのではないかと思える。

また、溥儀皇帝は「中国人」ではなく「満洲人」であり、満洲国が「支那共和国」から分離したのではなく、もともと満洲国が支那を領有していたところ、辛亥革命によってそれが解消されただけであって、溥儀が満洲国皇帝となったのは自然な流れであるという説明も納得がいく。

そして、レー氏は、満洲国建国は、満洲人民が張学良軍閥の支配から脱出しただけのことであり、そもそも中国大陸に統一政府は不存在であったのだから、なぜ満洲人民が日本の援

助のもとで満洲国を建国するのがいけないのかと畳みかけていく。

本書は、当時の米国人が、当時の条約や国際法、歴史的経緯などを踏まえて、様々な角度から論理明快に満洲国建国の正当性を立証していることに重大な価値がある。すでに出版から八十年以上が経過したが、むしろ今読むことで、当時の政情や世情そして空気を手に取るように知ることができる。

この本を読むと、当時の日本のことを「侵略国家」と思っている人は、その根底が揺らぐのではあるまいか。満洲国建国が当時の日本にとって国防のために正当で、合法な行為であったなら、先の大戦における日本の評価も、大きく変わってくるに違いない。我が国の名誉を回復するのは骨の折れる作業だが、まずは満洲国建国の正当性あたりから着手するのも良かろう。

それにしても、本書がなぜもっと米国人に読まれなかったのか、実に残念でならない。当時の米国が日本と敵対してソ連の手先となったことは、日米戦争の条件を整えてしまった。このままだと本当に日本と戦争になってしまうというレー氏の予言は、六年後に的中してしまう。

まえがき

このたび、一九三五年（昭和十年）当時、満洲国政府外交顧問を務めていた米国人ジョージ・ブロンソン・レーの書いた満洲国擁護論を再度翻訳出版した。レーについては序文で本人が自己紹介をしているので、人物紹介はそちらに譲る。

この本が書かれてからすでに八十余年経っているし、その間、日本の国も激変しているので、ここで改めてこの時代の日本の歴史を簡単に記して、これからレーの本書を読むにあたっての参考に供したい。

日本を縛りつけたワシントン体制

日本は、日清戦争で清国に勝利し、下関条約で手に入れた戦果を、棍棒で殴られて奪い取られた（レーの表現）。日本はポーツマス条約交渉では露清密約の存在を知らされず、騙されて、賠償金はおろか、それに相当する領土も得られなかっただけでなく、清国の領土でロシアと戦ったことで、清国に迷惑をかけたと謝罪するよう強いられた。

第一次世界大戦では国際連盟の一員としてドイツと戦い、連盟側の勝利に貢献したにもかかわらず、パリ講和会議では、まるで審判を受ける被告席の立場に立たされた。

大戦中、極東とオーストラリアの通商ルートを、ドイツの攻撃から守ったことに対する報酬として約束されていた、微々たる戦果（ドイツが占領していた山東半島の権益）まで、密約を交わした英仏がいなければ、放棄するよう強要されただろう。

ところが、後のワシントンでの軍縮会議に呼ばれた日本は、そこで辛辣で情け容赦ない判事によって非難され、告発され、厳しく責められ、満洲における権利を確保するための切り札として使う機会もないまま、結局山東半島を支那に返還せざるを得なかった。

日本は、三度戦争に勝ち、三度戦果を奪い取られた。日本の陸海軍が払った犠牲と引き換えに、国民に示すことができたのは、満洲への二十億円の事業投資が全てであった。

国際連盟規約、九カ国条約、そして不戦条約という盾に守られた北京政府（蔣介石軍閥）は、日本はあえて武力を行使しないだろうと高を括り、日本の投資に損害を加え、日本人を全部一緒に国から追い出す準備をしていた。

一九二二年（大正十一年）、日本は極東の平和を希望して九カ国条約を締結した。これはワシントン会議に出席した九カ国、すなわちアメリカ合衆国・イギリス・オランダ・イタリア・フランス・ベルギー・ポルトガル・日本・中華民国（支那）との間で締結された条約である。

この条約は、支那に関する条約で、支那の門戸開放・機会均等・主権尊重の原則を包括し、日本の支那進出を抑制するとともに、列強の支那権益の保護を図ったものである。

日本は、この九カ国条約を締結したことによって、第一次世界大戦中に結んだ石井・ランシング協定を解消し、機会均等を受け入れ、この条約に基づいて別途支那と条約を結び、山東省権益の多くを返還した（山東還付条約）。

これ以後の国際体制がワシントン体制と呼ばれる支那権益の侵害を排除する体制となった。

しかし、この九カ国条約の根本的誤謬（ごびゅう）は、まだ責任ある国家でもない支那共和国（中華民国）の国境を明確に定めないで、その領土保全を認め、清朝に忠誠を誓ったモンゴル人、満洲人、チベット人、回教徒、トルキスタン人らの種族がその独立権を、漢民族の共和国に譲渡したと一方的にみなしたことである。従ってここで、実体と全くかけ離れた極東アジアの状況を作り出した。

また、この九カ国には支那に強大な影響力を及ぼし得るソ連が含まれておらず、そのソ連は、一九二四年（大正十三年）には、外蒙古を支那から独立させてその支配下に置き、また国民党（蔣介石軍閥）に多大の援助を供与するなど、九カ国条約に縛られず、自由に活動し得た。その結果、同条約は日本に極めて不利となった。支那とソ連に自由を与え日本を縛ってしまった。

ワシントン体制はワシントン会議で締結された九カ国条約、四カ国条約（アメリカ・イギリス・フランス・日本）、ワシントン海軍軍縮条約を基礎とする、アジア・太平洋地域の国際秩序を維持する体制であるが、日本では、この体制を基盤とする外交姿勢を協調外交（幣原外交参照）と呼び、代々の立憲民政党内閣の外相・幣原喜重郎らによって遵守されてきた。

しかし、一九二六年（大正十五年〈昭和元年〉）に蔣介石の北伐が開始され、この年に万県事件、翌一九二七年（昭和二年）に南京事件（一九三七年〈昭和十二年〉のいわゆる南京大虐殺といわれる南京事件ではない）や漢口事件が発生すると、日本国内では邦人に対するテロ行為を容認する結果となった協調外交に対する不満が大きくなり、とりわけ軍部は「協調外交」による外交政策を「弱腰外交」として強く批判した。

義和団の乱後に締結された「北京議定書」で、日本を含む列強各国は支那大陸の自国民保護のための軍を駐留させていた。支那大陸の邦人がテロの被害に遭うたびに、「軍は何をしているんだ」と日本軍は国民から突き上げられていたのである。

満洲の独立を支援した日本の狙い

満洲に跋扈（ばっこ）していた張学良軍閥の日本人に対するテロ行為が頻発し、ついに日本軍（関東軍）は一九三一年（昭和六年）、柳条湖事件をきっかけとして、この張学良軍閥を討伐し駆逐した（満洲事変）。ところが、この軍事行動（満洲事変）は九カ国条約で定められた支那の領土保全の原則に違反しているとして、各国から非難を受けた。それ以後もたびたび日本の行動は同条約違反と非難されたが、日本側は非難を受けるたびに、本条約を遵守する声明を出し続けたのである。

一方満洲の民は、これで日本軍が張学良軍閥というゴロツキ集団を追放してくれたので、これを好機と捉え、独立を果たしたのである。

翌一九三二年（昭和七年）に成立した満洲国は、中華民国が負った義務を継承するとし、また満洲国承認国に対しても門戸開放・機会均等政策を実行した。

しかし、一九三四年（昭和九年）十一月に満洲国において石油専売法が公布されると、イギリス・アメリカ・オランダの三カ国は（未承認の満洲国にではなく）日本に抗議した。それに対し日本は、日本にとって満洲国は独立国であるため干渉することはできないこと、そもそも門戸開放・機会均等は特定の第三国に通商上の独占的排他的特権を与えないことに過ぎないことなどを伝えた。

しかし、一九三七年（昭和十二年）七月七日に起きた盧溝橋事件に始まる支那事変で、日本は不拡大方針を発表しているにもかかわらず、蔣介石軍閥と支那共産党が邦人に対して起こす連続テロ事件で、戦線が徐々に拡大していった。ソ連や欧米列強が蔣介石軍閥に対日テロを指嗾（しそう）し支援していたのである。

列強は蔣介石軍閥と支那共産党を支援して日支和平を仲介すべく、一九三七年十一月にブリュッセルで九カ国条約会議（ブリュッセル国際会議）の開催が急遽決定された。

しかし日本側は、この会議が支那側を支援している欧米列強国の日本糾弾会になることがわかっているので、会議への出席を拒否した。これにより本条約は事実上無効となり、ワシントン体制は名実ともに崩壊した。

欧米列強はこれを日本の所為にしているが、真相は真逆である。日本の外交政策と自衛手段をことごとく妨害し、日本は生存権すら奪われかけたのであった。

その後も、日本やその他加盟国との和平の道を探るも、列強に支援された蔣介石軍閥と支那共産党は邦人に対するテロを繰り返し、条約は破り、条約の交渉さえ妨害した。

そしてついに、日本は一九三八年（昭和十三年）一月十六日、「爾後國民政府ヲ對手トセズ」とする第一次近衛声明を発表し、和平への道は閉ざされた。

さらに、蔣介石軍閥に愛想を尽かした汪兆銘が、蔣介石軍閥を離脱して汪兆銘政権を樹立し、この政権が支那大陸の大半を支配する。日本と協調して支那大陸の正統国家樹立を目指した。昭和十二年に始まった支那事変は、翌十三年にはほぼ終結する。

後に日米交渉の後、アメリカの出したハルノートでは、この汪兆銘政権ではなく、支那事変の日本の敵対勢力である蔣介石軍閥を、正統政府と認めることを日本に強要してきた。

満洲国は一九三二年（昭和七年）に建国され、一九四五年（昭和二十年）にソ連の軍事侵略で消滅した。この地域は一九一一年（明治四十四年）の辛亥革命で清朝が滅亡した後は、張作霖軍閥が支配していた。そして、一九二八年（昭和三年）に起きた張作霖爆殺事件で張作霖が死去してからは、息子の張学良が父を継いで支配していた。

日露戦争当時、清国は露清密約（軍事同盟）を隠蔽していた。日露戦争は、実際はロシア・清国の連合軍と日本との戦争であった。従って日本にとっては清国も敵国だったので、ポーツマス条約では、日本は満洲を併合することもできたのである。

張学良軍閥が満洲の人民を搾取し、苛斂誅求(かれんちゅうきゅう)がひどかった。そして、張学良軍閥は、日本が運営する満洲での満洲鉄道とその付属地で、日本人を襲撃し、鉄道やその沿線の日本人の施設を破壊するテロ行為を繰り返し、前述の通り、ついに関東軍が柳条湖事件をきっかけに、張学良軍を攻撃し、これを満洲地域から追放した(満洲事変)。

当時の極東アジアの真実を示した書

これを好機と捉えた満洲人民は、支那から独立し、満・蒙・朝・華・日の五族協和、王道楽土を建国の理念として、満洲国を建国した。

軍閥・張学良を追放して建国された満洲国は、わずか十三年でソビエト連邦の侵略で消滅したが、この短い間に目覚ましい経済発展を遂げ、アジアの大国に育っていた。世界が寄ってたかってこれを潰していなければ、この国はアジアの大国に成長していたはずである。だからこそ、早いうちに潰しておこうとなったのであろう。

実際、この満洲国は建国直後から、米国と国際連盟の様々な干渉を受け、苦難の船出をしたのである。満洲国の顧問を務めていた著者のブロンソン・レーは、その理不尽さに憤慨し、特に米国の意図が奈辺にあるのかを本書で厳しく追及している。

日本が誠実に平和を希求し、欧米列強に対し、妥協に妥協を重ね、隠忍自重しているのに、米国は嵩(かさ)にかかって日本を追い詰めていく。このままいけば日本と戦争になると、ブロンソン・レーは警告している。

そして現に戦争になってしまった。彼は本書で、満洲国建国前後からの列強の日本虐めを本書でつぶさに書き残している。

欧米列強は満洲国を承認しなかった。リットン調査団を派遣し、できたばかりの満洲国を、日本の傀儡（かいらい）国家であって、国家としては認められないと決定した。

民族が権力者の圧政に苦しんでいる間に、機会を捉えてその権力者を排除して独立する権利は、あらゆる人民に認められている。この点は本書でも詳細に記している。他国がその独立を承認することと、その国の独立とは全く無関係である。

現に、満洲国は、建国以来目覚ましい発展を遂げ、毎年百万人の移民が、主として華北から万里の長城を越えて流入した。それに、当時の独立国は六十カ国未満であったが、そのうちのおよそ三分の一の二十カ国が満洲国を承認している。承認しないといっている米国やソ連ですら、満洲国と協定を結び、支社などの出先機関を置いていた。

ソ連はチタとブラゴヴェシチェンスクに満洲国の領事館設置を認めていた。また、北満鉄道譲渡協定により北満鉄道（東清鉄道）を満洲国政府に譲渡するなど、満洲国との事実上の外交交渉を行っていた。

先の大戦後は、満洲国は存在しなかったことになっている。寄ってたかって列強が満洲国を潰してしまったので、その存在を認めると世界は困るからである。この地域を現在統治している中華人民共和国は、この満洲国のことを偽満洲国といい、東北三省といっている。

中華人民共和国を建国した毛沢東は、蔣介石率いる国民党に追われ、延安まで逃げるが、「満洲さえ取れば何とかなる」といって満洲侵略を狙っていた。

満洲事変からの日本の支那大陸における行動を、日本の支那侵略（満洲侵略）という。支那の軍閥が行った日本に対する不法は一切隠蔽し、日本の行動だけを侵略というのである。日本軍（関東軍）は自衛行動しか取っていない。

日本の大陸における権利・権益は全て条約に基づいた正統なものであるにもかかわらず、今では日本人ですら、この権利・権益を防衛する日本の行動が侵略であったという。

この時代の歴史を知らないからである。日本の総理で「日本は侵略戦争をした」と最初に発言したのは細川護煕元総理であった。無知も甚だしい。彼はこのブロンソン・レーの本を読むべきである。ブロンソン・レーは、満洲国の存在とその前後の極東アジアに関する極めて重要な歴史事実を明確に書き残している。彼がここで書き残した歴史事実を理解しなければ、当時の極東アジアの真相は決して理解できるものではない。当時の日本の行動も理解できない。

その意味では、本書はアジアの近現代史を理解しようとする人にとっては必読の書といって良い。

企画・調査・編集　吉重丈夫

「満洲国建国」は正当である

目次

第一部　米国はアジアに何を求めるのか？

問われる判事の中立性

第三部

条約について

第二十九章◉九カ国条約と決議

第三十章◉公認された放蕩者

第三十一章◉合法的殺人

第三十二章◉内政干渉の歴史

第三十三章◉自存権の法

第五部

選択を迫られる米国

支那の難問を解く鍵

装丁：印牧真和
装丁写真：近現代フォトライブラリー

新訳に際して

広大な支那大陸においては、歴史上、数知れない王朝や政権がめまぐるしく入れ替わり、乱立し、その時々にそれぞれが領土と主張する地域を支配し、またそれを力で奪い合う状態が近年まで続いていた。

特に一九一二年（明治四十五年）の大清帝国崩壊以降、一九四九年（昭和二十四年）の中華人民共和国建国までの間、とりわけ本書が書かれた一九三五年（昭和十年）前後は、各地で内乱、内戦が繰り広げられ、相前後して北京、南京、広東とそれぞれが「政府」と称して権力を主張し、主導者も次々と入れ替わる極めて混乱した状態であったことは誰もが認める事実である。

しかし原文は、地域や歴史上の呼称、その時々の政権等ほとんど全てが「China」と書かれており、それをそのまま全て「中国」と訳すと、読者の皆様に国名や特定の地域や政府を指すとの誤解を与えてしまい、また本書の趣旨をご理解頂けない恐れがあると考え、以下のようにChinaを訳し分けることとした。

＊本訳書で用いる「支那」及び「中国」は、特定の国家や国名、または明確な国境線に囲まれた地域、特定の政権を指すものではない。

訳の便宜上、一九一二年（明治四十五年）まで大清帝国（清朝）が領土としていた「支那、満洲、蒙古、チベット、東トルキスタン」のうちの支那の地域を「支那」とし、本書が問題とする「満洲」（現東北部）と区別した。

併せて、支那とされる一帯については、文脈に沿って極力「華北」「華中」「華南」のように現在も使われている地方の名称を用いた。

従って「中国」という表記があっても、それは地理上の中国大陸全体や歴史や民族（漢民族、満洲民族も含む）の一般的通称であり、または当時の欧米諸国が支那大陸における様々な政権をひとまとめにした漠然とした概念であり、以下の「支那共和国」と同様、現在の中華人民共和国や中華民国を指すものではない。

＊本書で登場する「支那共和国」（Republic of China）は、筆者も説明しているが、正式な国名としてではなく、あくまでも欧米諸国による呼称として使われており、現在の中華人民共和国または中華民国を意味するものではなく、明確に区別するため「支那共和国」と表記する。

また、文中の「世界大戦」（World War）は第一次世界大戦を指し、誤解を避けるためにところどころで「第一次世界大戦」と明記した。加えて年号は、読者の参考に明治以降の元号を、原文のキリスト暦に併記した。

なお、文中の「注」は、主に史実や人名等の補足説明であり、「解説」はこの邦訳時点（二〇一六年）から見た当時の状況の解説、補足であって、筆者の記述ではない。

序文

ボンベイやブリュッセル、ボストンの紳士倶楽部で連日話題に上り、ロンバード・ストリート、ウォール・ストリート、上海外灘(ワイタン)や丸の内といった金融街では株価が反応し、大国の首脳たちが秘密裡に会談し、国際会議が開かれる。

そんな重要なテーマについて無謀にも一冊の本を書こうというのなら、例えば聴聞会でも堂々と説明できるだけの知識を持ち合わせていなければならない。

ましてや、謎のベールに包まれ、不可解な経緯を辿り、心情的にも西洋人には理解し難い極東地域の実に厄介なテーマだとわかれば、まずは自分に発言する資格があることを証明しなければならない。

さらに、もし自分の書こうとするその場所が、世界で最も危険を孕み、民衆が長年苦しみ続けている地域であり、世界の三分の一の人口が救いを求めて泣き叫んでいると確信するなら、思い切って、しかし謙虚に事を進めるべきだろう。

茫漠として西洋人には奇怪な東アジアが抱える複雑でかつ曖昧模糊とした問題は、彼ら自身がうまく説明できないこともあり完全に誤解されている。だからこそ、わずかでもそれを知る者は、可能な限り発信するのが義務だろう。

その意味で、私は、発言の場を求める多少の根拠を持ち合わせていると思うのだが、お聞きいただけるだろうか？

私は、極東に住んでかれこれ三十年以上になるが、この地にやってきた時にはすでに民衆が虐げられる現実を知っていた。技師として研修を受けていた時代に、キューバ独立戦争が勃発し、従軍記者として働く羽目になったからである。

私は、米国が対スペイン戦争に踏み切るまでの二年間、キューバ軍と行動を共にし、戦艦メイン号の爆沈の際には、沈没後の現場に新聞記者として最初に駆けつけた。スペイン軍の潜水夫のランチ（小型蒸気船）から、爆発の原因調査の状況を見守ったが、技師の私にも、その惨事の原因がスペインにあるという証拠は一かけらさえ見つけられなかった。私は、人生初めての四年間の試練に耐え、その遺物を持ったまま極東へやってきたのだ。

技師兼ジャーナリストとして、私は一九〇四年（明治三十七年）にマニラで、その翌年には上海で月刊誌『ファー・イースタン・レビュー（極東概論）』を立ち上げ、その間編集に携わった。どこにいても、編集者の職務は自分の周りの出来事を可能な限り深く知ることである。

私は、この時期、レビューで取り上げた極東地域の多くの要人と自ら親しくなり、当然の成り行きで時折、彼らに仕事を頼まれるようになった。

技師であり、支那一帯の鉄道敷設を巡る国際間の駆け引きに詳しかった私の経験を見込んで、まず頼ってきたのは、近代支那の最も偉大な愛国者である孫文だった。

彼は、大清帝国の総理大臣だった袁世凱から、全国鉄路総公司を組織し、資金を集めて国土全体に輸送網を構築する権限を与えられていた。私は、彼の顧問となり、十万マイルの目標を現実的な一万マイルの計画に引き直し、委任状を携えて外国に赴き、資金調達の予備交渉を行った。

さらに、北京政府総統となっていた袁世凱から、別の一万マイルの鉄道網を立案するよう指示され、全権を委嘱されて外国に渡り、計画を実現すべく外国との合弁建設会社を設立した。パリ講和会議では、北京政府代表団の技術顧問として、新国際借款団が取り組む国内の新輸送網の敷設計画も起案した。

一九二九年（昭和四年）には、南京の国民党政府の交通部長（鉄道大臣）孫科の命を受け、国家統治の強化のためにさらに一万マイルの路線の設計を手伝い、再び彼の委任状を持って、借款契約の交渉に外国へ渡った。

私が彼ら支那人から委ねられたのは、経済的独立と国家主権維持を図るための五億から十億ドルもの資金調達、国家の安全保障のための計画立案と実行といった仕事だったが、それは外国人としての最高の名誉であり、信頼の証だった。私は、彼らのために、欧米がこれまでに外国政府に与えた中で最低価格の鉄道敷設工事と借款条件を勝ち得た。

しかし、契約は実行されなかった。私は闘い、そして敗れた。私に落ち度があったわけでも、計画が実行不可能な夢物語であったわけでもない。ただ、時の支那共和国がその手で主権維持の計画に着手した途端、それまで自らを友好国だと最も声高に宣言していた米国政府自身が、いの一番に支那の主権を否定したからである。

こうした経験を通して、私は、米国率いる西側諸国が描く東方計画も、いわゆる「支那共和国」は共和制であるという話も、その膨大な民衆を一つの国家にまとめられるという論理も全て無益であると強く確信するに至った。

こうした無用の思想は、欧米諸国が自分たちの利益追求のために書き上げた条約に盛り込まれ、何をされたのか知らず、自ら何をどうすればよいのかもわからない無抵抗の東洋の国に重い荷物として課された。

今、一つの民族ではあるが、国家ではない支那の一集団が、同胞と完全に決別した。満洲の民は、殺戮が繰り返され、無政府状態で混迷を続ける支那から逃れ、自らの手で独立政府を樹立したのである。日本にはその国家運営の助けを求めているだけにもかかわらず、独立を唆したのは日本であり、満洲国はその傀儡政府に過ぎないと言われている。

私は、満洲国の駐米代表として、満洲国を擁護し、弁護する者である。この独立は、極東の民衆が長年の貧困と失政から逃れるために取った手段であり、日本は満洲国に保護の手を差し伸べ、彼らが幸せになれるチャンスを提供しているに過ぎない。日本の行動は、称賛されてしかるべきである。

私は、ここに満洲国擁護論を申し述べたい。自分には発言する資格があると信じているし、満洲国も、そして日本も同様に発言する資格を持っている。よって、ここに米国に対して、我々に発言の機会を与えるよう申し入れるものである。

ジョージ・ブロンソン・レー

第

部

米国はアジアに何を求めるのか？

第一章　不承認主義

スティムソン・ドクトリン

「我々米国民は、自国政府が存立している基礎となる権利を他の国民に対しても決して否定できない。何処の国民であっても、自らの望む形態によって自らを統治でき、自らの意思でその形態を変えられ、君主であれ、総会や議会であれ、委員会であれ、大統領であれ、自らが選べるならそれ以外であっても、自らが適切と考える機関を通じて外国と交渉ができる。国民の意思こそ尊重されるべき唯一の必須事項である」
（トーマス・ジェファーソン　一七九三年〈寛政五年〉三月十二日）

一九三一年（昭和六年）九月十八日夜半、奉天において日本が自衛行為に訴えるに至った背景、満洲の民衆が、匪賊（ひぞく）の頭領と配下の傭兵の軛（くびき）を振り切り、その独立を宣言し、新たに満洲国が誕生した経緯をここで詳しく述べても意味がないだろう。

日本は、自衛の戦いであったと主張している。今までのところ、中立公平な事実分析は行われていないが、もしそうした検証がなされれば、疑いなく日本は防衛のために戦ったという結論に至るだろう。

しかし実際は、弁明のための事実をろくに提出もさせず、反対の結論を導き、世界はそれを鵜呑みにしている。欧米人が自負するフェアプレーのスポーツ精神に明らかに反しているではないか。

それにもかかわらず、満洲国の立場を正式に主張できる中立の法廷は存在せず、法に則って審理されることもなく、証拠とされる事実に基づいて然るべき決定が下されることもなかった。

建国まもない満洲国は、その主張を詳細に述べる準備もできず、実際の記録文書ですら提出できなかった。言い換えれば、記録の精査もなく出された結論など、その中身が明らかになりさえすれば、直ちにひっくり返されるはずである。

米国民に関する限り、米国政府の立場は、当時の国務長官スティムソンが日支両国に送った一九三二年（昭和七年）一月七日付の最終通牒でこう示されている。

「（米国は）一九二八年八月二十七日に締結されたパリ不戦条約の誓約と義務に反する手段でもたらされ得るいかなる事態、条約または協定も承認しない」

同年三月十一日には、国際連盟も追随して「国際連盟規約またはパリ条約に反する手段でもたらされ得るいかなる事態、条約または協定も承認しないことが加盟国の責務である」との声明を出した。

これによって、アジアの紛争に対する米国と国際連盟の意見が一致し、双方は完全に結束したのである。

もしもこれが欧州で起きた紛争であれば、米国は、たとえ不戦条約に反していたとしても、どちらにも味方しなかっただろう。スティムソンは、当時、西側諸国の支持を得てこうも公言している。

「ジュネーブの国際連盟は、極東の危機的な混乱情勢に対して、共通した見解と目的の下に結束する。総会の行動は、パリ条約の誓約及び国際連盟規約の双方に基づく平和の目的を示すものであり、その行動において、世界各国は意見を共有している。

この総会の行動は、条約の根幹となる秩序と正義の原則を国際法の条文にまで発展させるものである。その努力に誠意を持って協力することは米国政府の喜びである」


スティムソンの提唱する不承認主義は、満洲国に反論の機会を与えないまま、各国の賛同を得た。しかし彼らは、国際社会の仲間入りを願う新参者に対して何ら配慮しようとしなかった。

満洲国は、純粋に自分たちの考えるアジアのための法則を作ろうとしていただけであり、それを欧州に当てはめようなどとは決して思っていなかった。

人類は、何世紀にもわたって、差し迫った現実や政治的問題、民族自決権、そして権利や正義、自由といったあらゆる理念に突き動かされ、圧政に反旗を翻し、政権を交代させてきた。

しかし、そうした理念や原則がいきなり脇へ追いやられ、自由の最も大事な根幹が昨日作られたばかりの不戦条約なるものに支配されてしまったのである。

そしてそこから導き出された論理的帰結として、一九二九年（昭和四年）以降、虐げられた民衆が、武力によって抵抗するには、あるいは武力行使による混乱に乗じて隷属から自らを解放するためには、まず世界各国に訴え、予めその許可を得なくてはならないこととなったのである。

だが、世界各国が協調して行動を起こせないことなど誰の目にも明らかであり、現実的に考えれば、これらの条約の文言は、自由を渇望する民衆にとって何の意味もないどころか、弔いの鐘を鳴らしたのも同然である。

スティムソン・ドクトリンが明確に示したのは、世界に向かって自由を勝ち取ったと自画自賛している米国が、条約上の義務に反してもたらされた事態は決して承認しないと言いながら、本当は、満洲国三千万の人民を、再び鎖で縛りつけるべく作戦を推し進める略奪者・軍閥を援助し、けし掛け、奨励しているという事実である。

スティムソンの不承認主義は、それ自体は取るに足らず、支那全土における更なる戦乱や流血事態につながらなければ、何の弊害もなかっただろう。

所詮、それまでの代々の国務長官がソビエト連邦の不承認を正当化するために持ち出した得意気で真面目くさった原則と比べれば、影響は小さく、無害なものだった。

共産主義国家が結局は現政権によって承認され、両手を挙げて歓迎されたのと同様に、満洲国もいずれ将来の政権によって最後は承認されるのだろう（解説：この予測は結果的に完全に外れた）。

気まぐれな承認方針

米国による新国家承認の方針は、他の主要な外交方針であるモンロー・ドクトリンや門戸開放主義と同様に、政権が代わるたびにその意味に独自の説明と解釈が加えられている。

米国による中南米へのあらゆる介入行為を援護し、釈明するためにモンロー宣言が持ち出され、あくまで通商上の主張に過ぎない門戸開放が、支那のように矛盾に満ち、法に基づかず、純然たる仮想国家の領土的、行政的独立と同義になり、その保証にまで拡大解釈されている。

さらには、国際社会への仲間入りを求める新国家（満洲国）を承認するか否かの確固とした基準など何もないのだ。

我が国の外交方針の基本は、ジェファーソンの「デ・ファクト」、つまり事実上存在する国を承認するという原則だった。

モンロー大統領も一八二三年十二月二日の年次教書の中で、前任者の法則に従って次のように基本方針を示し、それが後に「モンロー・ドクトリン」として知られるようになったのだ。

「欧州に対する我が国の政策は、長く地球の四分の一をかき乱したいくつもの戦争の初期段階で採用されたが、今日でも変わらず同じである。

つまり、欧州のいずれの国の国内問題にも干渉せず、事実上（デ・ファクト）の政府を我が国にとって正当な政府とみなし、その政府との友好関係を築き、公明で揺るぎない、断固とした政策でその関係を維持し、正当であればいずれの国からの要求にも全て応じ、またいかなる国からの侵害行為にも屈しない、という政策である」

ジョン・クィンシー・アダムズ大統領は、その政策を次のように言い換えている。

「国の独立というものを考える時、どのような場合でも、二つの原則が関係する。一つは権利であり、もう一つは事実である。前者は、もっぱら国家自体の決断により、後者は、その決断の実現から生まれる。

この（南米諸国独立の）承認は、スペインのいかなる権利も損なわず、またスペインがそれらの植民地を回復すべくいかなる手段を用いようとも何ら影響を与えるものではない。この承認は、あくまでも現存の事実を認めたに過ぎないのである」

ルーズベルト大統領は、パナマを承認するためにこの方針を完全に裏返して解釈し、自国の都合にまかせた行為を正当化した。

ところが、メキシコ革命に際してウィルソン大統領は、「陰謀と暗殺に裏付けられた地位による共和国の行為には何ら永続性は与えられない」と全く新たな承認方針を打ち出した。彼はさらに「承認の権限が私にある限り、米国政府は、姉妹共和国(シスターリパブリック)において裏切りや暴力によって権力を掌握した者を歓迎することを拒絶する」と宣言した。

この基準を当てはめてウィルソンは、メキシコで確固たる基礎の上に樹立され、対外債務の返済能力を備えていた事実上の政府、ウェルタ政権の承認を拒絶した。これを境に、我が国の承認方針は、ジェファーソンが定めた純粋に事実上存在する政権を認めるものから、他国の国内問題に公然と介入するものへと後退（変化）したのだ。

ただし、ここで注意すべきなのは、裏切りと暴力によって権力を握ったという理由でメキシコの政権を承認しなかったウィルソンが、一方では、代々の独裁者が、あらゆる政治的犯罪によって反対勢力を排除し、圧倒的な武力のみで国土を掌握しているもうひとつの姉妹共和国、つまり袁世凱が初代大総統となった「支那共和国」を承認したということである。

このように中南米への政治的介入を正当化するために作られたウィルソンの原則を、米国は、袁政権を承認するために無理やり捻じ曲げて当てはめた。

陰謀と裏切り、暗殺と夥(おびただ)しい殺戮だけで地位を得た、何ら自覚のない軍閥が支配する「共和国」を承認し、貧しく、愚かで、無抵抗の五億もの人民を支配する強権政府を存続させ、確固たるものにしたのである。

一九一二年（大正元年）以降今日まで、「支那共和国」と称する政権は全て、我が国が中南米では違法とみなした手段によって権力を保持している。

米国は、中南米では「違憲性」を根拠に不承認の方針を正当化した。しかし憲法も持たない、十八以上の抗争続きの省を統合する術も持たない支那については、同一民族間でどれだけ争いを繰り返していようが、自ら統一する能力があるのか、そもそもそれを望んでいるのかなど全くお構いなしに、十把一絡げにしてセメントを流し込み、自国の通商上の権利保護を本来の目的とした「九カ国条約」を適用し、統一国家らしき形にまとめ上げたのだ。

スティムソンがこの条約を根拠にして、全く新しい独自の承認方針を打ち出し、国際法に仕立てたために、米国は従来のジェファーソン主義には容易に戻れなくなり、結果、この主義を適用しようとすれば、満洲国を差別せざるを得なくなったのである。

スティムソンの方針を実行するには、制裁や積極的介入、強制が必要となるが、そうした手段が取れない状況で新たな国家(満洲国)が毅然と独立を宣言した場合、米国は対応に苦慮し、追い込まれることになる。

そこでスティムソンは、国際連盟の協力を急いで取り付けることで、自ら米国の伝統的政策を放棄したが、つまるところ、平和及び国家間の相互理解という理念を大きく損なうことになった。

スティムソンとしては、支那共和国の権利をいかなる形でも損なわず、また国民党政府(蔣介石軍閥)が満洲国を奪還して、別の中央集権国家を樹立すべくいかなる手段を用いようとも何ら影響を与えることなく、ジョン・クィンシー・アダムズの外交方針に立ち戻り、満洲国を承認できたかもしれない。

しかし彼は、明らかに変則的で、実行するには何百万もの犠牲を伴う「九カ国条約」の条文を譲らなかった。本書ではいくつもの事実を示して証明するが、米国は、人間同士の関係性における未検証の新理論を恒久不変のものとし、それを優先するために、人類の自由の根幹を成す基本原則と全ての理念を打ち捨てたのだ。いかに米国にとって望ましい理論であっても、それは人類の自由の終焉を意味する。

法の紛い物

不戦条約では、各国は自衛権と並んで自衛手段に訴え、その時機と場所、発動機会を決定する権利を保持することが確認された。その決定権は、決して奪われるものではない。これまでと変わらず、各国の主権の根本に係る重要な権利であり、その放棄は、自存権を危険に晒すことである。

それにもかかわらず、不戦条約に基づく自らの権利の範囲で行動したと確信し、何ら問題はないと自負していた日本は、浅はかにも国際連盟の調査団を招き、事実調査と報告を行わせた。

日本は公明正大に振る舞ったが、実際は、調査団が到着し、日本の行為の適法性について結論が出されるはるか前から、スティムソンは、国際法の新原則を唱え、米国は非加盟の国際連盟に対して満場一致でそれを認め、支持するよう説得を続けていた。

つまり審理の段階でその根拠となる法律を変更し、調査団に一連の行動を指図し、証拠が揃う前の段階から事実認定に影響を与え、決定を見越していたのである。

「いかなる国も、国際法を作ることはできない」という国際法の基本原則を定めた米国最高裁判所長官のジョン・マーシャルは、「国家間の完全な平等以上に普遍的に認められる原則はない。ロシアもジュネーブも同等の権利を持っている」と述べたが、時代は変わったのだ。

スティムソンは、新たな国際法を作っただけでなく、他国が独立の拠り所としたあらゆる先例を無視し、審理の進行中にもかかわらず、その新たな法を他国に認めさせようとしたのである。

スティムソンが根拠としていた九カ国条約は、トラックでも通り抜けられるほどの穴がいくつも空いた欠陥条約である。関係各国が不戦条約の条文を受諾するに至った外交文書、それに対する権利の留保を中立公平な目で分析すれば、必ずひとつの疑念が浮かび上がってくる。

スティムソンが本当に関心を持っていたのは、平和機構の維持ではなく、支那共和国北京政府の領土的及び行政的独立を尊重する九カ国条約の根本原則であり、彼が不戦条約を持ち出したのは、国際連盟を米国に結び付け、共同歩調を取らせる唯一の留め金だったからではないだろうか。

後に詳述するが、政権を問わず「支那共和国」と称する政権は、強大な武力により、その命令に反対する者全てを（殺戮を含め）締め出すことでのみ成り立っている。憲法によって委嘱されたわけでも、人民から委任されたわけでもなく、強引に奪い取ったその支配権は、九カ国条約の適用と列強諸国による承認だけが頼りの代物であった。

そうした政権から離脱し、独立を宣言することは、軍事力によって処罰されるべき犯罪でも侮辱でもない。列強から「正当」として承認された現在の国民党政権（蔣介石軍閥）が主権を握っているのは、外部から与えられたからであり、決して内部から委譲されたからではない。

そのため、その権力を行使するには、国内の多種多様な省の住民に対して、圧倒的な武力制圧を続けることが必要であり、その武力をすぐさま使える地域においてのみ可能なのだ。

そうしたごく限られた地域以外（国民党政権にとっては、東三省・満洲）には、外国から承認されただけの政府の力は及ばず、それぞれの省や地区は、元来の状態に立ち戻り、実際の政治や行政は自治体として独立の立場で行われている。

ただ、支配権を巡って「承認政府」との戦いは続いており、だからこそ、それらの地域（満洲）住民は、雨のように爆弾を浴びせられ、機関銃で皆殺しされ、市も町も村も焼きつくされ、田畑は荒らされ、かろうじて生き残った者は、新たな主人の支配の下に膝を付き、頭を垂れ、暴徒のような傭兵たちの食い扶持を差し出さなければならない。

そうした政治体制から離脱することは犯罪ではなく、あらゆる機会を捉え、あらゆる可能な手段を取って力に訴え、無能と混乱、圧政から逃れることは、いかなる条約にも違反するものではない。

もし不戦条約なるものが、支那民五億の一部（満洲住民）から、人間としての権利を奪うために武力を永続使用することを認め、一方で彼らが武力によってその苦難から逃れる権利を否定するものであると解釈されるなら、それは、倫理にも法にも反する見せかけの正義である。

どんなに強欲で横暴な強奪者の一団でも、無力な人民を掌握すればその力を緩めるだろうと期待するとしたら愚かである。

スティムソンが提唱した不戦条約の解釈に従って、そうした侵害行為を固定化し、力対力の構造によって生まれるいかなる変化も認めようとしない姿勢は、例えそれが法律であったとしても、米国の政治家にはふさわしくない。

民衆を隷属させるために武力を継続的に使用することを正当化し、その反対に虐げられた民衆が束縛から逃れるために武力に訴えるか、何らかの情勢に乗じる権利を認めない法とは、法ではなく、法の紛い物である。

戦争の火種

従って、新国家を承認するか承認しないかは、権利と正義という根本的理念の前には取るに足らない問題である。満洲国の国家としての樹立は、満洲の住民によって決定されたことであり、自ら作り上げた実体は、自ら存在することで十分であり、承認はなくても無期限に存在できる。

承認とは、単に現存する事実の確認に過ぎず、事実を作り出すわけではない。ただし、承認は、新生国家が国際団体に正式参加するために不可欠な友好関係の存在の証拠として望ましい。


自らの領土内で支配権を行使する権限を備え、住民がその統治に従い、一個の政権として責任と義務を果たす能力を有し、軍事力によってその主張を行使できる政府がそこに存在しているか否かは、事実の問題であり、理論ではない。承認されれば望ましいだろうが、承認が国家を作るわけではない。


米国最高裁判所が下したこの法的判断ですら、スティムソン・ドクトリンと不戦条約に基づけば無視せざるを得ないだろう。そうしなければ満洲国は武力によってその主張を行使することも、自国の存在を維持することもできないからである。

しかしそれでは、国家の存立は事実ではなく、単なる理論になってしまう。自らの主張を認めさせることも、行使することも、その存在を守ることもできない国家は、単なる国家の幽霊ではないか。従ってスティムソンの方針は、国家主権の根幹を揺るがすように思われるのだ。

「支那共和国」と称するものの実態を考えれば、満洲国を新しい国家として承認することは、元々外国から主権を与えられ、法律上承認されただけの擬制国家（蔣介石軍閥）に対する侮辱には当たらない。

なぜなら「支那共和国」を称する政権は、一九一一年（明治四十四年）年の臨時政府樹立当初から主権を有しておらず、支那全土を広大な墓場と化す覇権争いなしには、その権利行使は不可能だからである。

多くの国家は、母国から離脱し誕生してきたが、支那と満洲国にはその関係性は当てはまらない。支那は決して満洲国を生んだわけではなく、満洲国は支那から生まれたわけでもない。

三世紀にわたって満洲国は支那のいわば夫であり、妻たる支那との結婚を双方同意により明白な離婚協議書（皇帝退位協定）によって解消したものの、武力によってその財産（万里の長城以南）を騙し取られてしまっただけなのだ。

夫の国を承認することに、離婚した妻がとやかく言えるわけはなく、またその承認は妻に対する侮辱行為とはなり得ない。両国は共に主権国家であり、法のあらゆる概念と解釈によって離別し、独立国家として存在し、それぞれ国際団体に加入する権利を有している。

スティムソンがこうした事実を考慮せずに、自らの主義を発表した結果、平和の理念の推進とは反対の効果がもたらされた。これらの問題に端を発して日米戦争になる可能性は排除できるとしても、米国と国際連盟が満洲国を巡る紛争について、総じて日本に敵対的な姿勢を取るようになった現実は直視しなければならない。

同時に米国がこの警告と政策の発表に続いて、どこまで更なる強硬な手段を取るのかわからないことが、そのまま日本側の不安を生み、それが原因となって日本が万一に備えるべく一気に体制を整えつつあることも事実である。

支那では、南京の国民党政権（蔣介石軍閥）こそが、満洲国全域の統治権を有するとはっきり裏書きされたものとしてスティムソン主義を熱烈に歓迎し、勢いに乗って日本との直接交渉で対抗するか、さもなければ満洲国と首脳会談を持とうと動き始めた。

さらに、河北省から広西省にかけた匪賊の頭領や軍閥も、支那で最も肥沃で恵まれた東北部（満洲）

を再び占領しようと勇み立っている。張作霖一派が支配する省では三千万もの住民から、南京政府の徴税額を上回らないまでも、ほぼそれに等しい税金を搾り取り、収益を上げていたからである。

結局のところ、スティムソンの方針は、北部一帯で賊徒が侵略行為や虐殺を続ける無法状態を許し、新生国家の信用を失墜させ、秩序立った統治の確立を困難にした。今や国土全体に新たな戦争の火種が撒かれ、江南地方の急進主義者たちは戦闘準備に入っている。

この一点を取っても、スティムソン・ドクトリンは、満洲国の独立を否認し、これを処罰するという目的以上に、内戦をさらに長期化させ、紛争の平和的解決を先送りすることに大きく加担しているのである。

極東における米国の責任

パリ不戦条約は、国家間の戦争を禁止しながらも、無防備な民衆に対する現代史上最も残忍な殺戮を止めさせる方策を示しておらず、人道上の見地から決して正当な国際条約とは言えない。国同士の戦争に終止符を打つために発動可能であるにもかかわらず、世界人口の四分の一を占める同一民族間で果てしなく繰り広げられる政治上の主権争いを合法化したのである。

列強諸国がいくら紛争の平和的解決を切望し、戦争を不法とし、人道主義的配慮をしていたとしても、支那民衆に対する偽善的な姿勢は罪である。

彼らは、支那の軍閥や悪徳資本家に圧力をかけて、無力な何百万もの人民の虐殺を止めさせようとしないし、苦しむ民衆を救済しようともしない。

なぜなら列強は、一六四八年にヴェストファーレン条約において、単一国家から国家の集合体へと国際秩序の基盤を移行すべく国家主権の原則を定めながら、自らこの根本法を覆し、アジアにおいて自分たちが理解も対処もできない問題の解決策として単一国家を立ち上げたからである。

そして、恒久的な九カ国条約なるものを作り、「支那共和国」という国家の形をした非道な怪物（軍閥）が、国際連盟の委員会に出席し、他国のために法律を制定するのにふさわしいと認め、尊重し、支持することで、自分たちが犯した重大な過ちを訂正する道を閉ざしたのだ。

彼らは、依然として支那全土が一つの国家であるという持論に固執しているが、現実は、かつてなく凄惨な悲劇が延々と続いている混乱した集団に過ぎない。

この国際法を起草したのは、現行秩序と第一次世界大戦後の現状維持（ステイタス・クオー）を仕事とする小役人だが、その擁護は、自国の利益の上に国際法の枠組みを作った法学者と政治家の特権グループに委ねられた。彼らには、法律自体の問題とは全く別に、自分たちの評価がかかっていたのである。

米国の建国者たちは、自由を求めて闘う人々の窮状を踏まえ、もっと高い倫理性と人道主義の高みに立って法を作ったが、国際主義者の政治家が提唱し、解釈を加えた法は、言語道断の不正義を恒久化するための条約、誓約、方針、主義といった諸々の約束事を、極めて現実的な視点で混ぜ合わせたものに成り下がった。

それは、建国の父祖のあらゆる警告に背いて、自分たちには微塵も関係のない事柄に余計な首を突っ込み、もつれにもつれた協定を締結したためである。

不正義に基づき、武力で維持され、少数者の利益のために制定され、民衆の一般常識や従来の慣習、伝統に反した法などは永続するわけがない。正義の基本原則がないがしろにされてしまったら、世界は再び最終戦争（アルマゲドン）に向かうしかないからだ。

サラエボやマルセイユで放たれた銃弾は、敵対関係にある民族を無理やりひとつの国家にしてしまおうという企てがいかに危険かを教えてくれる。

現在の欧州の不穏な情勢や、各国が我先にと進めている軍備拡張について、米国民がどこまで関与しているのかは、この先の歴史学者や評論家に判断を委ねるしかないが、極東で今起こっている事件の多くに関係していることは、歴史の判断を待つまでもないだろう。

我が国は、極東情勢に大きな責任を負うべきであり、現に米国の取った行動の重大性が目の前に突き付けられている。

日米間の政策の衝突は、相手の目的を互いに誤解していることに起因する。同時に、一方（米国）は通商上の権益保護に不可欠という理由で、もう一方（日本）は国家安全保障という理由で、それぞれの主張を引っ込めるわけにはいかず、争うようにして海軍増強を図り、それが不穏な情勢と緊張、相手の目論見がわからない恐怖を生んでいる。

一触即発の状況にあることは、欧州の火薬庫と言われるバルカン半島と同じである。

米国民としては、自国の政府の意図が全くわからない状態で、日本の動きを理解することなど不可能である。

しかし日本を判断する前に、我々は、まず米国自身が極東で何を手に入れたいのか、手に入れるためにどこまでやるつもりなのか、正直に自問しなければならない。この問いに満足できる答えが出て初めて、米国民はもっと優位な立場で、かつもっと明確な考え方で日本の政策や要求を分析し、極端な行動に訴えるに至った結果が果たして正当であったかどうかの結論を出せるだろう。

日米間の利害がぶつかる交差点に立って、日本の見解を慎重に研究し熟慮することは米国の義務であり、それによって我々は、どこまで譲歩するのが妥当なのか、万一、両国の意見対立が友好的な外交交渉では妥結できないレベルに達した場合の結果は、どこまで正当だと認められるのかを推察できるのだ。

とやかく言う者はいるが、現時点での海軍の保有比率を考えれば、日米戦争は現実的にはほぼあり得ない。例え、保有比率を撤廃し、日本に米国と同等の保有を認めた場合でも、米国が攻撃態勢を取り、日本の防御が堅い極東海域で戦闘を行うためには、日本の三倍とはいかなくても、少なくとも二倍の艦隊が必要となる。

日本が米国を攻めようとする場合も同じである。物理的状況を考えれば、宣戦が布告されたとしても、両国間で大規模な戦闘状態に入ることはあり得ない。

従ってパリ不戦条約の条文から全く離れても、日米戦争は問題にはならないが、しかし、日本の急進派や米国西海岸の排日論者たちが、対日戦争止むなしとして世論を焚き付け、民衆の敵意が抑えきれなくなる可能性は否定できない。

米国の対極東政策とは何か？

共和制国家建国の父祖が事実上(デ・ファクト)の国家の承認の指針として宣言した基本原則は、明らかに欧州を対象とする地域限定の方針として意図されたものだった。

ところが極東に目を向けると、他国の国内問題への不介入という原則が覆され、それに代わって、元々満洲王朝（大清帝国）の支配下で成立していた「支那」と称する国の主権をそのまま維持する方針が固定化されたのである。

国務省極東部長のスタンリー・クール・ホーンベックが、その論文「ザ・プリンシプルズ・オブ・アメリカンポリシー・イン・リレーション・トゥ・ザ・ファーイースト（極東に関する米国政策の原則)」において指摘している通り、太平天国の乱(一八五一~一八六四年)の際、清に駐在していた米国高等弁務官のハンフリー・マーシャルは、「清国の主権を尊重し、清国の官憲による帝国の保全を助け、太平天国は支持しない」ことが米国政府の方針であるという立場を取り、時の政府もこれを支持していた。

一八五〇年代の米国政府が、遠く離れたアジアにおいて伝統的方針から離れ、清国の内政問題に介入し、王朝による各省の支配の継続を助け、大清帝国の保全を維持しようとした理由とは何だったのか? 清国がそのまま残ろうと、人民によっていくつかに分割されようと、我が国に何の関係があったのだろうか? 米国が清国の内政への介入を始めたのはかなり昔からである。

ホーンベックは続ける。

「その後まもなく、清にいる米国人の官僚や商人、宣教者までもが米国に対して、列強と協力して清国に武力介入すべしと強く要求したが、米国政府はそれを拒絶した。そして六十年を経た一九二七年(昭和二年)、米国は、新たに樹立された南京政府(蔣介石軍閥)に対する要求を後押しすべく、列強から提案された合同の武力行使にも参加しなかった」

米国は、まず清朝による帝国の存続を助けるという方針を取り、動乱の中で他の列強が自国の利益を守るべく一致協力して軍事介入を進めようとした際、清朝政府への武力行使を拒んだ。その結果、無法状態と虐殺は十年以上も続き、九千万もの民衆が殺害されたのである。

自国の通商上の機会均等の維持を目的として、どんな形態の政府であろうと関係なく、単に存続させるために、そうした非人道的な状態を容認する政策は、何かが間違っている。

ところが、一九〇〇年(明治三十三年)の義和団事件では、米国は不介入の方針を打ち捨て、北京の公使館を救うべく列強各国との連合軍を出動させた。

王朝は完全に崩壊し、国土は無政府状態となり、排外運動が各地で起こったが、それにもかかわらずジョン・ヘイは再び、何よりも「米国政府の方針は、清国の領土及び行政上の保全である」と強調したのである。

しかし、ホーンベックが指摘しているように、一九二七年（昭和二年）蔣介石軍閥の開始した北伐時には米国は、列強諸国の共同武力干渉には加わらなかった。政府が崩壊し、排外運動が高まり、暴動が頻発していたそのタイミングで軍事介入していれば、共産主義者の侵攻を食い止められたかもしれない。

もし、一九二七年（昭和二年）に米国が欧州と歩調を合わせていれば、その後の反共清党による少なくとも二千万人の大虐殺を回避できただろう。

一九二七年（昭和二年）の共同武力干渉は、英仏から提案されたことを思い出してほしい。日本は、米国と同様に示威運動への参加を断ったが、共産主義の脅威が増し、日本が手遅れにならないうちに国防上自衛手段を取らざるを得なくなった時、米国は、大きく方向転換をして英仏、さらに世界中に対して日本に対抗するよう訴えた。ここでも、米国の政策は明らかに何かがおかしい。

昨今の我が国の外交工作を見ていると、米国の政治家は、自国の基本方針を維持さえできれば、支那が自業自得で苦しむのを傍観するつもりのようだ。

共産主義者が勢力を拡大し、日本の存立そのものが脅かされる状況が日に日に明白になっていても、他国が単独で、支那であろうが、満洲であろうが、内政に干渉することは許さず、だからといって共同作戦にも同意しない。

米国にとっては、条約上の自国の権利が最も重要なのかもしれないが、それより前に、支那や満洲のいかなる集団であっても自らの問題を自らの方法で解決する権利があり、日本にも自存自衛の権利がある。

　現実的な国際政治という大雑把な見方をすれば、米国は支那全土を支配するためにソ連と手を組む方針ではないかと思えてくる（解説：事実、後に米ソは手を組んで対日戦を戦った）。

　米国の外交の重要な柱であるモンロー主義は、我々が好んで「支那」と呼びたがるものの領土的及び行政的保全の名の下にその座を奪われた。

　なぜなら、米国はそれを唯一の口実にして、自国の基地から遠く離れた海域で攻撃を仕掛けられるよう、巨大な戦艦団や巡洋艦、航空母艦を維持しているからである。

　後に事実を挙げて証明するが、米国が武力によって形成された現状（ステイタス・クォー）の変更を認めないのは、毎年何百万と殺害される支那人民の悲痛と困窮に無頓着なまま、極東地域における自国の通商政策の基本方針（注：「門戸開放」「機会均等」）を維持しようとしているからである。

　米国民にとっては、この先も対支貿易を、貧しく無抵抗で何の力も言葉も持たない何百万もの人民の墓の上で続けるべきなのか、それとも抑圧された五億の人民を解放し、彼らが自ら選んだ政府の下で、生命、自由そして幸福追求の権利を得て、自由民として自らの足で立てる新たな基盤の上に国を築くべきなのか、今や、真摯に向き合い判断すべき時機が来ているのだ。

「強力な支那」とは何か？

　ジョージ・H・ブレイクスリー教授は、国務省勤務時代に米国代表団顧問として国際連盟のリットン調査団に加わった人物であり、最近の著書『コンフリクツ・オブ・ポリシー・イン・ザ・ファーイースト（極東における政策の対立）』[1]で述べられた意見は、明らかに米国政府の方針と調査団報告書の事実認定を反映している。

「……しかし、極東で懸案の問題だけでなく、『日米間の課題』を解決する最も有効な方法は、他国に対して友好的で、かつ経済関係において自由な強力な『支那』の発展だろう。それはともかく当面の間、日本は現在の対支政策を断念すべきであるというのが世界の判断である」

この国際関係論の専門家が説明する米国の対支政策とは、いわゆる支那共和国をひとつの強力な国家に発展させ、何らかの中央集権政府によって五億人を支配させることのようだが、その時の政権が、広大で国境も定かでない国を、名目上でも支配していれば、帝政だろうが、共和制だろうが、専制君主だろうが、はては共産主義だろうが、何の関係もないようだ。

米国は、一度は大清帝国に味方し、「共和制」ができればそれを歓迎し、「主席」と名乗れば匪賊であれ苦力（クーリー）の頭領であれ、それを承認した。さらにモスクワと広東政権（支那共産党）の同盟を黙認し、その同盟の申し子らを賛美したのだから、今支那全土を掌握すべく徐々に、だが確実に勢力を拡大している「赤い怪物」をもそのうち承認するのだろう。

米国民は、「強力な支那」が何を意味するのか、考えたことも、気に留めたこともない。勝手に、支那人は平和を好み、常に他国民に友好的で、経済関係においても自由な民だと信じ込んでいる。日本がアジア一帯における国益維持に何が最善と考えているのか、その考えは米国とは全く異なる

【1】ジョージ・H・ブレイクスリー："Conflicts of Policy in the Far East"（一九三四年、ニューヨーク、Foreign Policy Association)

かもしれない、という視点を見落としているのだ。

フランスがドイツに対して感じているように、日本人は、八倍の人口を擁し、強大な軍事国である隣国（支那）の存在を、その平和と安全に対する重大な脅威だと感じるだろう。

強力な支那が、いつまでも平和を好み、米国の理想主義者を喜ばせる国家であるかどうか何らの保証もない。「強力な支那」と言っても全く異なる意味を持つことになるのだ。

「強力な支那」が、今のいわゆる「脆弱な支那」よりも経済関係においてさらに自由になるという確証はなく、その二つは決して両立せず、共存不可能である。「強力な支那」は、おそらく「強力な」米国と全く同じ行動を取るだろう（百年経った現在の中華人民共和国がそういう行動を取っている）。

外国製品の輸入を阻む高い関税障壁を設ける一方で、自国製品の輸出のために他国には門戸開放を要求するようになるかもしれない。

過去に生きる「強力な支那」であれば、復讐に燃えて、ひょっとしたら、いやおそらく日本製品を排除し、不買運動を繰り広げるだろう。「強力な支那」は、自ら望むことは何でもできる。

自ら法律を制定し、自ら関税を定め、国際条約には自らの解釈を加え、主義や政策を宣言し、他のあらゆる列強が自国の利益のためにやっていることなら大抵何でもできるのだ。

そうなれば、一国の力では、いや例えいくつかの国が手を組んだとしても、支那を食い止めることはできないだろう。

今や支那全土で五百万人が銃を携え、その数は日本軍の二十倍に達している。「支那」という国が強力になるために、あと何百万の兵が必要だというのだろう。彼らが戦争をしないなどと考えるのは浅はかだ。

軍隊を機甲化し、戦車や爆撃機、戦車運搬車など近代的武器を備えれば、ほどなく「支那」は強力な国家になるだろう。支那人は戦わないといった古い考えは、捨てなければならない。

そして強力な国家は、海軍なしに成立しえない。支那の時の政権が保持する海軍が強大になれば、日本をアジア大陸から切り離し、孤立させ、飢えと侵略に晒すことができるだろう。

いったい我々は、何をもって「強力な支那」と言うのだろう。極東一帯を掌握し、日本を意のままにできる力を持った国を言うのだろうか。そうであれば日本は恐らく巨大な隣国が将来どういう方向に進むのか、極めて明快な見解を持つはずである。

つまり「強力な支那」とは、日本を二流、三流の国に追い落とすことであり、日本が西側諸国によるこの判定を受け入れるとは到底思えない。

清朝、北京、南京を問わずどの政権も、これまで日本と同様に国内の秩序を整え、強大になれるチャンスを持っていた。しかし内乱を抑えきれず、行政能力に欠け、人民または各省を代表する中央集権国家の下に国土を統一する力もないことを自ら露呈している。

そうした政府を確立するには、戦争状態を延々と引き伸ばし、圧倒的な兵力によって誰か軍閥の長が完全勝利するしか方法がない。それが我々の意味する「強力な支那」なのだろうか?

または、そうした政府の樹立よりはるか手前で、「支那」は、おそらくもう一つの共産主義国家となり、クレムリンが指導するソビエト評議会方式の一端を担うことになるかもしれない。これが現在の形勢であり、ソ連共産党は、「支那」の共産化はほぼ確実だと見ている。

しかし、外相のリトヴィノフや駐米大使のトロヤノフスキーが口にするソ連の外交方針とは、米国外交の常套文句を鸚鵡（オーム）のように繰り返しているだけである。

「ソビエト・チャイナに干渉するな！」「支那は独立国家として保持されるべきだ！」「支那には、自らの救済と政権を決めるべく必要な時間を与えられるべきだ！」と。

これを米国の平和主義者や左翼支持者、共産主義者たちが称賛し、モスクワ政府を九カ国条約や世界平和の新たな勝利者のように歓迎しているのだ。

この点において、米国とソ連の政策は完全に一致している。米国は相も変わらず、統一政府の下に束ねられた五億人との通商取引で、巨大な貿易利益を上げることを夢見ている。

そして、一層増加するだろう膨大な人口が、一日一個米国産の干しプルーンを買い、米国製のシャツの裾をあと一インチ長くしてくれれば、マーク・トウェインの戯曲に出てくるセラーズ大佐と同様に一攫千金が狙えると思い込んでいるのである。

一方ソ連は、支那全土を政治的に支配し、そこを足掛かりとして太平洋沿岸一帯にまで勢力を広げ、米国の近代的な機械装置を備えた共産主義体制下の工場で、大量生産された製品の捌け口にしようと思い描いている。米国民は、モスクワが世界に「強力な支那」を提供してくれるのを安心して見ていて良いというわけだ。果たしてこれが米国の求めるものなのだろうか？

人道主義と基本政策

しかし日本は、米国のような見方はできない。日本が強い「支那」を恐れるのには、もっともな理由がある。何しろ日本の存立に関わる問題なのだ。

米国民としては、「支那」と称する国が歴史的にその領土とされる十八の省、内蒙古、外蒙古そして満洲の全域を統一すべく、新たな形態の政府を目指して進化していくのを興味津々に見ていればよいかもしれない。だが、憐れな五億の人民にとっては、外国の見物人を喜ばせるために一つの国という型に入れられることは、決して有難くないかもしれない。

太平天国の乱（一八五一～一八六四年）や過去二十年間に繰り広げられた主権争いがもたらした惨状を見れば、学識ある米国の評論家が、「支那」という名前の下に国土統一の絵を描いて喜んでいるその心情は全く解せない。

支那人が言う数字は必ずしも正確ではないが、近代の最も優れた随筆家である林語堂の記述を信じるなら、蔣介石と馮閻（馮玉祥と閻錫山）同盟軍との間の一九三〇年（昭和五年）の戦いでは二千万人以上が殺害された。それに加えて、江西省や華中の共産主義者が制圧した地域では、何百万人もが虐殺され、家を失い、飢えに苦しみ、歓喜どころか、極めて凄惨な状況にあるのだ。

いったい米国民はどのような根拠があって、支那人は皆、国家主義的精神に染まり、国のためには死をも恐れないと思い込んでいるのだろうか。

国土統一の過程で何百万もの人間が虐殺され、さらに何百万もの人間が犠牲にならなければならない、という事実だけでも、彼らは一つになることを望んではいないという単純な結論に至るのに十分なはずだ。

それでも我々米国民が、支那人は国家主義的精神に突き動かされているという見方に固執し、彼らの喉に銃剣が突き付けられる有様を、安全なリングサイドで夢中になって見ているというのなら、そのうち我々が願う国土統一も実現するかもしれない。圧倒的武力によって溶接され、つなぎ合わされた「強力な支那」が出現するかもしれないのだ。

しかし日本は、米国が思い描く情景も、その行き着く先も喜んで見ているわけにはいかないだろうし、「支那」のいかなる政権であれ、その共産化に反対するだろう。独立国家たる日本に対するロシアの思惑（侵略）から自国を守るべく、日本は過去二度の戦争（日清・日露）を戦った。

当時の清朝政権がロシアと秘密同盟を結ぶことを知り、自らの存立のためにやむを得なかったのである。

日本はまた、支那の別の一派が公然とモスクワと合作して、支那全土の掌握を進めていることも知っていた。華中地域で共産軍が勝利すれば、支那全土に共産主義国家が誕生し、ソ連と手をつなぐこともわかっており、だからこそ自国の将来の安全を危惧している。

日本はこうした状況下で黙って手をこまねいてはいないのだ。自国を防衛しなければ、滅亡するしかない。どの角度から見ても、「強力な支那」の出現は日本にとって脅威でしかないのだ。

我々米国民は果たして、こうした状況を頭に入れて「強力な支那」を語り、日本に対して現在の対支政策を放棄せよと迫っているのだろうか？　それが米国の政策の主眼なら、我々は言葉以上に強い何かでその政策を支持する用意がなければならない。

日本はもはや、強い「支那」と称する国家が出現し、自国の存在を脅かすのを許すわけにはいかない。

米国が、支那国土は統一されて強力な武装国家に発展すべきだが、日本は自衛の試みを断念すべきだという主張にあくまでも固執するなら、我が国は、自らを三つ巴の存亡を賭けた争いに巻き込み、その結果、遅かれ早かれ、日本との戦争に突き進むことになるのではないだろうか？

ジョン・クウィンシー・アダムズの対支政策

米国民は、長年にわたる継続的な布教宣伝と政府発表の政策によって、支那人は、米国による慈悲深い内政干渉に感謝していると信じ込まされ、「支那」と称する国が強くなれば、米国製品や原料を大量に買ってくれるはずだと勘違いをしている。

米国の評論家は、強大になった支那が、世界に君臨していた昔の中華思想に立ち戻り、どの国とも対等であるということ、さらには他国の独立さえも否定するかもしれない、といった考えを持つには至っていない。

ほんの二、三十年前まで、支那のどの王朝も自らが世界の中心であり、交易であれ、政治であれ、何らかの関係を持つ全ての国は、自らの専制君主の意思にひれ伏すべき「蛮夷の朝貢国」だとみなしていたのだ。

一八四〇年の阿片戦争とも言われる英国と清国の戦いまでは、西洋諸国はこの前提でのみ、代々の王朝と交易を続けることが可能だった。

実際、英清戦争の原因は、外国が清国と交易を行う際には清国の優越性を黙認し、かつ屈辱的な形を表明しなければならないという清国の尊大な主張にあった。英清戦争が勃発した年、下院議員だったジョン・クウィンシー・アダムズは、ボストンで同戦争について演説した。

そこで彼が一貫して述べた基本的な考え方は、時の世論のはるか先を行っているが、欧米各国の中で記事にした新聞は一紙だけだった。

当時は多くの人々から嘲笑され、否定されたが、現在ではもっともな意見として広く認められている。その演説から多くを引用するスペースはないが、私が本書において強調しようとしていることを、アダムズは九十年前にこう公言した。

「国際法とは、地球上の全ての国を一様に拘束する法体系ではなく、関係国の特徴や状況によって規定が異なる制度である。キリスト教を信仰する社会にはひとつの国際法があり、それは合衆国憲法によって、欧州各国やその植民地との関係を律する義務として認められている。

一方で、米大陸の原住民の部族との関係においては異なる国際法があり、米国と縮れ毛のアフリカ住民の関係、また北アフリカのバーバリ諸国（注：米国が独立後初めて戦争をしたオスマン帝国支配下の北アフリカの独立国）や、華地（フラワリーランド）つまり大清帝国との関係においても、それを律する異なる国際法がある」

まさにその通りであり、我々自身もこうした区別をしている。米国における法、欧州に対する法、中南米に対する法、そして清国であれ、今の支那共和国であれ、法は異なるのだ。

なぜジョン・クウィンシー・アダムズの説が当時支持されなかったか、簡単に理解できる。米国の宣教師たちがハワイにしっかりと根を下ろし、同様に支那大陸でも大規模に活動を展開しようとしていたその時に、アダムズの現実を見た冷静で直截な発言が歓迎されるわけがない。

彼が示したひとつの真理を踏まえれば、今の世代が作り上げた新世界秩序の概念の根底となる基本原則が、なぜ東洋で根付かないのか、その理由を容易に説明できるだろう。アダムズは言う。

「支那人は、キリスト教信者ではない。だからキリスト教国が支那と善悪の問題を解決する際に、共有する信念、つまり信仰心に訴えることはできない。

……支那はキリスト教国ではなく、だから支那人は、己の如く隣人を愛せよというキリスト教の教えに従うべきだとは思っていない。……無神論者や理神論者、そして支那人に尋ねれば、彼らの道徳体系の根底は利己的享楽にあると答えるだろう。……支那人は『己の如く隣人を愛せよ』という法は認めない。

彼らの国内政策は、世襲による家父長制支配（家産制）であり、自らの独占的利益こそが、他国との関係における尺度となっている。彼らの政府は、国家として他の一切の人類より優れているという前提で成り立っている。

　支那人自身、自分たちの国は、他のどの国家や人民よりも特別な権利を付与されており、彼らの統治は『天下』の帝国であり、その領土は華地だと信じているのだ」

　この演説において、アダムズは、米国と契丹（キャセイ）の地（ランド）（注：支那の旧称）との今後の関係を予測する上で見逃してはならない真理を提示した。

　米国がその対支政策において思い描き、実現を目指している強力な「支那」が成立すれば、その「支那」と称する国家は、必ずや自らが世界の中心であるとした、かつての中華思想に回帰するだろう。

　日本では「アジアへ帰れ」という運動が起こり、満洲国の新政権樹立の指針として、儒教の基本的教えである「王道主義」が適用され、支那大陸では儒教が復活している。こうした兆しは、米国の民主主義と長説法によって混沌とした状態に突き落とされた「支那」が力を付けるに従って、ひとつの流れとなり、やがて趨勢となって具体化されていくだろう。

　非キリスト教国である「支那」が強くなれば、もっぱら自国の独占的利益に沿うように国際法を定め、解釈するだろう。「支那」と称する国家が、一人の軍事独裁者の下に強大化し、勢力を拡大しても、一切の外国を朝貢国とした昔の外交形態の復活はないと、いったい誰が保証できるのか。

　仮に今の無政府状態下で、あらゆる政権が完全に崩壊し、そこから強力な「支那」が出現したとしても、米国民の期待とは異なる方向に発展するかもしれない。

　言い換えれば、強力な「支那」とは、単なる思惑買いであり、罪もない何百万もの生命と、おそらくは文明の将来そのものが賭けられた賭博なのだ。ここに政策の矛盾があり、ブレイクスリー教授の提言ではとても解決できない。

そこで、これまで研究もされず、米国の政策の主導者たちによって示唆も与えられなかった問題は、別の視点から考えなければならない。私は、その視点を提示して議論や論争をするつもりはないが、私が導く結論は、おそらく一般的な意見とは相反するだろう。

しかしそれは私自身が知っている事実に基づいている。結論を訂正すべき異なる事実があるのかもしれないが、もしあったとしても、外交上または軍事上の機密事項とされ、その秘密が明らかにされるには、この国の男子を再び戦場へと送り出さなければならない。

私の結論は正しいかもしれないし、間違っているかもしれない。だが、いずれにしても米国民は目の前の問題の両側面を知る権利がある。もし再び若者たちが動員され、犠牲になることを命ぜられるなら、ともかくこれらの事実を知らさなければならない。

そうして初めて米国民は、冷静な判断力でこれらの問題に取り組み、国家の名誉と威信を傷つけないことを前提として、対立する日本との間で何らかの公平な妥協点を見つけることができるのだ。

流れ着く先は戦争状態

一世紀も昔のドクトリンは、今や次々と起こる出来事と変化する世界情勢によって陳腐化し、屑鉄置き場に追いやられてしまっている。にもかかわらず、米国の官僚は、その方針に厳格に従って決定するだけで、新たな政策を考え出そうとはしない。

海軍の司令官たちは、相変わらずくどくどと、強大な海軍を持つのは、東洋における市場の機会均等を守るためだと説明し、「全ての乗組員を乗せた艦隊を、紛争の可能性のある地域に安全に駐留させ」、さらに我が国の輸出品の大半を運搬でき、有事の際には船隊の補助艇として活動できる近代的な大型商用船隊があってはじめて、それが可能なのだと公言している。

米国輸出入銀行頭取のジョージ・ピークが作成した国の貸借対照表を見ると、貿易収支は一八九六年から一九三三年までの三十七年間で、二百三十億ドルの輸入純超過となっており、そのうちの二十億ドルは、おそらく支那全体との貿易赤字が占めている。

それにもかかわらず、米国は、あたかも慈善団体のように対支交易を続ける権利を守るために大型戦艦や東洋における近代化された基地、航空母艦、その他攻撃に要する軍装備を進めるべきだと論じる者がいるのだ。

確かに、米国が大規模な海軍を持ち、太平洋沿岸やハワイ諸島、パナマ運河を要塞化すべきやむを得ない事情はある。

しかし、混沌として不明瞭で曖昧模糊とした国、そして共産化に向かって走り出している国から、さらに巨額の恩恵を得ることを期待して、我が国の最大の得意客であり、かつアジアにおける最大の販売代理人である日本を破滅させなければならない正当な理由は見つからない。

米国が夢見る収益を守るために艦隊を建造し始める頃には、支那全土五億人の有望市場と取引ができる唯一の扉は、ソ連との国境線沿いに移っていることに気付くだろう。

満洲国の擁護論を展開する前に、極東全体の背景と歴史を描くことで、重要な点をもっと明確にしておきたい。

日米戦争は考えられず、今の時点ではほとんど不可能だが、それでも長い年月にわたって両国間に確執が生まれ、敵意が煽られ、どちら側も戦争に突入しない限り引っ込みがつかないような状況を作り出す力が働いている。米国が太平洋において戦争に突入目前となった危機を救ったのはワシントン会議だった。

しかしその会議も多くの重大な過ちを犯し、不正義を恒久化し、将来の戦争の種を蒔くことになった。

そうした過ちはいずれも、その後の十二年間、太平洋地域に一時的和平をもたらしたという注目すべき功績によって許容されるかもしれない。しかし、太平洋地域に決して相互理解はもたらされなかったのである。

第二章　戦争を企てる者

日米戦争への宣伝工作

第一次世界大戦で交戦しながら利益を得た国は、米国と日本だけである。

この二国が、講和後直ぐに太平洋戦争に駆り立てられたとしたら、その利益は、元の持ち主の手に戻り、米国の太平洋交易は壊滅し、日本は破綻して一昔前に戻り、今日の通商で最も重要な対支貿易と支那国土の開発は、欧州列強により独占される。

その日米戦争を引き起こそうという宣伝工作(プロパガンダ)が、世界大戦終結のかなり以前から公然と繰り広げられていた。誰がそうした宣伝工作を企て、指揮しているのかは不明だが、北京を拠点とする某集団がその主たる実行者であったことを証明する十分な証拠がある。

彼らは、激しい抗日宣伝の陰でこの運動を進めたが、それは同じ首謀者によって世界大戦中（第一次世界大戦）ドイツに対して行われた時以上に悪意に満ち、同じような効果を上げた。万事うまくいったのだ。

日本政府による「二十一カ条の要求」を巡る駆け引きの中、米国は、北京政府袁世凱政権と日本に対して、支那大陸在住の米国人の条約上の権利を損なうようないかなる条約も協定も認めないという通牒を送った。

さらに外交により北京政府に圧力をかけて、ドイツなどの中央同盟国（ドイツ、オスマントルコ、オーストリア・ハンガリー帝国）と断交させ、連合同盟国側（英米仏露）として世界大戦に参戦させたが、それは和平会議では北京政府を支持すると約束したからである。

米国は、連合同盟の最高司令部が計画していた日本によるシベリア出兵を阻止し、日本が派兵の見返りに連合同盟から提案された領土分割を受けるのを食い止めようと、同盟軍の派遣を要求した。こうした諸々の方法で、米国は、東アジア地域の現状（ステータス・クオー）維持の責任を引き受けたのである。

この策略を企てている者たちは、米国の外交政策を方向付けているのが時の国務長官であるという事実を巧みに利用していた。その国務長官は（注：ロバート・ランシング）、長官就任前は義父（注：ジョン・フォスター）の法律事務所のパートナー弁護士であり、その義父は長年在ワシントンの北京政府領事部の顧問を務めていた。

策略者たちは、当時、駐北京米国公使ラインシュが指図していた北京政府の政策について、あらゆる正確な情報を入手しており、さらに袁政権とは、ラインシュ公使の任期が終われば即座に彼を最高顧問として迎えるよう話を付けていた。

そしてラインシュは、その職を受けるべく公使を辞任し、まさに国際間の緊張が高まっている時期に、自らが持つ米国の外交方針に関する機密事項を一外国政府である北京政府に提供したのだ。

彼の辞任届は、外交史上最も挑発的な書簡であり、日本を激しく非難し、時機を逸する前に日本と決戦するよう訴えたものだった。

こうした経緯は複雑すぎて、外部の人間には全く理解ができないが、しかし東洋に在住し、実際の状況を目の当たりにした者（筆者）にとっては、極めて単純明快である。

米国は北京政府を援護すると約束したが、実際その援護は、パリ講和会議で北京政府の訴えを支持する程度でしかなかった。

当時のウィルソン大統領は、連合同盟側が日本に山東半島のドイツ権益を継承させるとした約束を撤回させることができず、国際連盟を成立させるために密約をしぶしぶ黙認したことで、北京政府から裏切り者と非難された。

袁政権からの圧力は、すぐさま北京からの偽電報という形で示された。その電報は、支那全土の公共機関と組合が署名したとされ、講和会議の決定を非難し、「ヴェルサイユ条約に署名するな」と北京政府代表団を脅迫するものだった。

この偽電報は、上海にあった私の事務所から打電され、私の銀行口座の小切手で電報代が支払われた。原稿を書いたのは北京の例の一団であり、上海の私の雑誌の副編集長宛に郵送されてきた。わざわざ上海に送られてきたのは、上海から発信されたという電報の日付記入線によって、電報の真実性を増し、信頼度を高めようとしたからである。

私の上海事務所と北京間でやり取りされた一切の記録と通信文書は、私が四年間不在にしている間に持ち出されていたが、唯一打電電報の写しが残っていた。会計担当者が会計監査のために金庫に保管しており、整理の際に見落とされたようだった。

私はその内容から当時の策略を推論するに至ったのだが、もし私が北京の指示によるこうした企みについて何らかの権限を持って話せるとすれば、それは、私が電報の一件以外にも、同様に、入念に組織化され、有力な後ろ盾を持った団体の存在を証明する強力な証拠を持っているからであり、彼らが目指すところは、外交知識を持ち合わせた観察者であれば絶対にわかるはずだ。

当時のウィルソン大統領が日本への山東半島の権益付与を黙諾したことは、このグループにとっては大きな失望であり、対抗してすぐに何らかの策を取る必要があった。

ヴェルサイユ講和会議の山東半島に関する決定を聞き、米国側の極東問題主任研究員が「これは戦争になる」と叫んだことが、彼らへの合図となった。

国務省極東部長のエドワード・T・ウィリアムズが発したと言われているその言葉を巧みに利用して、北京の例の一団は政府に対して、米国上院がヴェルサイユ条約の破棄と対日開戦を促すよう、ワシントンに使節を送ることを強く勧めた。

彼らはその目的を果たすべく、長年過激な抗日運動を繰り広げている米国人記者に白羽の矢を立てた。加えて、ワシントンと北京の間では、世界大戦の最中、ドイツ打破の宣伝工作が行われ、経済機関を通じて緊密な関係が築かれていた。

それらの機関を指揮していたのは、駐北京米国公使館であり、その公使こそが、袁世凱政権を支援し、反日感情を掻き立てることに心血を注いでいたのである。両国の関係は非常に密接に絡み合っているために、時にどこまでが米国の利益で、どこからが北京政府の利益なのか判断がつかない。

米支秘密同盟

米国民は、そうした企てが何をもたらすのか、全く知らされていない。その陰謀には米国と袁政権間の秘密同盟条約が含まれ、それによって北京政府は港湾を米国海軍の基地として提供し、日米戦争が勃発した場合、米国軍が到着するまでの間、袁政権の陸軍全勢力をもって日本軍の華北侵攻を食い止めることが約束されているのだ。

この陰謀の首謀者の一人であり袁世凱大総統顧問の米国人は、大胆にもその条約の草案をカナダの首相に内密の扱いで見せた。ロンドンで開催された大英帝国会議にも出席し、この文書を使って日英同盟の解消に対する各自治領の支持を取り付けた。

北京にいた米国人顧問団の仲間さえ、天津の新聞に大総統顧問による海外活動について公式報告が掲載されるまで、この条約の存在を全く知らなかった。その記事について北京の米国公使館が何の抗議も行わなかったことから、報告を受けた日本の外務省は、新聞記事を駐日米国大使に送付して、説明を求めた。

ワシントンと東京間で頻繁に電信が交わされ、米国大使は本国の国務省に問い合わせたが、折り返し戻ってきた答えは秘密条約の存在を完全に否定するものだった。

我々の時代ではおそらく真実は明らかにされないだろうが、大使が急遽(きゅうきょ)列車で東京を離れ、北京に到着するまでどこにも立ち寄らなかったという事実は確かであり、そこで大使は、ワシントン政府の考え、つまり情報が漏れやすい北京の電報局には安心して託すことのできない内容を、米国公使館に伝えたと言われている。

米国を太平洋戦争に突入させようという陰謀の全容がわかる事実を明らかにできるのは、上院の査問委員会くらいだろうが、そうした調査が行われたとしても真実を完全に暴露することは得策ではないだろう。

なぜならこの企てに関与した米国人は、誰かに騙されていたか、さもなければその時点で米国の最大の利益は対日決戦を引き起こすことによってもたらされると心底信じていたからだ。

彼らの考えは正しかったかもしれない。私としては彼らが間違っていたとは言えない。私がまだ知らない事実を持っているかもしれないのだ。しかし、本来なら証言すべき人の多くが鬼籍に入ってしまった今となっては、そのような査問を行ってももはや遅すぎる。

当時植え付けられた反日感情は、条約や主義、政策の公式発表、そして支那への心情的肩入れにより培養され、依然として根強い。絶えず用心していなければ、やがて米国が対日戦争をもはや回避できない時が来るだろう。

卑劣な手段

米国には異なる世論もある。誠実性、愛国心そして支那民衆に対する同情という点では変わらないが、ただ米国の安全保障と利益に極めて重大な影響がない限り、日本と戦争をするのは米国の仕事ではないという考えである。

私はその意見に与（くみ）するものであり、だからこそ極東に関する自分の知識を使って、日米戦争を企てる者たちの宣伝工作と闘い、事の真相を明らかにしたいと願っている。

私は常に公正に闘い、事実と数字を挙げて自分の論説と結論を裏付け、決して個人攻撃や中傷、非倫理的な主張はせず、人の信頼を裏切ることもしない。

しかし相手側は、高い権威を持つ者の後ろ盾を得ながら、正々堂々とは闘わず、卑劣で非紳士的な方法で反撃してくる。

彼らは、勝手に自分たちだけが判断を下す権利があるとして、状況を解明して、日米間の誤解を解く事実があっても、それは「日本の宣伝工作」として鼻先で笑って脇へ追いやり、私のことは「日本に雇われた宣伝工作員」だと決めつけている。

そうした事実を押し隠そうという行動は、時に最も非倫理的な方法にまでエスカレートし、違法な陰謀や訴追によって、戦争論者に信念を持って反論する勇気ある出版社の名誉を傷付け、破産寸前に追い込んだ。

彼らは不買運動を画策し、市民を煽動し、強制し、名誉棄損の訴えによって新聞社の全財産を奪おうと企てた。支那人を唆して郵便の配達を止めさせ、世間から孤立させ、罵倒中傷を浴びせ、考えられるありとあらゆる手段を用いて真実を隠蔽し、それを公表した者たちを罰しようとしたのである。

『シカゴ・トリビューン』は、名誉棄損であるとして、その全財産と工場に相当する二百万ドルの損害賠償請求を起こされ、会社の存亡をかけて闘い、私の上海の雑誌『ファー・イースタン・レビュー(極東概論)』も同じように訴えられた。

上海の場合、請求額は二十万ドルだったが、不買運動によって二カ月間にわたり地元と米国のスポンサーによる広告が一切引き揚げられ、会社を潰そうとしつこく妨害を続ける一団と闘わなければならなかった。

巧妙化する企て

もし新聞などの報道機関が、近視眼的な感情に駆られた外交官や高級官僚の犯した過ちを暴き出す真実や主張を口止めされ、公表を禁止されたとしたら、米国民は必ず最悪の事態に向かう。

国内問題であれば過ちや政治能力の欠如、失政、腐敗を正すこともできるが、外交関係において同様の愚劣な行為があれば、国民の血と国家資産を代償に差し出さなければならず、過ちを正す機会は与えられない。

米国では今まさに、あらゆる政府の活動を覆い隠すべく政権が設置した数多くの情報機関を通じて、報道の自由への介入が行われている。各機関のしっかり連携した組織がもたらした成果は、その権限と影響力だけを見ても、第一次世界大戦中、ジョージ・クリールが委員長となった広報委員会に匹敵する。

米国は現在、無血革命の過程にあり、もっと恐ろしい事態に陥らないようあらゆる努力を払っていることは極めてまっとうだが（注：当時の米国が中南米との善隣外交によって影響力を高めようとしていた状況を指すものと考えられる）、国内問題に関する報道の自由を制限しようとすれば、有事の際には、外交問題も同様に覆い隠すことになるだろう。

そして国内問題が対処不能となった場合、国民の目を逸らすために太平洋上で戦争を起こすよう宣伝が繰り広げられるだろう。他の国でも、政権与党の勢力を強化するだけのために同様のことが行われている。

米国が戦争に訴えてでも死守すべきかもしれない政策や論争について、自由な調査も議論も否定するというのは、まさに狂信的行為である。どれだけ地位が高かろうが、いかなる個人であれ団体であれ、全てを知っているとは言えないし、決して間違っていないとは断言できない。

国家の重大問題に関する証拠や他者の批判、意見を覆い隠し、相手側にその主張を述べる機会も与えないのは、あらゆる正義の概念とフェアプレーに反する。隠蔽行為が当たり前になり、米国は、訳がわからないまま戦争に引きずり込まれるかもしれない。

裁判官が法廷を離れて出版物や公の場で自ら下した判決の正当性を主張し、検察官が刑の執行を要求して同じように何ら権威のない方法に訴える一方で、被告が控訴する上級審はなく、反論するいかなる場も与えられない場合、米国では「railroading a man to prison」と言い、「確かな証拠もなく、無実の者を投獄する」ことを意味する。これこそが満洲国に与えられた「正義」なのだ。

満洲国に有罪判決を下そうと試みた国際連盟調査団の高名なる団長リットン卿は、ラジオや新聞雑誌、公開演説などあらゆる機会を捉えて、自らの判断の正当性を世論に訴えている。

実際、彼が一九三四年（昭和九年）から一九三五年（昭和十年）にかけた冬の間、米国で満洲国に関して演説を行うという広告が出ている。

連盟の裁定は、調査団に加わった米国の専門家たち、いわば検察官側の報告に基づいて下されたのだが、彼らもまた自分たちの調査結果を肯定し、正当であったとする本や署名入りの記事を書き、演説を行っている。

なぜそうした行動が必要なのだろう。連盟の調査団報告と事実認定は記録されている。調査団の仕事はその報告書を連盟に提出した時点で終了しており、その裁定に対して何の異議申し立てもなされていない。

満洲国に発言を認めず、何ら抗弁の機会も与えないまま、断固として連盟側に立って世論を先導し、満洲国に反対しようとする執拗な組織的活動（キャンペーン）の目的はただ一つしかあり得ない。いったい何のためなのか質問しても問題はないだろう。

米国と日本を対決させようという組織的活動が再び本格化し、ソビエト＝ロシアの巧妙な宣伝工作によって勢いを増している。日米戦争は不可避だという噂が欧州中に広まり、列強各国はあからさまに結果を予測し、それに基づいてそれぞれの外交と経済計画を立てている。

日米間で戦争が起これば、世界恐慌の問題は解決できるだろう。戦債を巡る議論も自動的に終結し、米国の極東通商は中止され、日本は身動きが取れなくなり、海外市場への進出を食い止めることができ、欧州はかつての支那大陸市場での優勢を回復できる。

欧州の宣伝工作と外交が首尾よくいけば、得られる利益は計り知れず、努力する価値があるのだ。

そうした欧州の動きを常時監視し、自由で真に国を考えた報道を行うことのみが我々米国を戦禍から救うのである。

正直なところ、私が満洲国の立場を説明し、事実を並べ、提示しようとしても、今の時点では、それが米国の見解を裏付け、確信に導く意見でなければ、人々は注目もせず、真剣に取りあってくれないだろうと感じている。

すでになす術がないところまで来ているのだ。キューバの状況について巧妙な嘘が三流紙を使って流布され、一気に高まった世論に乗じてスペインとの戦争に突入していったのと全く同様に、また国民の興奮と同情心を掻き立てる宣伝工作によって第一次世界大戦参戦へと舵を切ったように、米国は、再び太平洋上で同じ歴史を繰り返そうとしている。

米国民は、長い年月にわたって、やがて対日戦争になるだろうと思い込まされているが、そう仕向けている者たちは決して自分は戦場へは赴かない。敵愾心を焚き付け、日本に汚名を被せ、かつて世界中が反ドイツに向かったのと同じ方法で、反日の世論が形成されている。

戦争になれば日本は世界で孤立し、書物や新聞の社説、報道記事、ラジオニュース、そして演説会においても非難され、世界大戦でドイツに対して各国が連携した組織的活動が再び繰り返されるのだ。ちょっとした火花があれば一瞬で大爆発が起こるだろう。

米国西海岸のどこかで日本人の農民が二、三人殺害されるとか、東京の米国大使館に爆弾が投げ込まれるとか、日本海域で米国の船舶が沈没するとか、満洲国内で米国人が日本人に暴行を受ければ、それだけで世論は一気に燃え上がり、人々は口々に開戦を叫ぶのだ。メイン号沈没が米西戦争の引き金となったように、報道機関はそうした事件に乗じて双方の国民を狂気に走らせるだろう。

過去の同じような状況や、記憶に新しい国際連盟による調査団の報告を考えれば、米国も日本も今さら外部機関に事実を調査させようとはせず、国の名誉を賭けた戦いになるのだ。

第三章　日本の軍国主義

評決を覆せた重要な鍵

事実とは扱いにくいものである。軽視も無視もできない。その価値は、弁護士が陪審員の前で依頼者に代わって弁論をする際に適切に使われるか否かにかかっている。

全ての評決は、他の証人や書面証拠によって裏付けられる宣誓供述書に基づいて下される。時には重要な証拠が故意に隠されたまま審理が終了し、判決が出され、刑が執行された後かなり経ってから新たな証拠が見つかることも珍しくない。そうした証拠によって、しばしば再審理が必要となる。

日本を裁く法廷の場と化したパリ講和会議や軍縮会議、そして南京政府が満洲問題を訴えた国際連盟においては、事実の調査、解明のための手順に則った裁判は行われず、偏った裁定が導かれた。日本を罵倒し、嫌悪感に訴え、虚偽の陳述を行い、非難し、反論し、日本に反対する主張をでっち上げたのである。

どのような訴訟であっても、陪審員の評決と裁判所の事実認定を結び付ける鍵となる事実が存在する。極東情勢に関してもそうした重要な事実があるが、日本側は主張に際してそれらをうまく使っていない。

もしこれらの事実が相応に重要視されれば、日本に対する評決はひっくり返されるはずである。では、ここで事実の記録を見てみよう。

「第一の事実」

日本が国際問題の一要因となったのは、一八九五年（明治二十八年）の日清戦争（注：開戦は一八九四年）からである。

敗戦国となった清国は、和平を求めて一八九五年四月十七日に下関条約を調印[2]し、日本に対して奉天省内の、後に南満洲となる南部（遼東半島）を割譲し、統治権を認めた。清国にとってはこの一帯は日本の領土となり、それは米国がカリフォルニアやアリゾナ、ニューメキシコ、テキサスを獲得し、属州としたのと同じである。

ところが露仏独三国はそうは考えず、十月十八日に日本に対して奉天省南部を清国に返還するよう最後通牒[3]を送付した。欧州最強の軍事大国三国とは戦えない小国日本は、その勧告に従うしかなかった。

ここで問題となるのが、割譲された地域における日本の領有権は、国際法上厳然と確立しているという点である。適法に獲得した領土の返還は不正義であり、法的に認められない。法律では、不可抗力により強いられた不正義は、その力が除去され次第、正すことができると認められている。

領土返還を強制した外部勢力がもはや機能しないのであれば、懸案の地域の正当な所有者が誰かという点については、日支間では何ら法律上の問題はないように思われる。

露清密約【4】

「第二の事実」

一八九六年（明治二十九年）五月、清国は日本に対抗し、「国境の緊張地帯へのロシア軍の輸送と兵站を促すべく」ロシアと秘密条約を交わし、ロシアに北満洲経由ウラジオストクまでの鉄道（東清鉄道）の敷設権を与えた。

この条約は完全に厳秘とされ、同年九月に別途、鉄道建設と経営に関する通商協定が締結されると同時に条約の取り決めが実行に移された。

二年後、同盟関係をさらに有効なものにすべく、清国はロシアに南満洲支線（注：後の南満洲鉄道）の敷設権を与え、加えてロシア海軍のための大水深の港湾と駐留基地として、遼東半島の租借を認めた。

この密約によって、ロシアが敷設する東清鉄道には、実質支那への侵略手段として、またロシアの軍事上、戦略上の輸送網として法的地位が与えられ、ロシア皇帝の軍隊は日本を抑え込む上で優位な足場を得た。遼東半島の租借はロシア海軍からの艦隊基地としての使用の要求に応じたものだった。

【2】Carnegie Endowment for International Peace Treaties and Agreements with and concerning China（一九二一年、MacMurray）
【3】脚注2に同じ
【4】脚注2に同じ

日露戦争では再び日本が勝利した。ポーツマス講和条約が締結され、世界は戦争の衡平な解決を喜んだ。ところが講和会議に臨んだ日本は日隠しをされたままだった。露清密約によって清国がロシア皇帝軍を満洲に招き入れ、戦争を挑発したことなど日本はおめでたくも全く知らなかったのである。日本が密約の存在を知っていれば、戦争の当然の法則により、日本は支那（清国）に賠償金の支払いを要求し、然るべき金銭の支払いがなければ、南満洲全域を獲得し、併合できただろう。この点については第四の事実で再び述べることとする。

一九一五年の満洲に関する条約

「第三の事実」

日本による「対華二十一カ条の要求」とその結果として日本と北京政府袁政権間で締結された条約や文書については、多くの書物が書かれている。

その中で論争となったのは、満洲に関する条約であり、とりわけ遼東半島の租借と南満洲鉄道に関する権利を九十九年間に延長[5]したことと、条約調印後直ちに、北京政府がその締結は強要によるとして条約の無効を訴え出たことが問題となった。

両国間の交渉記録によれば、満洲に関する日本の要求は何ら抵抗なく受諾されていたにもかかわらず、袁政権は調印の朱墨が乾かないうちに、条約上確立された日本の権利を無効であると宣言し、条約には無関係の列強の援護を求め、各国は一八九五年（明治二十八年）の三国干渉を繰り返そうとした。

その中で米国だけが、現状（ステイタス・クォー）の変更には同意できない旨を記録に残した国であり、それ以来、北京政府のみならず南京政府までも米国に頼り、日本に対する戦債の支払いを免れようとしている。

北京政府の自白

「第四の事実」

露清密約の存在が一方の当事者によって最初に明らかにされたのは、ワシントン会議においてだった。北京政府代表団が本文の要約の電報を議長に手渡し、全文は受け取り次第提出すると約束した。議長のヒューズ国務長官が公開の討議の場でそれを読み上げたことで、密約の存在が初めて公に証明されたのである。

ワシントン会議が司法裁判所であれば、その法的事実の出現により、満洲問題全体を改めて検討し、日本に有利な判断を下すことになっただろうが、そのような結果にはならなかった。[6]

それでも秘密の同盟条約が締結され、実行されていたという事実は残っている。どんな主張をもってしても、それが法的取り決めであった事実を排除できない。

密約によって、当時の清国がロシアと共謀して日露戦争の準備を行い、ロシアの完全なパートナーになったことは疑いようがなく、従って北京政府は日本が請求可能な戦争の損害賠償についても責任を負っている。

【5】脚注4に同じ

【6】Report on the Conference on the Limitation of Armament（一九二二年、ワシントン政府出版局、一四一四頁）

日本はいまだ法律上の権利を行使せず、北京政府に日露戦争の賠償金は請求していないが、しかし適当な機会を捉えて請求できる権利は失われてはいない。国際法上この種の請求に時効はないのだ。

ここへきてようやく我々は、日本が満洲を巡る現在の南京政府との論争は他国には無関係であり、当事国間で直接交渉すべきだと主張している理由を理解できる。

そして、南京の国民党政権がなぜ頑なに日本との交渉を拒み、国際連盟に訴え、米国に支持を求めているのか、なぜ日本と面と向き合って、遅れている一八九五年（明治二十八年）の下関条約の履行を強いられることを避けているのか、その理由も見えてくる。

審理を経ない有罪判決

ここで少し立ち止まり、自分たちがワシントン会議に出席した日本代表団であったと想像してみよう。

我々日本代表団は、裁判のために引っ張り出されており、会議の主要な議題は、日本の機嫌を損ねることなく、米国を満足させるために日英同盟を終結させる方法を見つけ、パリ講和会議での米国代表団の失敗を修復し、山東省に関する決定を覆すためであることを十分理解して、座っている。

北京政府代表団の中から、米国で教育を受けた若い団員が歩み出て、ヒューズ議長に一八九六年（明治二十九年）の露清密約を慎重に編集した文章を手渡す。ヒューズ議長はそれを読み上げるが、驚いたことに、何の意見も述べずに唐突に次の議題に移っていく。

我々は青ざめ、緊張した面持ちで、限られた英語力で一語一語を拾いながら感情を抑え、議長がその証拠にどう反応するのかをじっと待っている。

その密約こそが「支那」と称する国の謎を解く鍵であり、日英同盟の存在理由であり、ロシアと戦った理由でもあり、日本が南満洲全域を獲得できないとしても、賠償金を請求できる証拠であったのだ。

それにもかかわらず、その文書は、議長から一言もないまま、記録係に手渡され、法廷の外に投げ捨てられるのを黙って見ているのだ。

ワシントン会議は、全ての討議が日本を罰するという強い意思の下に行われていることを自ら露呈したようなものだった。そうした会議では、とても自国の立場は考慮されないと日本が判断したとすれば、当然だろう。

会議の最終日にヒューズ議長が「力強くはっきりした声、例えごまかそうと思っても、とてもごまかせないような声」[7]で、裁判で言えば、日本に対する起訴状となる記録を読み上げた時、日本からやってきた代表団が、冷静を装った無表情の下に怒りを押し殺していたことは想像に難くない。

彼らは、自分たちの行為の正当性を示す証拠を握っている判事によって、裁判にかけられ、有罪とされたのだ。欧米諸国の前で恥を晒し、アジアにおいて面目を失った彼らは、欧米からは決して正当な扱いを受けられないと強く肝に銘じて帰国した。

英国代表団のリデル=ハート卿は、『インティメット・ダイアリー・オブ・ザ・ピース・カンファ

【7】Mark Sullivan, The Great Adventure at Washington（一九二二年、Doubleday, Page & Company、ニューヨーク）

【8】Lord Riddell "Intimate Diary of the Peace Conference and After"（一九三四年、Reynal & Hitchcock, Inc.、ニューヨーク）

レンス・アンド・アフター（和平会議の日誌とその後）』[8]にこのように書いている。

「この（ワシントン）会議については、かなりの誤解がある。米国は海軍問題の解決に熱心だが、北京政府との良好な関係構築にはそれ以上に熱心である。自国の製品等の最大の市場だと考えているからだ。

パリ（講和会議）において、ウィルソン大統領は北京側に立って懸命に闘い、そのため会議の結論に大いに困惑した。

しかしワシントン（会議）では、全体として北京政府への支持が貫かれた。彼らの主張を準備したのは米国人であり、北京の機嫌を取るためにあらゆる努力が払われている。米国政府は日英米間の問題を解決することに極めて熱心であった。

日本の存在は大きな問題である。新しい取り決めが功を奏することを祈っている。日本は我が国の友好国であり、英国が示す方向に向かって新しい体制を築いているが、貿易においては、おそらく容易ならぬ競争相手となるだろう」

まさにその通りである。ヒューズ議長は日英同盟を正当とする証拠を読み上げ、北京政府を抗弁すべき立場に置きながら、あえて何も発言せず、議論も認めなかった。それを許せば、会議が決裂していたからである。

安全保障の値段

「第五の事実」

日本は、アジアで最も堅牢な要塞まで侵攻してきたロシア陸軍と、満洲を主戦場として戦った。その戦争により日本は、金兌換で二十億円の戦費を費やし、二十万人の生命を失い、かなりの重要財産を破壊された。

清国は、自国の中立性と領土が侵略されたと訴えたが、ロシアの完璧な同盟国であったという客観的で確固とした法的事実はそのまま残っており、逃れようがない。

そのため「支那共和国」を称する現在の国民党政権（蔣介石軍閥）は、敗戦国に課される賠償金について自ら分担する義務がある。戦争の結果が逆であれば、戦利品について取り分があったのと同じである。

日本はいまだに日露戦争の費用（外債）を支払い続けており、一九三一年（昭和六年）時点で、すでに八十億円近くに上っている。[9]

加えて二十億円の満洲への資本投資があり、合計百億円、なんと金平価で五十億ドルになる。これが、日本が日清戦争で正当に獲得し、今日では安全保障のために不可欠だとする満洲における権利を再び確立するために支払わなければならなかった費用なのだ。

日本は二度戦い、二度戦勝国となり、外国の介入によって二度失った。日本は、もう一度、満洲の地におけるその存亡をかけて因縁ある敵に対峙しなければならない時機を考えている。

秘密同盟の存在、外交上の欺瞞そして外国の介入といったこれまでの苦難の歴史が、日本を自衛行動へと走らせている。さもなければ日本にとっては後の祭りとなるからだ。

【9】松岡洋右演説、一九二九年、京都、Institution of Pacific Relations（太平洋問題調査会）

第四章　満洲に関する法

乗っ取り屋の三国

満洲を巡る紛争において法に関する議論が多く交わされているが、米国は、自ら勝手に法を作り、それを自らの主張の根拠としているのではないだろうか？　問題となっているのは、日本に関する法である。

国民党（蔣介石）政権の主張は外部の列強の援護によってのみ成り立っており、仮に日本の解決策がいずれかの条約に違反していると認めたとしても、公正な視点で見れば、それらの条約は元々不当な状況を恒久化しているだけだという点も認めざるを得ない。

国際法と言われるもののほとんどは、武力か、さもなければ武力による脅しをきっかけとした条約に基づいており、拘束力があるのは、背後に武力が存在する間だけである。

日本は、公知の戦争の法則によって正当に当時の清国を打破したのであって、戦果として支那（清国）から譲渡された地域の領有権を適法に有している。日本は、国際法の下、清国から永久に奉天省南部の領土権を譲渡され、法的所有者となったのだ。

ところがそこに現れたのが、大国のなりをしてはいるが、今の言葉で言えば乗っ取り屋の三国である。彼らは、日本に銃口を突き付け、法で認められた獲得物を手放せと強要してきた。それは別に支那のためを思ってのことではなく、時機が来れば、その土地を日本からではなく支那から奪う方が容易いだろうと考えたからだった。

露独仏三国から日本に宛てた書簡は、誠実さのかけらもなく、後日清国を略奪しようという自分たちの計画を隠した単なる屁理屈に過ぎなかった。明らかに詐欺行為であり、法で罰せられるべき犯罪である。

しかし、ならず者の三国は、実際にはその領土を清国に返還せず、単に親分であるロシアをさらに太らせるために、日本を棍棒で脅迫して正当で合法的な所有物を奪ったのである。ロシアは直ちにそこを占領し、自らの領土だと主張し、日本を完璧に撃沈すべく戦略的に優位に立とうとした。

ここでひとつ問題が起こる。日本は、かつて欺瞞と不法行為によって取り上げられたものを奪還し、その法的権利を自ら利用するだけであっても略奪者にされるだろうか。

以後「支那」を称する政権との間で調印され、その政権が関与する条約は、三国干渉という詐欺的行為を認め、合法化したものであり、つい最近日本を裁判にかけ、有罪とした際の根拠となった法は、日本を苦しめた不正義に合法性を与えようとするものではないだろうか。

詐欺からは法律上、訴追権は生じない。また三国干渉以降、いくつもの条約に調印した列強各国は、詐欺であることを十分承知の上で、日本が正当な権利を奪い返すのを妨害しようという悪意を持っていたということも大いに考慮しなければならない。

ロシアがポーツマス講和会議の席で、露清密約の存在を明かさなかったのは、日本に対するさらなる詐欺である。北京政府（清国）はその詐欺を利用し、沈黙を守り、ロシアとの秘密同盟における自国の役割を隠したまま、誰の目にも明らかな戦争の法則によって、再度没収された土地の主権を守ってほしいと要求したのだ。

現在の南京政府（蔣介石軍閥）は、このロシアによる明確なる不正行為から何らかの法的権利を得るものではなく、もし国際連盟に提起された訴えがコモンローの法廷に提起されたのであれば、どのような判事であれ、公正な判断能力さえあれば、却下したはずである。

存在しなかった不法行為

満洲問題に関する法的事実を見れば、満洲の地における日本のいかなる行動も、現在の国民党政権（蔣介石軍閥）に何ら損害、損傷を与えておらず、法に反することは一切行っていないことが明らかである。

もし不正義があったとすれば、それは日本が調印した九カ国条約の支那共和国以外の締約国に対するものである。その条約が詐欺の隠蔽や恒久化を目的とし、当時の北京政府にただ一つ国際連盟に援助を求める権利を与えたに過ぎないことは繰り返すまでもない。

満洲での日本の行為は、悪意をもって行われたものでない限り罪にはあたらない。日本が法律上の権利を利用することがなぜ罪になるのだろうか？　多少でも罪の意識があったとすれば、それは列強諸国の方である。

彼らは、日本がどのように待ち伏せされ、奪い取られるか、十分かつ正確に把握しており、法律知識も持ち合わせながら、諸々の条約を通じて正当な行為を強引に妨害したのだ。

政治的な偏見や支配の影響を受けず、東洋の問題を中立的立場で判断できる国際裁判所があれば、彼らは日本の訴えに狼狽える（うろた）に違いない。

結局のところ国際法は、集団の法であり、強者の法である。日本が自ら防御できない限り、さらに強力な国が定めた法の前に頭を垂れなければならなかったのだ。

誇り高き日本にとってその屈辱は耐え難いものだっただろう。それは米国が独立直後、まだ力がなかった頃に、何百もの米国船がフランスの私掠船によって力ずくで拿捕された時の屈辱に比べれば小さいかもしれないが、しかし屈辱であることに違いはない。

さらに日本が条約の文言に従わなかったと言っても、米国が国家として調印した最初の条約、米仏同盟条約に関して取った行動と比べれば大きな問題ではない。

米国は、フランスが他国と戦争状態に入った場合は米大陸内の仏領を防衛すると誓ったが、十年も経たないうちに英仏戦争が勃発した時、欧州でのフランス支援を拒んだのである。米国はまだ弱く、独立戦争の疲弊から立ち直っておらず、平和を求めている、というのが言い訳だった。

だが米国が自ら署名捺印した条約上の義務の履行を拒んだことは確かである。しかもフランスは、米国の独立を支援した国だったのだ。

日本は、清国に勝利して手に入れた戦果を、棍棒で殴られて奪い取られた。ポーツマスでは騙されて賠償金もそれに相当する領土も得られなかったどころか、清国の領土でロシアと戦ったことで清国に謝罪するよう強いられたのだ。

第一次世界大戦では連合同盟の一員として勝利に貢献したにもかかわらず、パリ講和会議ではまるで審判を受ける立場に立たされた。大戦中、極東とオーストラリアへの通商ルートを守ったことに対する報酬として約束されていた微々たる戦果（ドイツの山東半島権益承継）まで、密約を交わした英仏がいなければ、放棄するよう強要されただろう。

ワシントンでの軍縮会議に呼ばれた日本は、そこで辛辣で情け容赦ない判事によって非難され、告発され、厳しく責められ、満洲における権利を確保するための切り札として使うチャンスもないまま、山東半島を支那に返還せざるを得なかった。

日本は、三度戦争に勝ち、三度戦果を奪い取られた。日本の陸海軍が払った犠牲と引き換えに国民に示すことができたのは、満洲への二十億円の事業投資が全てである。

国際連盟規約、九カ国条約、そして不戦条約という盾に守られた北京政府としては、日本はあえて武力を行使しないだろうと高を括り、日本の投資に損害を与え、日本人を全部一緒に国から追い出す準備をしているのだ。

日本の国際連盟脱退後、今度は太平洋諸島の小国が日本の委任統治について疑問の声を上げ始めている。中には日本の大戦参戦のお蔭で主権国家として樹立できた国もあり、その委任統治は、勝利のために日本の参戦を必要とした連合同盟が認めたものである。だがもし日本が力を失えば、こうしたわずかな戦果すら奪われてしまうだろう。

同じ鋳型

世界は、日本の陸海軍が、外国の干渉によって延々と苦しめられるのはもう沢山だと決心したことをなぜ理解できないのだろう。欧米諸国は、条約に立脚して日本の違反を責めるが、その条約自体、日本の面目を潰して作られた、いわば日本の国辱記念碑なのだ。

日本の軍部の姿勢については、後で述べる通り別の見方もあるが、米国民が直面している問題を理解したいのであれば、こうした根本的な真理は頭に入れておかなければならない。

なぜなら目の前の問題は、我々が極東での出来事に首を突っ込んだ結果もたらされたものであり、今や米国は、他の国々によって前面に押し出され、日本包囲網構築の主導者にされているからだ。人間の本質は、世界のどこでも同じである。

メキシコ独立戦争の後、もし米国が欧州の三列強国の介入を受け、メキシコから獲得した領地の返還を強制されたとしたら、我々はどう感じただろうか？

メキシコが復讐心から、列強と秘密条約を締結し、米国の勢力拡大を阻止するために、その領地を最強国（ロシア）に引き渡し、その最強国が米国との国境沿いか、至近距離に戦略的に重要な鉄道や、海軍基地、堅固な要塞を築いたとしたら、そして自国の独立を守りたければ新たな戦争に挑めと強要されたとしたら、我々は激昂したのではないだろうか？

そして再び戦勝国となったにもかかわらず、合法的な賠償金も、それに代わる領地も（露清密約を知らされず）騙されて得ることができず、何十年か後のメキシコの自白によって当時我々が愚弄されていたことを知ったら、米国民は果たしてそうした不正義を恒久化する取り決めに唯々諾々と従ったままでいるだろうか？

いや、すぐさま時機を捉えて、問題を最終決着させただろう。

その時米国が取る解決策は、領地の独立承認ではなく、もっと思い切ったあからさまな併合であり、我々の安全保障が再び他国によって脅かされないようにしただろう。

日本人は、我々が理解したいと思えば、さほど理解し難い人種ではない。日本人も米国人も同じ鋳型で作られた人間であり、人間の本質や根源的な本能に関する限りどこも変わらない。ただ思考過程とその表現方法が異なるだけなのだ。

第五章　アジアの根本的な問題

日本とはどういう国なのか

英国の作家キプリングは、全裸の女性が井戸に落ちている場面に例えて、真実についてこう述べている。

紳士として取れる方法は二つしかない。彼女を見ないで通り過ぎるか、プリントドレスを渡すかである。しかし手元にドレスがなく、それでも彼女を救おうとするなら、紳士は、一糸纏(まと)わぬ彼女の姿をちらりとでも目に入れないわけにはいかないのだ。真実は、明らかにされた以上、直視しなければならない。

真実を求めようとすると、悪口雑言、虚偽の表明、露骨な嘘、流言、宣伝工作(プロパガンダ)、拙速で中途半端な調査、公式声明、公式発表、そして報道記事といった権謀術数に惑わされ、迷路に入りそうになるが、しかし必ずどこかに何も纏わない小さな事実があり、それを辿っていけば、真理の隠れ家を見つけることができるのだ。

アジアという視点に立てば、米国民がこうした事実を慎重に調べ、考えることが極めて重要であり、公平性という視点に立てば、むしろそれが米国民の義務だろう。

米国民は、巧みな宣伝工作によって日本は我々の敵であり、この帝国主義の島国は、支那大陸制圧と太平洋上の覇権を狙う軍事政権下の第二のドイツだと思い込まされている。条約に違反し、満洲国を占領し、さらなる征服を企む日本の誓約など信用できないと聞かされ、そうしたあからさまな中傷を事実として受け入れている。

我々は立ち止まって日本人の長所も公平無私なところも考えたことはなく、自分たちが騙されているのではないかと疑ったこともない。実際は大いにあり得ることなのだ。

米国民は、自分たちには人助けの精神が宿っていると信じているが、最近では『ベニスの商人』の有名な金貸し「シャーロック」に例えられることもある。国民の性格や特徴は、その国の歴史によって明らかになる。

日本の政策を形成し、指図する勢力を理解するために、太古や中世時代のかび臭い歴史書を紐解く必要はない。日本の国際関係は、初めて外交使節を交換した一八七〇年（明治三年）から始まったのであり、さほど昔ではない。

米国の政治家の長老の多くは、日本が最初に世界舞台に登場し、米国と直接外交を始めた時のことを見ているのだ。何百年もの間、日本は隠者の国だった。大小の刀を差したサムライによる藩内の争いや宮廷の陰謀はあったが、外の世界には何ら関心はなかった。

ただ一度（元寇の時）、武力による侵略を排撃する必要があったが、すぐに自分の穴倉に這い戻り、米国の艦隊によって引きずり出されるまでじっと身を隠したままだった。

その日本が、暗闇から現れて以降、日清戦争、日露戦争、第一次世界大戦と三度の戦争を経験したのだ。先の大戦は、単に日英同盟の義務を果たすためだったが、清国とロシアとのそれぞれの戦争は、本質的に純然たる防衛だった。

しかし、今、日本は、どのような危険を冒そうとも独立維持の決意を固め、軍備を進め、自らの行為の正当性を証明すべく自存権という基本権を行使しているが、他国からは、軍国主義的で侵略的な世界の無法者と評されているのだ。

我々は、日本に判決を下す前に、日本の立場に立って、自分が同じような状況に置かれたらどうするだろうと自問した上で、日本の問題を理解しようと努力しなければならない。そうすることで初めて我々は、日本の見解、そして米国民には攻撃的で不適切と思われる（日本の）政策の意義と真意を正しく理解できるのだ。

日本の存立に関わる重大な問題は、新しい満洲帝国の将来と密接につながっており、満洲国の立場を説明しようとすれば同時に日本を弁護しなければならない。

満洲国擁護論自体は根拠に立脚し、何ら弁護は要しないが、満洲国の存在理由を理解するためには、日本が自衛手段に訴えるに至った根本的な動機の説明を聞かなければならない。なぜなら日本が自衛行動に出たことで、満洲国の住民は自らを隷属状態から解放し、自由な独立国家として立ち上がる機会を得たからである。

日本の行為を戦略的、経済的かつ政治的観点から正当付けることは十分可能だが、その理由の背後に存在する避け難く抵抗不能な一大勢力（軍部）に駆り立てられた日本は、国としての存立を賭けた戦いを勝ち抜く政策、手段を本能的に選んでいる。

その勢いは激しく決して弱まることがなく、同じ状況に追い込まれることのない欧米人にはとても理解不能だ。真実を求めようとするなら、我々はこうした根本的でかつ否定できない事実に沿って論理的結論を導かなくてはならない。

その上で、日本が、法律も規則も条約も制止できない、行き着く先が見えても止めようがない多産多子信仰に取りつかれた隣人たち（支那）から逃げ出す道を見つけるべきなのか、それとも唯々諾々と制圧されるべきなのかを自問しなくてはならない。

多子多産の人口問題

日本が直面している根源的な問題は、アジアにおいて緊迫する人口増加に端を発し、その人口問題は、我々欧米の文明が拠り所とする倫理と正反対の概念から生じている。

彼らの宗教は、大元に先祖崇拝思想があり、集団、いわば国を永続させるため可能な限りの多くの子孫を必要とする。そのためもっぱら無謀な多子多産が進められ、一夫多妻、内縁関係など多産のためのあらゆる手段がひとつの社会体系を形成し、それによって次々と人口が増え、今や食糧供給量を上回っている。

自然の洪水や飢饉、伝染病、内乱、集団略奪といった制限がなければ、半世紀もしないうちにアジアの人口は世界を埋め尽くすだろう。我々が今まさに天災や厄災を取り除こうと努力していることを考えれば、五十年後には支那人は二十億に達するだろう。

朝鮮に目を向ければ、この先どうなるかが見えてくる。日本が朝鮮を保護国化した一九〇六年（明治三十九年）以降、善政が敷かれ、法秩序が整えられ、平和で安全な生活がもたらされ、通貨も安定し、朝鮮は比較的繁栄した。

日本は鉄道や道路を敷設し、学校や病院を建設し、上下水道も整備した。大規模な灌漑設備も整え、広大な荒廃地を開拓し、伝染病対策として国民に強制的に予防接種も行った。その間、内乱、集団略奪、飢饉、洪水、伝染病といった災禍も発生しなかった。その結果、朝鮮はどうなったか？

一九〇六年（明治三十九年）に九百万人だった人口は、二十四年後の一九三〇年には二千万人になった。それとは別に人口増の圧力から百万人が満洲国への移住を余儀なくされ、奇妙なことだがさらに百万人はすでに人口過剰の日本へ渡った。

朝鮮での日本人がわずか五十万人であったことを考えれば、潮が間違った方向に流れていたことがわかるだろう。日本は、自国の存続のために超過人口の移住先を確保しようとしたにもかかわらず、逆に人口を増やしてしまったのである。

朝鮮の例では、中華思想特有の家族の務めという概念が、条件に恵まれればいかに多子多産に有効であるかがわかる。

二十二年間での人口の倍加は、白色人種の八倍の増加率である。次々と生まれる新しい世代は貪るように食糧を求めるが、限られた土地では生産余力はない。

このまま伝統的な中華思想と家族の概念が変わらず、近代化によって支那全土が発展すれば、必然的に世界は深刻な人口増加問題に直面する。

二十年で二億人増加のアジア人

こうした状況を踏まえて、次の数字を見てみよう。

日本本土の人口は六千八百万人で、毎年百万人ずつ増加しており、韓国と台湾を含む大日本帝国の総人口は、九千万人である。現在の増加率で推移すれば、日本の人口は二十年で一億二千万人になる。

一方、支那大陸では統計記録がないものの、人口は五億人とされている。彼らがそれなりの生活を送ることができれば、朝鮮の例は容易く再現されるだろう。もう少し幅を持たせ、百歩譲って、彼らが白色人種よりも多産ではなく、人口の倍加に百年かかるとしても、二十年で支那全土の人口はさらに一億人増えることになる。

その背後にいるのが、これまた多産の一億七千万人を擁するソビエト連邦である。彼らは、自らの神を否定し、宗教を消滅させ、家庭を破壊し、その生活には何の責任も負わず、年三百万人のペースで増えていく人口については国が何とかするだろうと何の心配もしていない。そのため二十年でスラブ人は六千万〜八千万人になるだろう。

もしアジア大陸におけるこの多子多産の傾向を、赴くまま無制限に放置したとしたら、行き着く先はどうなるのだろうか。我々の文明や家庭、理想、女性尊重の思想などは、ある程度の制約の上に成り立っているが、そうした一切の制約が取り払われたとしたら、その情景は考えただけでも恐ろしい。

それでも米国民なら多少冷静に将来を考えることができるが、隣人の日本はそういう訳にはいかない。むしろ西欧に近いその諸制度や家庭生活は、破壊される恐れがある。日本にはアジアにおける人口急増問題が重くのしかかっており、回避のしようがない。

今の世代が生きている間に、アジアはさらに二億人が生活できる土地を見つけなければならない。彼らはいったいどこへ行けばよいのか。どこで食糧を見つけるのか。どうやって生きるのか。欧米諸国が扉を閉めて受け入れない限り、彼らはアジアに残らなければならない。

これは議論の余地のない事実であり、目の前の真実である。この問題こそが、支那全土のあらゆる争いと不安の大元となっている厳しい生存競争をもたらしているのだ。

海に囲まれ、火山列島に閉じ込められた日本は、どうすれば生き残る方法を見つけられるのか思い迷っている。国内の制定法も外交政策も陸海軍の計画も、その根本は、人口問題の解決策の模索にあるのだ。

米国は日本と戦うべきか？

もし今米国が、日本の周囲に金網を張り巡らせ、日本を密閉された区画に閉じ込めたら、もし日本を条約で縛りつけ、いかなる事情があってもアジア大陸への拡張は許さないと命じ、それでも日本がアジアに勢力を広げ、我々との条約を破り、米国政府が日本の行動を承認しなかったら、そしてもし世界の世論を動かし、我が国の見解を支持するよう仕向けたら、日本人は否応なく米国を敵とみなすだろう。

それでも米国政府が態度を変えないのであれば、我々国民は、生存権の戦いを決断した日本国民と対峙する日がいつか来ることを覚悟しなければならない。

日本は、問題解決のためにアジアへ逃げ込むことが許されなければ、どこか別の地点、一番抵抗の弱い地点を突き破るだろう。

米国がうたた寝をし、海軍軍備を制限し、太平洋上の要塞や防御物を撤去し、平和論者に政(まつりごと)を委ねれば、アジアから加えられる圧力は、おそらく太平洋の方向に捌け口を見つけようとするだろう。そうなれば米国民は、政治家の感情的で挑発的な外交策によって押し付けられた、自分たちには何ら関係のないアジア民族の問題解決のために戦う羽目になるのだ。

米国は、時代錯誤的な通商方針にどこまでも固執し、その原則維持を正当化するために作り上げた話に意味を持たせ、現実感を与えようと必死だ。

しかし逆に日本の圧力をアジアに吐き出させれば、人口増加という根本的かつ爆発寸前の問題が、その危険の発生地であるアジア、つまり太平洋の反対側（支那大陸）からこちらに広がってこないよう、線を引くことができるのだ。

第六章　門戸開放という神話

数字が示す客観的事実

米国で一般に考えられている極東政策とは、対支貿易の機会均等を維持するために、門戸を常に開放させ、米国が確実に通商上の特権を得られるようにし、欧米諸国が「支那共和国」と呼びたがる国の領土保全と行政上の独立を維持することにある。

我々はこの方針を九カ国条約に盛り込むことに成功し、他の署名八カ国を拘束することになった。米国民は長い間、支那全土には五億人に生活必需品を供給できる素晴らしい可能性があるのだという宣伝工作（プロパガンダ）によって、米国の将来の繁栄には対支貿易が不可欠であり、門戸開放が脅かされるようなことがあれば戦争もやむなしと思い込まされてきた。

米国のこの従来の政策を簡単に振り返り、いったいどういう方針なのか、実際米国にどれだけの財政上の利益があるのか、これを死守するために戦争までする価値があるのかどうかを考えてみたい。

一九二〇年（大正九年）から一九三二年（昭和七年）までの十二年間の商務省の通商統計を見てみると、米国の対支輸出は計十三億ドルであり、年平均一億ドルである。

内訳を見ると、我が国からの輸出額の五割以上は石油製品、タバコと綿花であり、これらは今日まで米国に勝る競争相手がいない自然独占品目である。石油とタバコ産業は、ほぼ米国企業の専売と言ってもいいだろう。つまりこれらの産業を守るために戦争をする必要はなく、当然日本との競争など恐れてはいない。

一方で日本人は、支那や満洲など支那大陸各地の産業、例えば鉄道、鉱山、綿織物、石油、製粉、製糖、汽船などに五億ドル以上投資しており、これらの産業は、スペア部品や拡張、修理、新たな機械、供給品、付属品、原材料など、年間少なくとも一割の関連市場を生んでいる。

こうした投資先や関連産業のために、日本の事業家や会社は米国で多ければ年間四千五百万ドルの原材料を買い付けているが、ここでは少なく見積もって年間二千五百万ドルとしよう。

過去三年間に米国から対支輸出した綿花のみで平均二千五百万ドルあり、その少なくとも七割五分、つまり千八百万ドル相当の繊維が支那各地の日系紡績工場で使用されていることから、日本が米国で買い付ける金額の試算は間違っていないだろう。

つまり我が国の対支輸出の五割は石油、タバコ、綿花であり、二割五分は日本が支那の事業のために買い付けており、残りの二割五分、金額にして二千五百万ドルが世界各国と競争しなくてはならない雑貨類なのだ。

金額で考えれば、門戸開放政策によって米国が得ているのは年間二千五百万ドルの輸出に留まることになる。「支那」と称する国がどれだけ小さく分割されても、米国は、これら主要三品目の市場占有率を維持し、日本も同程度の割合を買い付けると考えるのが妥当だろう。

従って支那全土の政治的、領土的変更は、我が国の貿易に何ら大きな影響を与えず、輸出額の少なくとも八割前後は変わりなく享受できると考えられる。米国が心配すべきなのは、他国との競争が必要な残りわずか二割なのだ。もう一つ、貿易に関して米国民が見落としがちな点がある。

日本の専門家の計算によれば、米国の対日輸出総額のうち、少なくとも五千万ドルは米国産の原料と半完成材料であり、それらは日本で製造され、日本製の完成品として支那や満洲などに輸出されている。

この金額に日本が支那各地の会社や工場用に米国で買い付けている二千五百万ドルを加えれば、総額は米国のそれ以外の製品の対支輸出額に相当し、つまり日本は、米国が自ら輸出している金額を上回らないとしても、少なくとも同程度の米国産品を支那各地で売っていることになるのだ。

米国の商人たちはこうした金額を聞きたくはないだろうし、対支貿易の全てを掌握していないという事実に憤慨するだろう。しかし数字は無視できず、真実は直視しなければならない。

この数字がおおよそでも正しいと認めれば、それだけで反日運動は根底から覆され、戦争論者たちから大義名分を奪うことになる。米国としても、門戸開放を守るためには時には戦争もやむなし、という方針が大きく揺らぐことになる。

米国の対支貿易の価値の半分が労働対価で、これらの輸出産品を生産し、製造している農民、機械工、労働者たちの平均年収が一千ドルだと仮定すると、対支貿易は、五万人の労働者に仕事を与えている計算になる。

さらに詳細に計算すれば、おそらく人数はもっと少ないかもしれない。ということは、米国は多くて五万人の雇用確保のために日本と戦争をしなければならないのだろうか?

赤字の海

我が国の対支輸出が年間一億ドルに達したとして、果たしてそれ相応の利益とはいくらなのだろうか？　一割の一千万ドルと仮定しよう。ただ誰がこの利益を享受しているのかはわからない。個人的に知っている対支貿易商たちは全員が多額の赤字を被っており、帳簿上利益が出るようになるまで何年もかかるらしい。

ともかく米国全体としてはその程度の利潤を得ているものと見て、貸方に計上する。隣の借方には布教活動に一千万ドル、大学や学校、病院、ＹＭＣＡやロックフェラー財団、その他の教育慈善団体に五百万ドルが計上される。

つまり対支貿易で得た利益一ドルにつき、二ドルと言わないまでも一ドル五十セントを慈善として支那に還元していることになる。我々は他のあらゆる投資と同様、慈善事業にも資本をかけすぎており、まさに水増し株から配当を得ようとしているようなものだ。

こうした慈善の経費はおそらく現在半分程度に減っていると思われるが、対支輸出も同じく半分近く減っており、その比率は変わらない。

また米国は、支那全土に散らばる米国人の生命と財産を守るためにアジア艦隊と長江（揚子江）警備隊を配備している。上海に戦時編制の海兵連隊、天津に別の常備軍の連隊、北京には強力な公使館護衛兵も置いており、これら軍の維持には年間約二千五百万ドルは必要なはずである。

さらに西海岸から支那と日本に向かう汽船会社四社への補助金五百万ドル、過去十五年間に支那政府に提供した借款の延滞金と供給した原材料の売買代金の未収金として四千万ドルを加えると、一部免責された義和団の乱の賠償金、飢饉や洪水及び赤十字の寄付金、最近の綿麦借款を除いて、対支支出は以下の通りとなる。

布教、教育、慈善活動　千五百万ドル

陸海軍　二千五百万ドル
商用船補助金　五百万ドル
不良債権（十三年間）　三百万ドル
合計　四千八百万ドル

だがこれはまだ話の途中に過ぎない。米国内には合法的に六万人の支那人が在住しており、さらにこれよりはるかに多くの不法滞在者がいると見られているが、米国の警察も入国管理局も彼らを見つけ出して本国へ送還しようとはしない。

その費用に少なくとも二千五百万ドルかかり、その上支那全土における米国製品不買運動を引き起こし、結果、抗日運動が影を潜めてしまうからである。

今や米国は、広東政府にとっては最も儲かる植民地同然になっている。広東政府（支那共産党軍閥）が支那全土を席巻しようと目論んでいるあらゆる革命運動の軍資金は、米国から引き出されているのだ。

一方で、米国在住の支那人は平均年間二千五百ドルを本国に送金しているが、それは明らかに彼らの所得や利益の一部に過ぎない。つまり我が国の対支貿易の貸借対照表は、この二千五百万ドルの海外送金も含めると、年間一千万ドルの利益を上げるために、七千五百万ドルの支出をしている計算になる。

この富の流出は長年にわたり、この十三年間の統計に限ったとしても、その間米国は契丹（キャセイ）との取引でおよそ十億ドルもの損をしたことになる。ジョージ・ピークが長官を務めた対外貿易促進機構の最終報告書が発表され、各国との貿易の貸借対照表が分析されれば、私の推測がそう実際の数字とかけ離れていないことがわかるだろう。

ここで、さらに詳しく数字を分析するつもりも、結論を導くつもりもないが、この富の流出は無限に拡大していく可能性がある。上記の概算を見るだけでも、我が国のこれまでの対支交易の方針とはいったい何なのかを解明し、その取引を続けることで米国がどこに向かうのか想像するには十分である。

そしてこれらの数字から、米国民は、従来の門戸開放主義の維持のために果たして戦争に訴える価値があるのか、赤字の海に溺れる価値があるのか真剣に考えざるを得ない。

あらゆる貿易統計は、日本が支那の各政府（各軍閥）も含め外国にもっと多くを輸出すればするだけ、工場を稼働させ事業を継続するために、米国からさらに多くの原材料や半製品材料を輸入していることを示している。

米国が対支直接貿易を失っても、日本への輸出によって補塡でき、さらに現金払いの日本は支払いの延滞もない。米国にとって最高の顧客であるだけでなく、アジアにおいては米国製品の最も優秀な営業部員なのだ。米国が原材料を提供し、日本が労働力を提供する。実に公平な分業ではないか。

だが米国はこれでは不十分であり、全てを掌握したいと主張し、我が国にとって最高の顧客兼代理店を破滅させるべく浅ましい計画に熱中するのであれば、その間に、後ろで虎視眈々と機会を狙っている競争相手が踏み込んでくるだろう。

そして米国民は、日米戦争が終わって始めて、騙されていることも知らずに宣伝工作に乗せられて戦争へと進まされ、彼らのために火中の栗を拾っていたことに気付くのだ。

旧約聖書には不吉な予言がバビロンの宮殿の壁に手書きされた話があるが、今同じように米国民の面前の壁のはるか上の方に文字が書かれている。我々の目にその文字は見えるが、意味がわからず、読むこともできず、誰も真実を教えてくれない。

米国の選挙権を持つ全国民は、老いも若きも父も子も、母も娘も、皆、上下両院の議員に対して過去三十年間の対支貿易の貸借対照表を開示するよう要求すべきである。

国民は、何のために戦う羽目になりそうなのか知る権利がある。国民は、対支貿易、対支投資の各項目別の内訳、そして支那全土における布教、教育活動に注ぎ込んだ金額の全ての正確な明細の提出を求める権利がある。併せて他の国の対支投資との比較表も要求すべきだろう。

貢献度が低い米国の対支投資

この門戸開放の問題を対支投資という観点から考えてみたい。

国務省の報告によれば、一九二九年（昭和四年）までの総投資額一億六千万ドルの半分は、布教活動に充当されていた。

その後、上海発電所に五千万ドル、電話会社に五百万ドルが投資され、総額は二億千五百万ドルに増加し、そのうちの一億三千五百万ドルが商業投資、八千万ドルが布教活動に向けられた。

別の統計によれば総投資額は二億三千万ドルとされているが、これには明らかに商品在庫、銀行の貸出金等の固定型投資でないものも含まれている。我が国の主な商業投資は大まかに次のように分類される。

スタンダード石油・テキサス・カンパニー	四千万ドル
上海発電所	五千万ドル

上海電話公司	五百万ドル
その他	四千万ドル
合計	一億三千五百万ドル

仮に利益率を六分とすると、利益は七百八十万ドルとなり、その大部分は石油輸出によるが、この収益では布教活動の経費も十分に賄えない。

米国の対支投資は、鉄道建設や大規模工場、その他米国製品の販売先となる企業へは投資をしていないという点が特徴である。

つまり米国は、支那全土の実質的な発展には何ら貢献していないと言えるかもしれない。そうした発展は全て、欧州諸国や日本が北京や南京の政府（軍閥）に提供した借款と、彼ら自身の手による工場建設や鉱山の開発、鉱業権所有によって行われてきたのである。

英国の対支投資は、およそ十七億五千万ドルと見込まれ、日本は十四億ドル、そしてフランスとベルギーで約十億ドルである。これらの投資は、鉄道建設、鉱山や工業に振り向けられ、外国製品の市場を生み出している。

もちろん、これらの開発には相当額の支那人資本も投下されており、米国としても原材料の注文という形で分け前を確保しているが、全体として見れば、米国は単に、他国が道を開いた貿易という流れに槍を突っ込んで魚を捕るように利益を得ているに過ぎない。

それにもかかわらず対支借款が実施されれば、原材料供給の競争に自国も参加させよと主張することになる。米国は門戸開放を叫ぶが、その中身を分析すれば、他国が資金提供し、築き上げた取引に自国も等しく参加する権利があると言っているのと同じである。

日本が作った米国産綿花市場

具体的な例を挙げて、米国がどうやって利益を得ているかを見てみよう。

米国は年間約二千四百万ドルの綿花を対支輸出しているが、この綿花を輸入しているのは誰なのか？　陸揚げされた綿花はどこへ行くのか？

支那各地の綿紡績機の四割以上を所有しているのは日本資本であり、さらに二割の紡績工場は、日本の銀行からの融資提供という形で日本人に支配されている。

そうした紡績工場の多くは、米国産綿花用の設備を備えており、実質米国から支那へ輸出する綿花の七割から七割五分は、日本人が所有するか支配している紡績工場向けとなっているのだ。

こうした事実を知って、米国政府は昨年（一九三三年）、南京国民党政権（蔣介石軍閥）に対して、米国産の小麦と綿花を買わせるべく三年を返済期限とする五千万ドル（小麦に四千万ドル、綿花に一千万ドル）の信用供与枠を与えた（注：いわゆる「綿麦借款」。国民党政権は、米国から信用供与枠を使って小麦と綿花を輸入し、輸入代金を借款として利用し、売却加工等の代金によって返済するというもの）。

しかし、繊維工場で使用される米国産綿花の割合は、米国の輸出のわずか二割五分、年六百万ドルに過ぎず、従って南京政府がこの枠を使い切るには三年どころか七年近く要する計算になる。

時の米国大統領がこの借款を承認したのは、綿花と小麦の大量の過剰在庫を処分するためだったが、米国の新聞の多くは、南京国民党政権を強化し日本に対抗させるものと解釈し、支那の新聞各紙もその意味で挙って歓迎した。

しかし、南京政府がこの枠を三年で使い切るには、日本が一連の取引に資金提供しなければならず、日本がその代金を戦争の準備に充当できることを米国民の誰も理解していなかったようだ。日本が、米国の融資による綿花の買い付けを丁重に断ったことで、信用供与枠は綿花分の半額二千万ドルに減額された。これらの数字をとやかく言っても仕方がないが、ただ誰の目にもこの事実が意味するものは明らかである。

米国が年間二千四百万ドルの綿花を支那全土に輸出しても、費用のかかる紡績工場を建設し、運営しているのは、米国の対支商業投資総額の二倍から三倍の資本を投下している日本である。そしてその紡績工場で、米国の対支輸出総額の一割八分に相当する年間千八百万ドルの綿花を使用しているのだ。皮肉にも見事な協働関係ではないか。

奇妙なポーカーゲーム

ここで先の数字の意味を考えてみよう。英国の対支投資は米国の十三倍、日本は十倍、フランスとベルギーはそれぞれ八倍であり、総額は四十億ドル以上、実に米国の対支商業投資額一億三千万ドルの三十倍にも及んでいる。

それにもかかわらず、米国は、門戸開放を維持する責任を引き受け、国境も不確かな国の領土的、行政的独立という原則を具現化し、固定化する九カ国条約のいわば保証人となっている。米国民は、そんな国のために戦場へ送り込まれるかもしれないのだ。

その戦争はいったい何をもたらすのか。米国は、今持っているものを失い、莫大な戦費は債務として重くのしかかり、対支貿易の利益で返済しても百年かかり、最終的に巨額の利益を得るのは、間違いなく競争相手の列強国である。

対支貿易の見通しは決して明るくない。この先十年間で米国の主要産品は、ソ連産原油や支那産タバコ、他国の綿花などとの競合に勝てるかもしれないし、負けて売れなくなる可能性もある。一方で米国の対支輸出に占めている日本の買い付け分は、他の市場に移るだろう。さらに支那各地で工業化が進めば、自ずと米国製品の輸入量は減り、逆に、世界市場で米国と競合するようになるだろう。

我が国は、正体不明の鬼火を追いかけている間に破産するかもしれない。もっと早い段階で鉄道敷設や公共事業、製造業などへの借款を通じて米国の地位を確立する機会があったにもかかわらず、その時は斜に構えて、それを進めなかった。

今やもう手遅れである。外国資本進出のために北京や南京の政権に多額の借款を提供する時代は終わったのだ。

米国は、どうも上手なポーカープレーヤーでもないようだ。他のプレーヤーと一緒にテーブルに座り、手札を見てパスしたり、気分に任せてカードを受け取ったり、沈黙したり、あらゆる種類の新しいルールを考案してみたり、気まぐれにチップを賭けてみたりする。

周りがいわば「富士山に雪」が降るようにチップをどんどん積んでいく間、自分はチップを乗せもせず、皆の賭け金を確認しては、他のプレーヤーが多額のチップを上乗せしていくたびに気弱になる。

そして、何とかして、全員が手札を見せる場に自分も居合わせ、賭けチップが入ったポットを引き寄せられないかと狙っているのだ。

すでにゲームが終了した国で、そうした変則プレーができる方法はただ一つである。常軌を逸していると言われようが、腰に下げた六連発拳銃を誰よりも先に抜き、相手を正面から撃って、素早くポットを摑むしかない。

さもなければ翌朝には、自分自身が無法者としてブーツを履いたまま墓場に埋められているだろう。古き良き時代のアメリカンスタイルのストレートポーカーは、時代と共にスタイルを変えたのだ。

今や米国が賭けているのはドローポーカーなのか、ジャックポットなのか、スタッドポーカーなのか、誰もわからない。どのゲームもおもしろいが、しかしそれはポーカーではない。

そして今日の、各国がテーブルを囲んだ国際政治というゲームも非常によく似ている。我々はどこに座って、どのポーカーをやっているのか決してわからない。

誰か一人が、自分にラッキーなカードが来ないか、周囲の会話からラッキーカードのペアを手に入れて賭けチップの入ったポットを手にできないかと願いながら、トランプの束を切り、勝手にルールを変えているのだ。

第七章　支那の門戸を閉ざす米国

門戸を閉ざした米国による独占

今さら、米国には支那全土に足を踏み入れるチャンスがなかったとか、門戸が閉ざされていたとか、それを開けておくためには戦わなくてはならなかったと不平を言うのは愚かしい。

私は、ここではっきり述べたい。支那全土の門戸は、他国による開発を遮り、米国資本に独占させるべく米国政府が自ら扉を閉めない限り、常に開放されている。

実際この三十二年間、私は、米国の事業家や投資家、利権屋や融資ブローカーたちの行列が、黄金郷(エルドラド)の大きく開かれた門を意気揚々とくぐって行くのを見てきた。

しかし彼らは、全員ことごとく身ぐるみはがされ、米国政府(アンクルサム)に助けを求めながら走り出てきた。いちいち名前を挙げるまでもなく、誰もがよく知っている面々である。

実際彼らの行動は、米国国務省の記録に残され、保管されているか、彼らの会社の帳簿書類には罪人の如く赤字で記載されている。

私は、時々考える。支那という地域が強力な中央政府を確立できず、バラバラの各省をひとつの統一体にまとめられない現状に対して、米国の優柔不断な政策はどこまで責任があるのだろうか。

国家安定の基本要件は、幹線と戦略的路線を組み合わせた計画的鉄道網であり、首都と辺鄙（へんぴ）な地方を鉄道で結ぶことで、中央政府は、反乱が起これば直ちに鎮圧部隊を派遣でき、権力に服従させることができる。

米国はあくまでも「支那」のためにその領土的、行政的保全に関心があるのだという態度を取るが、私はいささか冷ややかに疑いの目を向けざるを得ない。米国政府の言葉を鵜呑みにできないのだ。

この二十年以上、私自身、支那という地域が抱える根本的問題の現実的解決のために、時間と経験を注ぎ込み、支那に役立つ仕事をしたいという望みを掲げてきたが、米国務省の気まぐれで一貫しない政策によって、その努力は事あるごとに無駄になった。

不本意ながらこう述べた以上、その事情を説明しなければならない。誤解を招くことになったとしても致し方ない。

話は一九〇七（明治四十年）年に遡る。私は、米国の対支（清国）政策が成果を生むためには、米国の資金力のある銀行が支那全土の鉄道や工業、公益事業等の会社に融資し、それによって米国製の工業製品の市場を創設することで政策を支える必要があると確信するようになっていた。

そこで、ウィリアム・ソロモンの義理の息子であり、ソロモンの名を冠した投資銀行のジュニア・パートナーであった友人のクラレンス・マッケンジー・ルイスに話をしたところ、積極的な支援を得られることになった。

その頃ウィリアム・ソロモン商会の関心は、フィリピンで進められている鉄道と公益事業への融資にあり、事業統括のためにウィリアム・モルガン・シャスター（注：イラン王朝の総財務官に招聘されていたアメリカの弁護士）を招いていた。

ウィリアム・ソロモンは、銀行団を組織することに成功したが、まさにその計画を発表しようとした矢先、国務省が政府機関設立を公表し、対支借款はもっぱらその機関の独占とすることを決めた。一九〇九年（明治四十二年）のその日をもって、米国の民間銀行家に対して支那の扉は閉ざされたのである。

ウィリアム・ソロモン商会が組織した銀行団は、融資を許可されなかっただけでなく、対支事業に加わることもできなかった。

彼らがあらゆる努力を尽くし、清国及びその後の政権と取引をしようとするたびに、国務省の強固な反対に直面し、国務省は絶大な権力によって下部機関による独占を維持しようとした。

これは、ウィリアム・ソロモン商会がハイム・ソロモンの直系の子孫であることを考えれば、なおさら不当な扱いだった。

なぜならハイム・ソロモンは、当時何ら資金のなかった大陸会議（注：一七七四年、英国の植民地であった十三州によって設立された連合機関）に二十万ドルを貸し付けたが、その貸し付けに大いに感謝して独立したはずの共和国は、結局、元本返済はおろか利息さえも全く支払っていなかったのだ。

米国政府に対して優先権とは言わないまでも、少なくとも支那大陸の地における公平な取引を求めてしかるべき銀行は、ソロモン商会以外に考えられなかった。

誕生したばかりの国が独立運動初期の苦難を乗り越え、自らの足で立てるように支えたのは彼らだったのだ。

私自身、それまでは支那全土の発展のために何か米国の活動の一助となりたいと願っていたが、この一連の出来事によってその思いは完全に消え失せ、逆に支那人と運命を共にしようと決めたのである。

国策遂行手段としての独占

一九一一年（明治四十四年）から一九一二年（明治四十五年）にかけて、米国は、清朝への支持表明が本心かどうか試されることになった。満洲の地で清国皇帝・宣統帝が「支那共和国」のために退位したのである（辛亥革命）。

その時点で、米国の政府系金融機関が国策遂行の手段として役割を果たすか、または同じく民間投資銀行が支那に立ち入ることを許されていれば、孫文の指導の下に米国で教育を受けた急進的グループが率いる当時の支那共和国臨時政府が、国家として確立されていたかもしれない。

一方、北京で袁世凱が率いる政権は、国際借款団にあまり詳細に調べられては困る事情があって、いくばくかの資金を火急に必要としていた。

つまり、孫文が臨時政府大総統を退くのに際して、南京臨時政府が辛亥革命にかけた費用を袁世凱が代わりに支払う必要があったのだ。

そこで袁世凱の財政部長であった周自斉は、緊急事態に対処すべく、ウィリアム・ソロモン商会に北京―張家口路線敷設権を担保として五百万ドルの借款提供を要請した。そして取引が成立しかかったその時、再び国務省が介入し、断固として反対したのである。

その借款の成否が政治的分岐点となった事情を説明するには紙幅に限りがあるが、国務省が米国の民間銀行に交渉を打ち切るよう強制したことで、袁政権はベルギーから資金を調達したということだけは述べておこう。

袁世凱が大総統の地位に就いた時、最初にしたことのひとつが、債務返済に代えてベルギーの銀行家に与えた龍海鉄道と大成（大同―成都間）鉄道敷設権及び融資契約であった。この二つは、支那で最も重要な主要幹線であり、総距離は三千マイルに達する。

辛亥革命当時、南京臨時政府の孫文は、北京の袁世凱に対抗すべく外債による資金調達を必死で試みていた。臨時政府への直接援助は得られないと知った彼は、間接的に資金を得ようとした。

華中と華南地域のあらゆる主要な公益事業者や産業界が、孫文を再び押し上げ、彼の共和国に危機を乗り越えさせる資金を得させるため、自分たちの財産を担保として提供することに前向きだったのだ。

具体的には、江蘇鉄道公司と浙江鉄道公司、支那最大の商船団を誇っていた支那輪船公司招商局、漢陽鉄廠、大冶鐵山と萍郷炭鉱が、彼らの資産を借款の担保とすることを提案したのである。

これらの借款契約は全てウィリアム・ソロモン商会に提案され、ことごとく国務省から反対された。私は頓挫した取引に関する正確な情報に基づいて述べている。なぜならウィリアム・ソロモン商会と南京臨時政府側との借款交渉の仲介を行ったのは私自身だからである。

借款はいずれも法に適ったものだった。鉄道や蒸気船を担保とする借款には色々困難な点があったが、解決は可能だった。

最も重要なのは、鋼と石炭、鉄を担保とする借款で、純然たる商取引としてのメリットがあり、米国としても得るべき事業機会だった。

ところが、国務省が借款を却下したため、臨時政府側は、欧州から資金調達しようと試み、それにも失敗すると、日本へ赴き、漢冶萍公司の資産を担保に二千五百万円の借款を獲得したのである。その契約は、どの政権かに関係なく「支那」が外国から得た商業借款の中でおそらく最も好条件だった。

こうした説明をするのは、米国政府が政府機関による独占をあれほど強硬に推し進めなければ、資本家は支那全土に地盤を築き、通商において圧倒的優位に立ち、我が国の製造業者は材料の発注を受けられたという点を強調したいだけである。

フランスは、自国が公然と関与できないおいしい仕事があれば、同盟国のベルギーに引き受けさせて国際借款団による独占を切り崩した。

英国は、銀行団が外務省に反発して議会の場で論議を闘わせ、これに勝利して、「支那共和国」(袁政権)との間で借款契約(クリスプ借款)を締結した。

ドイツもまた、大手商社を使って対支借款を提供し、日本もまた同様にして自分たちの欲するものを手に入れたのである。

日本が支那最大の製鉄所を抵当に取ったのが、米国が借款を却下した後であったため、米国はそれ以来、日本が支那全土の鉄や石炭などの天然資源の支配を企てていると非難している。製鉄所を抵当に取るという行為は、日本の帝国主義的目論見の確固たる証拠だというのだ。

タフト大統領とノックス国務長官によるいわゆるドル外交が全く無益であったことは、ウィルソン大統領が政権に就くと同時に方針をいきなり変更したことで明らかである。

米国は、常に他国のためという高邁な理由をつけては、支那全土に足を踏み入れられない自らの失敗を何とか正当化しようとしているのだ。

自力復活の唯一の機会を奪ったウィルソン

一九一二年(大正元年)、私は孫文の顧問として、五億ドル以上の予算を要する一万マイルの主要幹線鉄道敷設計画を立案した。そして全国鉄路督弁代理として孫文の委任状を持って資金の借款交渉のために欧米に赴いた。

英国の銀行側の代表チャールス・アディス卿は、全線について融資を快く引き受けてくれ、借款契約を締結する運びとなった。

ところが翌日、その知らせがニューヨークに届くと、折り返しJ・P・モルガン商会からウィラード・ストレイトが署名した電報が海底電話線を伝って私に送り付けられ、善良なる米国市民として米国の銀行に優先権を与え、仮契約に調印するよう求めてきた。国際借款団において米国の威厳を高め、優位にしようという意図だった。

そこで私は、英国銀行団との最終交渉を延期し、契約調印を遅らせることを陳謝し、すぐさま船に乗り込み、一九一三年(大正二年)二月下旬にニューヨークに到着した。それは政権交代の二週間前だった。

当時ウィルソンの対支政策についてウォール街では不安視する声が多く、私は、大統領が就任し、態度が明確になるまで待つよう言われた。

ウィルソン大統領は、就任の二週間後に支那共和国臨時政府の改革借款の件に関する米国銀行団への支持を撤回し、対支投資禁止令の解除を拒否した。つまり米国資本による、大規模で重要かつ全く政治と無関係の鉄道敷設のための借款引き受けは許されなかったのである。

米国の協力なしに、支那共和国臨時政府の計画は実行できなくなり、鉄道によって国土を統一し、政権を確立する望みは失われた。

敷設計画は各路線に分解され、欧州の建設会社との間で個別の路線について仮契約の交渉を進めたが、その後孫文が袁世凱に対して第二次革命を起こし、孫文の代理権限がなくなったため、最終調印は結局できなかった。

しかしこの計画の失敗は、私個人に責任がある。ロンドンで敷設計画全体を英国銀行団に引き受けさせ、仮契約に署名し、ウィルソン大統領が支持を撤回するずっと前に米国銀行団に参加を約束させることができたにもかかわらず、米国市民として国家の威厳を高める義務があるという誤った観念にとらわれたために、私は手中にあったものを投げ捨ててしまったのだ。

これが、私が米国の対支政策について得た初めての教訓だった。新生支那共和国が文字通り自ら建設的な取り組みができたであろう絶好の機会を自分の愚かな考えによって奪ってしまったことを、私は今も後悔をしている。

再びウィルソンに否定された国家主権

支那に戻った私は、今度は北京政府袁世凱大総統のために再び一万マイルの全国鉄道敷設計画を立てた。その敷設計画は後に、最も優れた国有鉄道網として国際コンペで大賞を獲得した。

一九一四年（大正三年）一月、私は再び交通部技術事務官として、計画実現の資金調達交渉と会社設立のために海外に赴いた。

袁政権の代理人として、私はJ・G・ホワイト商会に米国側のパートナーになることを提案し、彼らの承諾を得て、工事を受注する海外との合弁会社設立を進め、二カ月後には、英米仏独の建設会社と北京政府が参加する合弁会社を、欧州最大手の銀行の援助を得てパリに設立した。

ところが、ホワイト商会が計画を国務省に提出したところ、この計画は「支那全土に敷設する鉄道の独占を企図しているようであり、よって独占を禁止した条約に違反するため、米国政府は支持できない」[10]との通告を正式に受けたのである。

米国政府にとっては、米国の四銀行による対支借款の独占は申し分なく適法で望ましいが、北京政府が自らの主権を行使して、国家として重要な必須の交通網のわずかな距離を建設し、その資金調達に国際協力を得ることが非合法であり、条約違反だったのである。

この判断の下に、北京政府(袁世凱政権)は、米国の条約解釈にそぐわない限り、自らの成長と防衛に必要ないかなる計画にも着手できなくなり、米国の金融機関や建設会社が他の列強と平等に参加できる事業であったにもかかわらず、実質、支那共和国(北京政府)の主権は真っ向から否定されることとなった。

こうして再び、支那という地域が強力な中央政府を樹立し、鉄道によって統治権を確立できる好機は失われたのである。

再び不利益を被る支那共和国

一九一九年(大正八年)、私は、今度は北京政府代表団の技術顧問としてパリ講和会議に出席し、三度、国有鉄道網の敷設と資金調達のための国際協力計画を提案した。

その計画は、国家としての目標と願望を実現する最短の方法として、政府代表団全員の賛同を得て、新借款団の協力を得るべく、議論の叩き台として提出され、他国から押し付けられたものではなく、北京政府自らが提案する計画ということで、代表団はこれまでになく堂々とした態度で体面を保つことができたのである。

ところが、米国代表団がこの計画を国務省の専門家に通知したところ、やはり独占であると解釈され、即座に却下された。

実はこの時、米国政府の提案で、新たな対支国際金融独占機関（新四国借款団）が組織されつつあった。そのため、新借款団の事業がまだ具体化されていないにもかかわらず、北京政府側からの提案は単に独占の臭いがするというだけで、米国は耳を貸さなかったのだ。

だが新借款団は成立するや否や、その役割を失った。自ら提案した計画が却下されたことに憤慨した北京政府が、新借款団を承認せず、取引を行わないと宣言したからである。

彼らの提案を叩き台として取り上げていれば、新借款団は業務を開始でき、それによって国家発展に不可欠な主要幹線鉄道網を張り巡らせ、中央政府の権力を強固にし、国の資源を開発し、米国の鉄道や機械設備等の巨大市場を開くことができただろう。

我々は、日本を牽制することにばかりに熱心で、支那全土にとって建設的な事業を行う最後で最大の機会を自ら葬り捨てたのである。

日本は米国のパートナー

しかし、新借款団の成立は北京政府が無視できない事実だった。パリで政府代表団に別れを告げた時、私は友人たちに言われた。

「ジョージ、君の雑誌と執筆でこれからも日本としっかり闘ってくれよ」

私はこう答えた。

【10】国務省とニューヨーク J.G. White & Company 間の公式通信文書から引用

「君たちが最も必要なのは何だ？　国の再生には金が必要だ。鉄道を作り、貨幣を改革し、資源を開発しなければならない。どこからその金を手に入れるのだ？　新借款団からか？

その新借款団の中で北京政府に金を貸せるのはただ二カ国、米国と日本だけだ。現にこの両国は、英仏がそれぞれの負担分を引き受けられるようになるまで、代わって対支借款を供与する約束になっている。

だとすれば米国と日本はパートナーであり、両者はしっかり理解しあい、歩調を合わせ、協力しなければならない。さもなければ北京政府は一セントも得られない。

いったい君たちは僕に何をしてほしいのだ。君たちがその資金を得られるよう助けてほしいのか？　それとも日米戦争が起きるよう煽動してほしいのか？」

友人の一人で私が顧問をしていた大臣格の葉恭綽が口を開いた。

「何よりも我々は資金、援助と共感、そして私の国が自らの足で立てるよう日米が協力してくれることが必要だ」

その場にいた者は皆頷き、私はこう返した。

「わかった。君たちが資金を得られるよう手助けしよう。今日限り、僕の雑誌では抗日宣伝を止めにする」

米国に戻った私は、米国の有力銀行家や産業界の一部のリーダーが私と同じ考えであることを知った。彼らは、日本と戦うべしという宣伝工作(プロパガンダ)に対抗し、日米協調を促す運動(キャンペーン)への支持を約束してくれた。

この二国間協力こそが、太平洋の平和を維持し、支那全土の発展を早め、米国の重工業用原材料の市場を広げる唯一の方法だったからである。

四年後、北京に帰った私を旧友で財政部長になっていた周自斉が大歓迎してくれた。

「パリの仲間から君の新しい方針を聞いた。君の言うことはもっともだ。我々の問題をよくわかっている。何よりも我々が必要としているのは財政援助だが、今や、新借款団を通じて資金を得られるよう願うしかない。

そして新借款団は、表向きではあっても日米間の協力と友情を意味している。当然、広東政府と孫文の支持者たちは、北京政府（袁世凱政権）の権力の確立につながるどんな計画にも反対する。敵は多いだろう。しかし君の昔からの友人たちは君の味方だ。できるだけのことをして私たちを助けてほしい」

その後、私は孫文にも呼び出され、広東へ来てカナダ企業との鉄道敷設契約の草案を作成するよう頼まれた。

彼もまた私の意見に全面的に賛成してくれたが、周自斉が指摘した通り、彼としては、新借款団による資金が北京政府の権力強化に使われることには難色を示した。

私は、これまで自分の方針を変えたことはなく、どんな議論によっても、自分が正しいという確信は揺るがない。

しかし残念ながら、自国のことしか考えない米国人の顧問が言う「米国は支那全土防衛のためには戦争も辞さない」という台詞に煽られた抗日思想の役人連中は、日米相互の理解、協力を阻止するだけの力を持っていた。

安福派と北洋軍閥が崩壊し、ソ連と同盟を結び共産化した広東派が権力を握ったことで、支那全土の発展に関して日米間で友好関係を築く試みは、もはや不可能となった。

そして現在の南京政府は、民衆の平和と安定をもたらす国際協調策を受け入れるよりも、太平洋上での戦争を望んでいるのだ。
（解説：安福派とは北洋軍閥の一派安徽（あんき）派の首班段祺瑞が率いた政党で、一九一八年に徐樹錚を指導者として結成され、国会選挙で勝利し、多数の議席を占めたが、翌年の五・四運動でその親日政策が糾弾され分裂する）

抗日運動の展開

対支借款における日米協調の構想は、新国際借款団の運用に伴って実質的な協力が必要であるという観点で生まれたものだったが、その考えは広東派と抗日を掲げる米国人顧問団、広告会社を憤慨させた。

彼らは、そうした協力が日米の友好関係と支那に関する共通理解に発展することを恐れ、あらゆる妨害をしてその実現を阻止した。

新借款団に日米の満洲鉄道権益を集めようという私たちの試みは、日米間の摩擦を生んだが、日本の銀行家たちは、米国側との緊密な連携による共同事業の機会を心から歓迎していたと断言できる。

彼らは、この借款で米国と協調できれば、相互理解と親善につながり、共通利益の下に両国が結び付くことで、海軍のさらなる軍備増強は不要となり、太平洋における戦争の可能性を永久に排除できるだろうと信じていたのである。

その意味で日本の銀行家たちは平和のために努力していた。彼らは全員米国の友人であり、米国の大学を卒業した者も多かった。政府の陰の実力者たちであり、他のどの勢力よりも国の政策立案への影響力があった。

彼らは、日本が満洲に侵略的構想を抱いているという米国民の懸念を一掃するためなら、満洲での事業拡大に際して米国の資金協力を喜んで受け入れただろう。米国資本家が満洲開発において日本に協力するというその事実だけで、支那共和国の主権が変わらず尊重され、守られていることの最大の保証になると考えていたのだ。

ここでも彼らは正しかった。しかし抗日を振りかざす米国人顧問団や戦争を煽る広告会社は、日米が支那や満洲に関して何らかの共通理解を持てば、自分たちの存在意義も支那人に対する支配力も失われるかもしれないと危惧し、口から泡を吹かんばかりに激怒した。

次の例を見れば、米国において抗日運動がどのように展開されてきたか、そして日米間に橋を架けるのがいかに難しいか米国民にもわかってもらえるだろう。

一九二八年（昭和三年）、日本はJ・P・モルガン商会との交渉に成功し、南満洲鉄道会社の外債三千万ドルを引き受けてもらえることになった。東京を訪れた代表トーマス・ラモントは、契約調印後、米国で起債すべく船で帰途に就いた。

通常であればこの取引は、ラモントがニューヨークに戻るまで秘密にされ、米国市場で社債が売り出されれば、一時間で募集額を超えて締め切られ、大きな成功を収めたはずである。

ところが日本側は、不用意にもラモントがサンフランシスコに到着する前にこの取引を発表してしまった。外債発行自体は完全に適法であり、反対できる有効な根拠は何もない。

しかし南京政府は、日本との間で南満洲鉄道の権益と遼東半島の租借権を九十九年間延長した一九一五年（大正四年）の日支条約は無効であると宣言し、当初の二十五年の租借期間が満了する一九二三年（大正十二年）には日本は遼東半島を返還すべきだったと主張したのである。

米国も他の政府も日支条約の有効性は認めていたが、南京政府の抗議によって、彼らは日本の権利を認めるようないかなる借款にも反対できる口実を得たのだ。

　支那人が自らの意思でこの借款に異議を唱え、反対運動を起こしたのかどうかは疑問だが、最も積極的に抗日運動を繰り広げていた上海在住の米国人たちにとっては、親日的だという理由でJ・P・モルガン商会の評判を貶める絶好の機会となった。

　再び、いくつもの名だたる団体が署名した偽電報という陳腐な手段を使って世論をでっち上げたのである。

　彼らの煽動によって、支那各地の数多くの団体の名義で、モルガン商会による社債引き受けは国の主権侵害であるという抗議の電報が国務省に打電された。

　さらにその電報が送られたというニュースと電報の全文が国内の新聞に掲載され、あらゆる米国の通信社によって本国に送られた。これがこの芝居の一番の見せ場だった。

　この電報に世間の注目が集まったことを根拠に、南京政府外務部（外交部）大臣は、「世論」に押される形で、今回の外債は支那共和国の主権に対する不当な侵略であり、主権尊重と保全を目的とする厳粛なる条約と神聖なる誓約への違反であると公式に抗議せざるを得なくなった。

　抗日派の計画はうまく運び、米国の新聞は従来同様、南京政府寄りに報道した。日本が支配権を握る南満洲鉄道の外債を米国人が引き受けることに対する「愛国的抗議」が広く新聞に取り上げられ、結局、外債発行はひどい打撃を被った。

　外債発行自体は法的に問題はなく、どこから見ても正当であったにもかかわらず、対応が難しくなった米国国務省は、非常に厄介な立場に置かれた。起債を認めれば南京政府を怒らせ、認めなければ日本への説明が必要となる。

　しかし外債発行は断念させなければならなかった。そこで、日本への敵愾心を煽るために、パリ講和会議の支那代表団に対して、ヴェルサイユ条約に署名したら殺すと脅迫する偽電報が打電されたのと同じ手段を取ったのだ。

米国人による見え透いた世論操作が満洲での日米協調の最後の望みを打ち砕いた。もし日米両国の協力が成立していれば、満洲における支那共和国の主権を強化し、例え日本側でそれを弱体化させようという企てがあっても、対抗することができただろうし、起債されていれば、満洲は依然として名目だけでも支那共和国に属していただろう。

独占はいつ非独占となるのか

一九一三年（大正二年）、ウィルソン大統領が国際借款団に加わっていた米国銀行団への支持を取り消したことで、今度は民間資本に支那の門戸が開かれ、米国の民間資本と当時の北京政府との取引が可能になった。

しかし翌年、北京政府が一万マイルの鉄道敷設のために列強との合弁会社を組織しようとした時、国務省が、米国も他国と同等に参加する予定であったにもかかわらず、独自の条約解釈によって北京政府の権利を否定した経緯はすでに説明した。

合弁会社の設立は独占にあたるというのが国務省の意見だったが、ではミネソタ州セントポールのシームス・カレー商会が一九一五年（大正四年）十一月、同じ政府から大運河（北京―杭州）浚渫（しゅんせつ）の契約を取り付けた時、さらに一九一六年（大正五年）五月に二千マイル以上の鉄道敷設契約を締結した時、全面的に支援したのはどういうことなのだろうか。

どのような議論にも常に表と裏があり、米国民に知らされたのはこれらの契約の表側だけである。

記録に残されない裏側を見ると、シームス・カレー商会が敷設を請け負った五路線では、すでに他の列強国が権益を有していたという事実がわかる。

袁政権は、英仏露日の連合同盟側四カ国が存立を賭けて戦っている時に乗じて、米国に無理やり門戸開放の原則を守らせようとしたのだ。

数カ月後、私が周自斉に、列強を刺激する危険があるとわかっていながら、なぜ五路線の敷設を米国企業に請け負わせたのか質問したところ、彼はこう答えた。

「なぜそんなことを尋ねるのだ？　北京に来たカレー氏を、彼の身元保証人である米国公使自らが我々に紹介してくれたのだ。

我々は、確固たる根拠があって彼がワシントン政府の全面的信頼と支持を受けていると信じ、あえて他の列強の既得権とぶつかる五つの路線を選んだ。そうすれば米国政府が門戸開放主義を実行すると期待したからだ。

だから我々は喜んでその代償を支払うつもりだった。実際には他の全ての鉄道敷設契約の条件変更と、鉄道権益への外国の関与復活を意味していたのだが」

彼の答えの後半部分については、後で説明しよう。

鉄道敷設の仮契約が四カ月以上公表されなかったことで、米国が連合同盟側の非常事態を利用しようとしていると確信した列強四カ国は、自分たちの利益保護のため意見をひとつにした。

「連合同盟国は、米国がぎりぎりどこまで入り込んでくるか静観するだろう。列強は米国資本の支那進出に反対しているわけではなく、自分たちの既得権益と重なる路線が選ばれ、かつ自己防衛の余力が残っていない状況下で、門戸開放の原則がいきなり推し進められたことに憤慨したからだ」というのが、当時の北京では公然の秘密だった。

米国国務省は、毎度の如く門戸開放主義を守る旨の文書を出したが、国務省が他の列強の結束に憤れば憤るほど、各国は、その契約を自分たちの権利を奪う不当な試みだとみなし、断固阻止するようになった。

もし専門家に意見を求めていれば、収益性も必要性ももっと高く、列強の権利とも重ならない数多くの鉄道から、米国企業に敷設権を与える路線が選定されただろう。

しかし実際には、袁政権は依然として、門戸開放を巡る列強国との争いに米国を引き込もうと考えており、あえて問題が生じる路線を指定した。

最終的に国務省は、支那には米国資本によって鉄道を敷設できる余地はないという結論を出したが、それは誤った判断だった。

結局、米国が強引に主張したのは、門戸が開かれているにもかかわらず、他の列強が主張する権利を横取りすることと、自国の投資家や通商に大きな利益をもたらし、かつ、どの国にも等しく価値のある選択肢を無視することだった。

シームス・カレー商会との運河浚渫と鉄道借款契約は、総額二億ドルに達するものだった。これとは別に、ボストンの投資銀行リー・ヒギンソン商会、シカゴのコンチネンタル・コマーシャル銀行、パシフィック・ディベロプメント・コーポレーションも、それぞれ北京政府との間で借款契約を締結していた。

これらの契約が全て実行されていれば、米国からさらに一億ドルが対支投資されただろう。リー・ヒギンソン商会との契約条件は、これまで様々な政権が外国の金融業者と締結した中で最も公明正大で良心的、かつ公平なものだった。

担保を国家の一般収入とし、保証を北京政府の誠意と名誉に留めた契約は、支那借款史上初めてだった。そして北京政府は、主権国家としての権利を行使し、リー・ヒギンソン商会を米国における財務代理人として指名したのである。

この契約は、私のパートナーであるW・H・ドナルドが北京政府の代理人として仲介した。自分の情報ではないため、その内容を漏らすことはできないが、取引の概要は、周知の通りである。

ウィルソン大統領がそれまで政府が主導していた対支借款団への米国銀行団参加支援を撤回したことで、機会平等の扉が再び開かれていた。袁政権はその状況を利用して、外国によって強制された金融独占から逃れようと考えた。

国家としての立ち位置を堅固なものにし、再び米国から独占を押し付けられることのないよう、リー・ヒギンソン商会を米国での財務代理人としたのである。

契約金額は三千万ドル、一回目の分割払い五百万ドルのうち百万ドルが手付金として即座に振り込まれ、残額は二週間以内に支払われることになっていた。

しかし、財政問題における支那共和国の主権を回復し、米国国務省が作った不法な独占状態を打開できたはずの契約は、最初の手付金百万ドルが払い込まれた後、実行されなかった。

これは、銀行が単に手数料や国債発行利益を得るだけの一般的取引ではなかった。支那共和国の国家としての主権、独立、威信そして自尊心がこの取引にかかっており、対支門戸開放の原則自体が問題だった。

鉄道敷設により必死で国全体の統治力を強めようとしていた北京政府は、リー・ヒギンソン商会との契約によって財政的独立を狙っていた。だからこそ鉄道借款契約の歴史上、「国際金融」が一外国政府に提供した中で最も低利で好条件の契約であり、その意味でこの借款契約は、支那を自由へと導く大事な一歩だったのである。

ところが借款は実行されなかった。誰が阻止したのか。真実を明らかにするには上院で査問会を開くしかないが、推論の結果は明白である。米国市場における北京政府の国債発行は法的に阻止できるものではなく、超法規的な力を持つ強硬な反対があったとしか考えられず、その元は政府の最高権威者以外にない。

つまり法としてではなく、国策による執行しかないのだ。ここでもまた支那共和国の主権が侵害され、踏みにじられたという事実を誰も否定できない。

均等機会の扉は、米国の資本家に対して開かれることはなく、北京政府（袁世凱政権）が米国銀行家と取引する主権は否定されたのである。

主権の弱体化

シームス・カレー商会の鉄道敷設契約の交渉は、私が米国で北京政府から依頼された別の仕事をしていた間に北京で行われた。

そのため私は一九一六年（大正五年）に北京に戻るまで、この契約のことを何も知らなかった。支那の友人から経緯と条件を聞いて、私は驚き、心配になった。国際政治上の悪影響もさることながら、北京政府にとっては革命の勃発と政府の転覆を意味していたからだ。

一八九八年（明治三十一年）に列強各国が当時の清国から引き出した初期の全ての鉄道権益には、路線の収益の二割を外国の公債保有者に配当する旨の定めが含まれていた。

別に法外とは言えず、たぶん公平な条項だったのだろう。米国が当時獲得した粤漢（えつかん）鉄道（広東—漢口）敷設契約がその先例である。

しかしその後支那人は、この定めは外国人への鉄道の所有権の一部譲渡だと解釈するようになった。東清鉄道におけるロシアの態度を見て、利息の未払いや内戦勃発の際の外国の介入の正当化に使われるのではないかと警戒したのである。

路線を守ろうとする外国の軍隊派遣の口実にされる恐れがあり、鉄道警備のための一時的な軍事占領が、ともすれば主権を永久に失うことにつながるのではないかと危惧したのだ。

そのため支那の政府は、鉄道運営に関する完全な権利を取り戻し、全ての利益を享受することを確固とした不変の方針とした。

この政策に基づいて、鉄道敷設契約が最終調印される際には古い利権条項は改定され、外国の公債保有者は、利益分配条項の放棄に代えて補償を受けた。

私の記憶では、この条項削除のために時の政権が支払った補償金は、確か千七百万ドルに上った。日本とドイツそれぞれとの鉄道借款契約には、将来、鉄道借款に関して外国の金融業者からもっと有利な条件が付与された場合、その条件が適用されるという定めが含まれていた。

そこでシームス・カレー商会との契約においてこの利益分配条項が復活したことで、日独との各契約にも自動的に利益分配条項が適用されることになった。

英国公使のジョン・ジョーダン卿は、同政府も同様の利益を主張すると私に伝えてきた。フランスもそれに続くことが見込まれた。つまり時の政権の主権が利益分配条項によって再び縛られることになったのだ。

外国が国有鉄道の利益分配を受けることに対する民衆の反感は根深い。鉄道を国有化し、それぞれの省から鉄道の管理権と利益を取り上げようとしたことが、一九一一年（明治四十四年）の辛亥革命を引き起こし、満洲王朝・清朝の崩壊へとつながった。

国有化計画の責任者であった交通部（郵伝部）大臣の盛宣懐は、旧体制下で最も有力な官僚の一人だったが、民衆の怒りが反対運動として広がる中で、対処する術がなく、暴動の中から彼の命を助けるべく介入したのは米国公使館だった。

彼は天津まで米国公使館の武装した護衛官に送られ、そこから日本に逃れ、亡命者として最後を迎えた（注：複数の資料によれば盛宣懐は中華民国成立後上海に戻っている）。

孫文は私に素っ気なくはっきりとした口調で、シームス・カレー商会との契約が調印されれば、再び革命が起こり、全ての外国人は支那全土から追い出されるだろうと言った。

官吏の中でも実力者で袁世凱大総統の右腕だった梁士詒は、長年鉄道長官の地位にあったが、この借款契約の危険性をはっきり指摘し、異議を唱えた。彼は、契約の条件について責任を取ることを拒否したが、その判断は若手官僚に覆され、認める羽目になった。

私はこうした事実を米国公使（ポール・ラインシュ）に説明し、米国の威信と名誉、支那との友好のために、シームス・カレー商会との契約をこの条件のまま無理に押し通さないでほしいと強く要請した。

しかし、公使は厳しい口調で冷ややかに、君は米国公使の任務についてとやかく言える立場ではないと言い放った。彼は、自分が何をしようとしているのかわかっており、自分が握っているあらゆる外交力を駆使して契約を支持しようとしていた。

私はもはや何もできなかった。当面、支那人の役に立てることはないだろうと思い、論争に巻き込まれないよう、雑誌の運営をパートナーと編集者に委ね、一九一六年（大正五年）十二月に支那を離れた。

米国が対独開戦を宣言した一九一七年（大正六年）四月、私は、当時軍事情報局を組織していたヴァン・ディーマン大佐から北京かマドリッドの公使館付武官のポストを提示された。ラインシュ米国公使に仕え、武官として彼に忠誠を誓うことも全面的に支持することもできない私は、マドリッドへ行くことを希望した。正規軍軍人のジョン・S・ラング少佐がマドリッド駐在となり、私は補佐官として赴任した。

戦争が終わり、代表団が講和会議のためにパリに集まった時、北京政府代表団にいた友人から、技術事務官か技術委員会顧問として代表団に加わり、国有鉄道網の計画を立案し、その時組織中であった新借款団との交渉条件の大筋をまとめてほしいと依頼された。そしてパリで何が起こったかについてはすでに説明した通りである。

日本の登場

こうした米国の動きによって、支那共和国を巡る情勢は新借款団の他の参加国にとって一層複雑化していったが、その間日本の事業家が、日本に有利な権益と引き換えに、当時の段祺瑞政権に総額約二億円（米国ドル建てで一億ドル）の借款（西原借款）を供与した。

このいわゆる西原借款と米国の民間銀行による三件の借款とは基本的に何ら違いはなかった。米国の借款契約が契約を文字通り実行されていれば、米国資本家による対支借款の金額は、西原借款の総額と肩を並べていた。運河浚渫と鉄道契約の金額を加えれば、米国から二億から三億ドルもの対支投資がされていたはずである。

しかし米国の契約は結局正式調印されず、米国資本は支那には注入されなかった。その一方で日本による対支投資は進められた。それだけのことである。

米国が自らをどうしようもない立場に追い込んでいた間、日本は徐々に進出し、投資に対する有形の報酬を得つつあった。だからこそ北京では、日本は大戦に乗じて支那を自分の財政的支配下に置こうとしていると米国人に思い込ませる宣伝工作が組織的運動として始められたのである。

西原借款は、激しく攻撃され、常に米国の指導に従おうとする華南のリーダーたちは、違法かつ違憲の借款であり、決して承認も償還もすべきではないと声明を出した。実際、日本の借款は全面的に償還を拒否され、米国の世論は支那人を支持した。

しかし、米国民は、西原借款がもし違法であれば、コンチネンタル・コマーシャル銀行とパシフィック・ディベロプメント・コーポレーションの借款も同様であることには気付かないふりをしていたのだ。

ウィルソンの方針転換

日本が第一次世界大戦に乗じて支那でこれ以上優位に立つことを阻止すべく、ウィルソン大統領は親支派の顧問団に説得されて方針を転換し、列強による金融独占を復活させた。

一九一八年（大正七年）、国務省は英仏日に対して新たな対支借款団の設立を申し入れ、英仏には等分負担が可能になるまでの間は、彼らの借款分を米国が引き受けると約束した。

列強四カ国での契約交渉中、米国の外交努力の全ては、日本の満洲における鉄道特権を借款団に拠出させることに向けられた。

日本は、これらの権利は日本のためだけではなく「ウルガ（ウランバートルの旧名）方面からの脅威」に対する支那の防御に不可欠だと主張し、最終的に、日本の戦略的安全保障に必須とみなす権利のいかなる侵害にも同意しないと米国の要請を拒絶した。

その頃、米国鉄道王のハリマンは、南満洲鉄道（注：ポーツマス条約において日本がロシアから東清鉄道南満洲支線を譲り受けた）を買収する計画を立てていた。彼は、北京政府から敷設権を買い、競合する併行線を建設して日本に圧力をかけ、南満洲鉄道を売却させようと企んでいた。

ノックス国務長官が提案した満洲の中立化は、列強による満洲鉄道権益の共有化を伴い、そのため日本には満洲での権益を新借款団に拠出させようと圧力をかけていたのである。

こうした状況を踏まえれば、米国政府内で日本から満洲の鉄道権益を取り上げようという計画、または方針が定められていたことがわかる。日本の安全保障を脅かし、日本の支那共和国または露支連合に対する防衛力を失わせるためだった。

一九〇五年（明治三十八年）以降の米国によるあらゆる満洲問題への関与は、条約上の自らの権利に基づくものだが、米国の試みが全てうまくいっていれば、日本は今頃、柵に入れられ、包囲され、密閉容器に閉じ込められ、集団自決を余儀なくされ、消滅していたはずであり、その一方でロシアと支那はあらゆる機会を与えられ、満洲に勢力を拡大していただろう。

その満洲こそ、日本が自らの独立を守り、過剰人口の捌け口を獲得すべく二度も戦争（日清・日露）をした土地なのだ。

支那の棺に打ち込まれた最後の釘

一九二九年（昭和四年）、私は、今度は国民党新政府の鉄道大臣であった孫科から、別の一万マイルの主要鉄道敷設計画の立案を要請された。

今回は、国際借款団を通して列強が権益を共有する路線ではなく、新政権による統治を強化し、国の資源開発に資する計画だった。

私は再び委任状を携えて資金獲得のために米国の銀行家との交渉に赴いた。しかし消滅寸前ではあったが存在している新国際借款団の他の列強の参加がなければ何もできず、だからといって借款団を動かすには時機を逸していた。

米国の銀行家から資金を引き出せたかもしれないが、やはり新借款団の圧力によって不可能になった。米国資本は単独では支那には入り込めず、だが他の列強国の自由にもさせない。私の二十年間の苦闘は、結局何の成果も生まなかったのである。

無気力で利己的な官僚と役人が独占する石壁に礫(つぶて)を投げるようなものだった。支那全土が混沌とした無政府状態に陥っているのは、米国の一貫しない外交方針と現地の実情に対する無知が大きな原因であると私が確信するに至った経緯がおわかりいただけるだろうか。

鉄道に代わった爆撃機

私が、本来であれば黙秘すべき事柄について、米国の公式記録では証明が不可能であるにもかかわらずあれこれ述べているのは、単なる個人的な失望に過ぎないと思われるかもしれない。

だが、米国の政策への反対の姿勢を多少なりとも伝えるにはこの方法しかない。さもなければ私の行動は、国家に対する不忠ともとられかねないからだ。

その時々の政権の要請で進めた国有鉄道敷設計画の裏で行われた国際政治の駆け引き、その時々の政権の権限ある代理人としての私の外国での個人的経験、それに関する全ての交信文書、報告、指令は、今もいわゆる「支那共和国」の公文書にあるはずであり、私がその内容を漏らすことはできない。

しかし、北京政府や南京政府が主権確立のために、外国による金融の独占に対抗して延々と闘った明白な事実について述べることは許されるだろう。

そうした金融独占こそが、北京、南京を問わず支那人の政権がその統治力を確立し、唯一の現実的手段、つまり鉄道網建設によって国家を統一するあらゆる計画を頓挫させてしまったのである。

米国が、北京政府や南京政府との友好関係を求める声に現実的な方法で応じる機会はいくらでもあった。しかも米国は、その機会を得るために誰とも戦う必要はなかった。

それらの機会は支那人から銀の皿に載せて差し出されたのだ。過去二十年から三十年の間、米国政府が国内産業の市場拡大にもっと関心を払いさえすれば、資本家はいつでも支那全土に鉄道を建設し、他の有益な事業に投資することができた。

ところが政府は、元々英国で広まった門戸開放のスローガンの宣伝と援護を間違って押し付けられ、末節にこだわりすぎたのである。

対支支援という国際ゲームのテーブルに座るために、四カ国による金融独占を作り上げた米国は、結局支那の自由な発展と統一を阻んだだけであり、つまるところあらゆる権力の崩壊と共産主義の勝利に道を開いたのである。

今や支那は力もなく横たわり、匪賊と共産主義者（共匪）に蹂躙され、鉄道敷設の借款など論外である。

一方米国は、国民党政府に納入する爆撃機の受注に必死であり、米陸軍で訓練を受け、米国の軍用航空の機密と技術を持った支那人将校たちが軍閥に雇われることを黙認している。

しかしそうした将校たちが若い支那人に教えているのは、正義と自分たちの生存権を確保する唯一の術として武器を手に必死に立ち上がった、飢えに苦しむ民衆を爆撃し、殺害する方法なのだ。

求む「政策」

ここで述べるべき事柄は、米国国務省に対する非難と受け取られるかもしれないが、決してそのつもりはない。

意図しているのは、モンロー大統領の孤立主義が中南米との関係において「善隣外交」とされる新しい概念に置き換えられて以降、我が国の外交の基本となっている門戸開放政策が完全な失敗であり、無益であることを明らかにすることである。

モンロー主義が米国の中南米問題への介入を正当化すべく拡大解釈され、適用されたように、元々曖昧な定義しかなかった門戸開放の原則が、米国のアジア問題に干渉する口実となり、その抗弁に引っ張り出された。

しかし米国にとってアジア問題に首を突っ込むことが何を意味するのか、そこからどうやって利益を得るのか、何らの考えも具体的な計画もない。平たく言えば、米国は、わずか一億三千万ドルを対支投資するためだけに自国の方針を国際法として守っていることになる。

この金額を見れば、米国投資家は支那には興味がないことがわかるだろう。例えいくら門戸が開かれていても（実際はほぼ閉ざされているのだが）資本家は、支那大陸で自らの資本が危険に晒されることを拒んでいる。

つまり米国政府が支えているのは、実際問題として何ら運用できない原則であり、運用できない理由は、今も、そしてこれまでも、借款が保護されるという国務省の保証なしにはどの政権の国債も米国投資家には販売できず、そして国務省はその保証を与えないからである。

対支政策に関する事実を深く解明していけば、米国は何ら確固とした国策を持っていないという事実に突き当たる。

政府の第一の義務は、自らに託された国防にある。ところが米国のいかなる政権もこれを遂行してこなかった。

米国は常に何ら備えがないまま、攻撃に晒される状態にあるが、政治家たちは、他の列強が急いで軍備増強している間にせっせと世界各国が従うべき法律を起草し、適用し、他国に世界平和の運動に着手させ、恒久条約に署名させようとしている。

それでいて別の国（支那共和国）による条約違反は許し、また別の国（ロシア）には望まれるままに特権を許しながら、米国の外交方針の矛盾に対して自衛策を取ろうとする別の国（日本）には憤慨し、警告を発しているのだ。

もしこれが告発状と取られるなら、それでも構わない。だからと言って我が国の役人や外交官の誠実性や、有用性または能力を非難できるわけはなく、また非難するものでもない。

ただ、米国にとっては、包括的に承認され、場合によってはそれを守るために戦争もやむを得ない確固とした継続的かつ合理的な方針策定が急務でありながら、その点で国としての結束も協力も理解も完全に欠如しているという証拠にはなるだろう。

過去三十年にわたる米国の極東外交が一貫していなかったことを示す事実には、議論の余地はない。

米国民は、政府が貿易によって国に有形の利益をもたらすような何らの継続的な計画を立てず、原則を守り通すこともなく、合理的な方向付けもしてこなかったという事実を直視せざるを得ない。

一方で明らかなのは、米国が対支関係においては貿易にも投資にも関心がなく、政府保証があったとしてもどの資本家も支那大陸へ乗り込もうとはせず、米国民が今享受している貿易利益は（原油とタバコを別として）支那各地の交通、産業、資源開発への他国の投資によって実現されているという点である。

事実と数字をさらに分析していけば、無責任に唱えられる門戸開放のための対日戦争は、簡単に言えば、慈善団体たる米国が動物愛護に金銭を寄付するように支那と取引を続ける、つまり寄付の権利を獲得するための戦いになることが証明されるだろう。

第八章　国際的な儲け話

「支那の友人」たちの思惑

言うまでもないことだが、支那という地域や支那人の友人になるためには、別に宣教師や大学の学長、億万長者や詐欺師、政府高官である必要はない。

今までも、そして現在も、舞台裏で多くは語らないが、支那人と共に「支那」という謎を少しずつでも解明すべく現実的な計画を立てようと取り組んでいる者たちがいる。絶対にいるはずだ。

「支那」とは何世紀にもわたって繰り広げられている想像を絶する集団悲劇のことではないか？全く無益な事情のために、これほど多くの人間が、苦痛と飢えの中で死んでいく地域が世界のどこにあるというのだ？

支那大陸で人々の精神的、肉体的苦痛を和らげようと思えば、何でも実行できるはずであり、そのような場所は、人類の歴史を振り返っても他に見つからないのではないか？

しかし私の三十二年間の経験によれば、支那の地で考えられた建設的改革案は何ら実現しなかった。

東洋特有の社会では、どんな計画もすぐに人に知られることとなり、現実を知らず、支那大陸を自分のもののように考える理論家や理想主義者が、すぐにそうした改革案を潰しにかかる。

彼らは、これまで実行可能な案を自ら考え出したことがないくせに、他人の案を決して認めようとはしない。さらに支那人の救済を目的とする構想や計画に付き物の名誉と報酬を巡って、「支那の友人」を名乗る政財界の人間同士には、競争と極度の嫉妬、激しい対立がある。

そのために、彼らの承認を得られない、または彼らが参加しない構想や計画は必ず失敗するようになっているのだ。過去三十年間、米国では、ある一派が支那問題について国務省の方針を実質的に指図してきた。

彼らの保証や承認がなければ、いずれの政権も対支支援計画は立案できなかった。彼らは何事も忘れない代わりに何も学ばない。支那人の救済は国際的な儲け話となり、本来であれば威厳をもって監督すべき立場の米国政府や国際連盟が、まるで仲立ちの役割を求められている。

そして米国政府も連盟も、仲介人となることで、自称「支那の友人」たちの旧態依然とした方法を何の疑問もなく鵜呑みにしているのだ。

私ほど、長年支那人と共に働き、最も重要な資金調達という仕事を委嘱され、知り合った支那人と友情を深め、彼らを心底尊敬した米国人は他にいない。彼らの問題を隅から隅まで理解し、共感でき、問題解決のために実行可能な計画を立てることができなければ、一外国人がここまでの信用と信頼を得ることはできない。

一九一一年（明治四十四年）から一九二五年（大正十四年）に孫文が亡くなるまで続いた彼との友情と交友は、私の何物にも代えられない思い出である。親しくなるにつれ、彼があけっぴろげで、誠実で、愛国心にあふれる人間であることを私は知った。

彼は、いつの時も人類と同胞に対する崇高な義務感に導かれていた。そうした人柄を私は敬愛し、彼を敵から守らずにはいられなかった。私は彼の中に、米国を独立に導き、現在の国家を作り上げた建国者たちと同じ何かを見ていたのだ。

日本の無私かつ利他的政治行為

孫文は、民衆の愛と信頼によって育まれた力と影響力を携えた「民衆の人」だった。彼を支えたのは、労苦と不幸に生きる気力を失い、悲惨な運命から逃れることも生活の改善も望めない下層の小作民や労働者だった。

彼らの希望を実現するには、何か新しい政治の形態を作り出し、その政権の下で彼らの人間としての権利を認め、それを守るための法律を制定、施行する以外に方法はなかったのだ。

夢想家のところもあり、行政管理の面では全く実践力がなく、実務能力に欠け、社会主義に大きく傾倒していたが、孫文は、何よりも正直な男で、何にもまして愛国者であった。

だが国家統一という大事業を成し遂げる能力は完全に欠けていた。それでも、もし彼が今も生きていれば、私は彼と行動を共にしただろう。そして民衆もまた、孫文の遺志を引き継いだはずにもかかわらず、自分たちを裏切った者に対して絶望のあまり武器を持って立ち上がるようなことはなかったはずだ。

何の罪もない何百万もの民衆が虐殺される凄惨な権力争いが延々と続いている今、私は、政権を奪おうとするいかなる勢力、軍閥とも行動を共にすることはできない。彼らは剣を振りかざし、支那全土を支配する権利が自らにあると勝手に叫んでいるだけだ。

何年か前から、私は、いわゆる支那が抱える問題を人道的、現実的かつ永久に解決する唯一の方法は、各省を独立体として確立し（事実上、すでにそうなのだが）、一定の権限を中央政府に委嘱することだと考えている。

その方法を取れば、過去十年間に二千五百万から三千万もの民を直接的、間接的に殺した無意味な内戦に終止符を打つことができる。

新たな独立国たる満洲国政府から顧問に招かれた時、私は、自分の確信に迷いはなかった。民衆のために機能する実際の恒久的政権となり、国家建設の第一歩になると評価したからである。

支那全土を然るべき省に分け、それぞれが何らかの方法で自らの政府を安定させ、全体を緩やかな連合体とすれば、おそらく無理なく統一できるだろう。

私は、歴史の事実を踏まえて、満洲での日本の権利について独自の見解を持っており、いかなる主張によってもそれは揺るがない。

すでに明確に述べた通り、あらゆる公正な法と戦争の法則により、日本は、当時の清国がロシアの同盟国として日露戦争に関与したことに対して、現在の支那共和国から賠償金を受けるか、代わりに一八九五年（明治二十八年）に適法に日本に割譲されながら、圧倒的な外部の圧力によって返還を強制された領土を取り戻す権利があると、私は確信している。

しかし日本は、その合法的かつ正当な請求権を放棄し、満洲国の完全な独立と主権を承認し、新国家の独立を擁護するとの声明を発表した。それは侵略行為や領土征服には全く当てはまらず、現代史に記録される最も特筆すべき無私かつ利他的政治行為である。

日本は、満洲国の独立と主権を十分に配慮し、完全に尊重することがその基本方針であると明言しており、その誓約の言葉を疑ったり、意図を問題視したり、動機を非難する理由はない。それを疑うということは、米国がフィリピンの完全な独立を認めると約束した言葉を疑うのと同じである。

こうした経緯と見解から、私は満洲国独立の大義を支持する。満洲国に代わって嘆願や弁護をするためではなく、新国家を違法とした者たちの責任を問い、審問の場に召喚するためである。

私が、その時々に日本の行為と政策を説明し、弁護せざるを得ないとすれば、それは日米双方の利害が一致しているからだ。今や極東の地で不気味に迫りつつある国家存亡を賭けた争いを勝ち抜きたいなら、両国は、歳月の経過と共にもっと親密にならなくてはならない。

第部

第二部 問われる判事の中立性

第九章　審問なしの有罪判決

法が機能しない政治的法廷

満洲国の事案は、上訴が認められない法廷で審理された。この問題に利害のある判事たちは、自分たちの法に従って解釈し、自分たちの手続きを当てはめて被告に有罪の裁定を下した。司法の基本的前提を無視して出された結論は、自由と平等を切望し、判事の頭の中だけで存在している「支那」からの独立を宣言して権利を主張した三千万もの満洲人民に罰を与え、彼らを葬り去るものだった。

歴史的に見ても、国家が絡む純然たる政治的問題を判断すべく開かれた純然たる政治的法廷では、判事の任命権を持つ者に従い、その指示を忠実に遂行し、任命者に有利な刑を言い渡すのが常である。これは過去が証明している真理である。

米国ですら、政治を法と法の裁きから切り離すのは非常に難しい。まして自国の権益保護を念頭に、本国からその防御と拡大が託された判事が取り仕切る国際公判の場で、政治を分離することがどれだけ困難であるか、誰もがわかるはずだ。

国家同士の利益が真っ向から衝突しないような二義的な問題であれば、公平な判断を望めるかもしれないが、広汎な国家政策と国家の死活問題がかかっているとなれば、妥協も難しく、全員一致はあり得ない。

ハーグの国際司法裁判所なり、国際連盟理事会がそのまま法廷として成立するとしても、連盟の権限、権威、必要性、つまりその存在自体が揺らぐような紛争について下す判断は、自分たちにとって都合の良いものとなるのは間違いない。

まさに満洲国の問題がそうだった。新生国家（満洲国）は弁論の機会も与えられないまま、公判に掛けられ、有罪の宣告（死刑判決）を受け、放り出された。

法の下では、いかなる個人であっても法廷で自らの言い分を述べる機会が保障されている。それはどのような手続きであれ、尋問もなく、有罪判決を受け、処罰され、財産を奪われないようにするためである。

法は、常に条理に適い、不可能を強制するものではない。だが法が機能しないのであれば、我々は自然法、つまり不変の定めに従って行動するしかない。

法律に違反したとしても、その結果ではなく、何を意図していたかに注意すべきである。政策を法に合わせるべきであり、法を政策に合わせてはならない。

普遍的な基本原則

国家はもはや誰か一人の男、統治者、国王、大統領、独裁者、軍閥の長の世襲財産ではない。全体であろうが、それを構成する数多くの省のいずれであろうが、その住民は米国民と同様に主権者である。

米国の各州の境界線を勝手に壊し、住民を寄せ集めて一つの集合体に纏めることなど誰もできない。

それが我々の考える政府の根本原則なら、地理的に「支那」とされる一帯を構成している独立した各省の住民にも等しく適用されなければならない。

米国民が自らの独立の正当性を主張するために、博愛と法という根源的な基本理念を持ち出すのであれば、それは他の全ての人々にも適用されなければならない。

「民は国家の礎なり」「天意は民意なり」という原理を初めて言明したのは、支那の賢人周公旦（紀元前一〇〇〇年頃）である。

満洲国の味方をするのは、別に「弁護」が必要だからではない。満洲国の権利は、自明の理であり、事実を提示するだけで否定的な判断は覆せる。

事実を説明するのに、何ら引け目を感じることはなく、事実を自分たちの主張に当てはめるために普遍的な原則に訴えて余計な手を加える必要もない。

満洲住民の大部分は、支那の人民の大半がそうなのだろうが、自分たちが権利を持っていることすら知らないが、だからと言って、彼らの権利の存在が否定されるわけではない。法律とはこうした人々の権利を守り、奪われないよう定められるべきである。

ところが、そう結論付ける前に、法が民衆の権利擁護ではなく、彼らを未来永劫に非情な軍閥の奴隷として縛り付けるため作られていることがわかるのだ。

諧謔精神の欠如

本来持っているはずのものを持っていないからと言って、それを他人が出しゃばって授けようとするのは、傍から見て滑稽で無茶な話であり、相手に疑いと不安を植え付けるだけだと私は思う。

しかし諧謔（ユーモア）精神は失ってはいけないだろう。

例えば、ロシアの現ソビエト政権を賛美するあらゆる宣伝工作（プロパガンダ）の文句を読んだ米国の誰もが、ロシアに不信感を抱くと同時に笑い飛ばすのではないか？

例えば我々は、孫文の三民主義を守るべく最後の一人まで戦おうとしている無学の五億人を、マタイ福音書のラクダとして、何の苦もなく飲み込むことができるだろうか？

さもなければ、ニューディール政策が全米国民の聖典になったと信じるのだろうか？

そうであれば我々は、満洲国というブヨにいつまでもこだわる必要はない（注：イエスが、神の本質を理解できない律法学者は、律法の些細なことを気にする〈＝ブヨを除くこと〉一方で、大きな過ちを犯している〈＝ラクダを飲むこと〉と言ったとされている）。

満洲国は、三千万の人民はパンのどちらにバターを塗ればよいか、つまりどの国が自分たちの利益になるか判断できると宣言しているのだ。

彼らに実際の判断力があるかどうかは問題ではなく、彼らがその力を持っているという前提に立って対処しなければならない。満洲人民の行動の根底にあるのは、単に動物的、人間的自衛本能に過ぎないからだ。

満洲国の状況を調査した国際連盟の調査委員会は、解決策の提言を含む勧告案を提出し、それが最終的に採択された。事実認定のための委員がそのまま検事と陪審員と裁判官に姿を変え、日本と満洲国に上訴のできない有罪判決を下したのだ。

個人であれ国家であれ、紛争に際しては、自ら主張できる審問の場と公平な審理を要求するのが当然である。

国際連盟の調査委員会派遣を受け入れた満洲国は、あくまでも事実調査のためであり、連盟総会で報告をする際には、不利な証拠や偽の証言に対しては最終判断が下される前に反論する機会が与えられるだろうと信じていた。

残るは世論という法廷のみ

ところが連盟は、公正な法廷としては機能しなかった。訴えと否認のみで手続きが進められ、法に基づいて事案を判断する上で決め手となる重要証拠は、雪崩のような強弁にかき消され、埋もれてしまった。

そこには法的事実を証明する仕組みがなかったのは明らかである。満洲国政府が連盟の事務総長に送った全ての陳述書は、そのまま文書保管庫に入れられ、日本国代表団がその文書を参加国に配布するよう再三要求したものの、すぐさま南京国民政府代表団（蔣介石軍閥）から抗議があり、日本の要求は全て拒否され実現しなかった。

だからこそ満洲国としては、世論という法廷に訴えるしか方法がないのだ。予備調査で取り上げられない事実でも、通常は裁判の場で明らかになり、さらに再審理や上級裁判所への上訴で新たな事実が現れることもある。

調査団が使える時間は限られており、あらゆる事実をあぶり出し、紛争を解決することなど、到底期待できない。

しかしこの満洲国の懸案は、何世紀にもわたって欧州を混乱させ、この先に戦争が起きるとすれば、その大きな要因となり得る紛争に酷似している。

延々と続く国境紛争では、どんな国際的な法廷も会議も一時的に休戦させる以外に術はなく、武力発動によって表面的に安定させ、軍事力で威圧するのが精一杯なのだ。

それにもかかわらず、列強四カ国と米国は、専門家を参謀に据えて、世界で最も混乱を極め、歴史上最も複雑で一触即発の状況下にある危機的事態に、パリ講和会議で欧州地図を書き換えた時と同じ手法と考え方で対処し、同じように不満足な結果を生んだのだ。欧州は再び戦争の瀬戸際に立たされ、極東もまさに爆発寸前となっている。

連盟の調査団が満洲国の地に降り立った時、新国家はまだ形成の途上にあった。調査委員全員が、東洋人とは全く異なる欧米人であり、相互理解は困難を極めた。ほとんどの委員は、植民地の総督や知事として統治に関わり、権力を振るい、命令することに慣れていた。

だがその経験からは、抑圧された民衆の立場で満洲の問題を考えることができるはずがなかった。調査団に必要なのは、人民そのもの、そして人民の要求を理解できる人民の代表であったが、列強各国が注視したのは軍事情勢だけだった（解説：アジアに日本の影響下にある新たな国家が誕生しては困るという事情を指す）。

調査が行われた期間、満洲国は発足したばかりで国内は混乱し、様々な意見の対立もあった。そのため自分たちの主張を整理する時間すらなく、地球の反対側からやってきた、別々の奇異な言葉をしゃべる偉そうな面々が何を要求しているのかも理解できなかった。

一九一一年（明治四十四年）の辛亥革命時の南京臨時政府とは違って、建国宣言書の草案を書き、広報官として世界に喧伝できる外国人記者もいなかった。

言い分を文書にまとめ、それを高尚な英語に翻訳する時間も能力も乏しく、ともかく限られた時間内で与えられた課題をこなすことに懸命だった。

調査委員がそうした状況に反感を抱かないまでも、何ら同情しないだろうということは、満洲国側も容易に察したはずである。だからこそ、満洲国否認に間違いなく利用されるような情報の提供には消極的だった。

独立が否定されれば、満洲国はかつての独裁者か、さもなければその独裁者の利益が委ねられた南京政府（蔣介石軍閥）が指名する長官の慈悲にすがるしかなくなる。まさしく満洲国の民衆の命がかかっていた。

しかしなす術がなかった。全く準備ができておらず、その能力も完全に欠如していたのである。同情のかけらもなく、自分たちには想像もできない思惑が支配している調査団に対しては、幾度とない陰謀にも打ち勝ったフランスのリシュリュー枢機卿や英国の帝国主義時代を作ったディズレーリであっても、自らの名誉が失われないよう細心の注意を払わなければならなかっただろう。

そうした状況下で、慌てて翻訳された拙い満洲国建国宣言文や声明は、到底調査委員が納得できるものではなかった。米国の建国者たちは、その大義を明らかにし、いかに弁明するか丸二年を費やして研究し、準備した。

そうやって発表された独立宣言文は、人類の叡知と人間の権利を高らかに謳いあげた文書として永久に残っている。

だが憐れな満洲国は、小さな痩せ馬の背に乗って荒涼とした荒野を越え、一晩で自分たちの言い分をまとめ、彼らには半分も理解できない不明瞭な文明を持つ風変わりな男たち（調査団）に提出しなければならなかったのである。

第十章　支那ではない満洲国

説明のできない干渉する権利

東洋人が何を考えているのか、高度に発達した民主的な西洋人にとっては理解不能である。同じ問題でも、その考え方や心理的な反応は全く異なる。

我々が長い苦難を経てその上に文明と政治の形を作り上げてきた民主主義、共和制、自治、人権、自由、正義といった理念は、善政に対する概念が全く異なる東洋人には容易に把握できない。

しかしこうした考え方の相違の底には、双方の信念を結び付ける共通した流れがある。西洋では、この世のあらゆる正義の源泉として神を求め、神の名前の下に行われることは何であれ法に適い、拘束力があり不変であり「神の法」となる。

異教徒が自らの行為を正当化するために全能の神を持ち出すことは、冗談として笑い飛ばせるか、嘲笑して終わるようなものでない限り、キリスト教社会である西洋にとっては冒瀆（ぼうとく）となり、耐え難い振る舞いとなる。

一方で満洲、そして支那全土の貧しい小作民は、自分たちの生活とあらゆる出来事を全て見通す、西洋で言う「神の摂理」、東洋では「天意」と言われるものに対して深い尊敬の念を抱いている。それは西洋人が求める神の概念と全く同じ原理である。

米国においてさえ、政権与党は豊作や好調な景気、社会の繁栄や長く続く平和を政権維持の正当な理由として利用する。好況は自らの功績とし、不況には自らがその責任を負うのである。

有史以前の支那の古い制度でも、その点は違わない。豊穣、潤沢な食糧、全体の繁栄と治安は、地上で政（まつりごと）を司る者に対して天が微笑む印、反対に戦争や洪水、飢饉、干ばつ、疫病によって人民が長く苦しみ、次々と死んでいく時は、天の怒りの確かな印だとし、権力の座にある王朝は天からの委任を使い果たしたとして、退かざるを得なかった。

それは米国が不況になると政権交代を求めるのと同じであり、つまり「悪者は追放」されるのである。

満洲国の問題について、米国民は何が差し出がましい行為なのか、「神のご加護」を求めることが、なぜ見当違いなのか理解できない。

彼らは支那人だけでなく他のキリスト教国家に対しても、自分たちは世界を作り変える「天命」を受け、他の国を解放し、干渉する権利を与えられた民であるとし、「明白なる使命」（注：米国が西部開拓〈西部侵略〉を正当化した標語）や「神の恵みの国」、そして「神への祈り」といったもっともらしい言葉を並べるが、その意味を明確に説明できないのと同じである。

先例のない領土主権の概念

満洲の領土主権は支那の国民政府（蔣介石軍閥）にあると国際連盟が判断したことで、それ以上満洲の紛争を連盟に付託することはできなくなった。判事たる連盟は、事前に南京政府（蔣介石軍閥）

に対する支持を約束し、彼らの主張に反するあらゆる証拠を拒んでいたからである。

いかなる法や衡平法にも、一般常識にも反したこの連盟の判断は、非科学的で不完全な人口と移民統計を持ち出して、全く新奇な前例のない主権の概念を打ち立てた。

実のところ満洲と支那の法的関係は一九一一年（明治四十四年）までは何の問題もなかった。その年まで、満洲人がその故地たる満洲の絶対的主権を有していることに理論的に反対する者はいなかったのだ。

満洲の清朝政府と孫文の「支那共和国臨時政府」間で締結された清国皇帝退位協定（正式には「清室優待条件」）の適法性と拘束力は、いかなる主張によっても否定できない。

その協定は、「支那共和国」の根本的な法に一体化された不可侵かつ重大な取り決めだったが、無情にも全ての約束は破棄されてしまった。

満洲人は死滅したという論点を裏付ける証拠などなく、南京国民政府（蔣介石軍閥）が主張する満洲における主権の根拠は、つまるところ、一九〇四年（明治三十七年）の日露戦争以降、支那から満洲に大量の漢人が移住し、住み着いた土地の所有権を獲得し、そうした漢人による占有に伴って領土主権が存在するという理屈である。

国民政府（蔣介石軍閥）の言い分は、広範囲に及び、何世紀もの間、全く問題にもならなかった権利や権益を俎上に載せ、延々と使われてきた皇帝という称号をも非難するものだった。調停人としてではなく、自ら上訴不能の法廷を構成した調査委員会が、容易に処理できるような事案ではない。

清国が支那全域を征服した一六四四年以降、北方の屈強な満洲人は、長年の支那統治を通じて蒙古と満洲、支那とのいわば同盟関係を築き、万里の長城以北を清国の領土の一部として占領し、所有権を有していた。

清国にとって、そこは支那を制圧し続けるための兵隊の交替要員を徴集する地域であり、敗退の際には安全に避難できる地帯だった。

満洲人は北京を都に定めると、故地である満洲を西洋で言う「王領」、つまり「封禁の地」とし、厳しい移民法令を定めて漢人の立ち入りを禁じた。さらに満洲旗人と漢人の婚姻を禁じ、統治者である清皇帝が退位する数年前まで禁制は続いていた。

そうした清国の権利を明記し、確認した退位協定が新たな「支那」の根本法となったのである。従って、古代の記録を根拠とした漢人による主権主張は、法的に無効である。はるか遠い過去に、漢民族が南満洲の辺境地域で多少の権利を持っていたかもしれないが、それは三世紀に及ぶ満洲人の占有と統治によってとっくに失われ、忘れ去られ、消滅している。

漢人が満洲において主権を主張するなら、清国皇帝退位協定の定めにより、宣統帝退位と同時に満洲がいわゆる「支那共和国」に名義上一体化されたことを根拠としなければならない。

ところが列強は、この協定の根本的な定めは無視し、その後の「支那共和国」との条約において、これまで一度たりとも明確な国境線を決めておらず、設立（建国）もされていない国の領土的、行政的一体性を認め、尊重することに同意したのだ。

それは、一九一一年（明治四十四年）の清朝政府の解体と一緒に崩壊し、各軍閥に分裂した大清帝国を再び紙の上で恒久化することと同じである。

「支那共和国」とされる国は、法律上存在しない。憲法もなければ、それぞれの省を統一する協定も合意も結んでいない。

人民が各省政府に自らの権限を委任していない以上、いずれの省もその名前で中央政府に統治権を委任してはいない。バラバラの省を圧倒的武力というセメントだけで固めて、統一体らしい外観を整えているだけである。

確かに大清帝国は脆弱で欠陥もあったが、それでも様々な異集団を独立体として統治し、治安を維持できていた。

ところがその合法的後継者として欧米列強が認めたのは、武力を振り回す独裁的で侵略的な権力者・軍閥だったのだ。

西洋の基準で測る東洋の状況

国際連盟も調査委員会も、こうした法的前提条件に重きを置かず、単に一九〇五年(明治三十八年)以降漢人が大挙して満洲に移住したことで、満洲の地で漢人が所有権を獲得し、占有は完全な主権を伴うという奇抜な独断と偏見でもって結論を出した。

ここで我々が直面しているのは、満洲全体の領土問題であり、それはいかなる法廷でも無造作に決定できることではない。なぜならその判断によって、満洲人(満洲族または蒙古族)からその正当な権利を奪うかもしれないからだ。

漢民族の移住を規制し、満洲族の継承遺産を守っていた清朝が、自らの権利保持が確認された厳粛なる退位協定の下に一時的に退いた後、どれだけ多くの漢人が満洲に流入したかは何の関係もない。

英国政府は、英国領ギアナの国境線を巡ってベネズエラと対立した際、完全な領土主権を主張できる事実上の占領期間は、公平に見て最低五十年間は必要だと決めた。

この基準は、所有権を争う相手としては住み処を転々とする先住民しかいない未開で無人の地について設定されたものである。

ところが漢民族は、国際連盟の支持を得て、満洲固有の人口二千八百万人に対して多くてもせいぜい五百万人の、それも公式な集団移住ではなく、個々に流れ込んだ移民が主権を獲得するのに必要な最低年数を二十年に短縮した。

その二十年も強大な武力によって反対勢力全てを弾圧し、抑え込んでいただけの名目上の統治期間だった。

これが、海外欧米列強といわゆる「支那共和国」（実態は蔣介石軍閥）が交わした条約で認められた条件であり、その条約のみが、「支那共和国」に対して独立国家である満洲の領土主権を認める唯一の根拠となっている。

こうした主張を支持することは、全ての法、良識、権利に反し、自尊心を有する人民であれば決して受け入れられない「こじつけの正義」を認めることである。

満洲人が、これ以上誤った正義によって自らの自由が侵害されることを拒否するなら、その判断は、ベネズエラとの紛争における英国政府の主張によって裏付けられるはずである。

なぜなら英国政府が、領土主権の問題は仲裁によって処理され、権利が脅かされるものではないという見解を示し、米国政府もその点に同意したことで、最終的にベネズエラとの紛争は外交手段によって解決されたのである。

第十一章　移住は主権を伴うのか？

満洲民族と漢民族の違い

国際連盟調査委員会の報告書によれば、満洲住民の九割八分は漢人であり、彼らは長城以南の血族との別離を望まず、満洲の指導者の下に自由と幸福を求めるよりも、漢人の現地監督の下での貧困と隷属を好むとされている。

さらに満洲においては一九三一年（昭和六年）九月十八日までは何ら独立の機運はなく、革命が自然発生する兆しもなく、独立は日本による強制だという結論になっている。

しかしこの説明は、一九二五年（大正十四年）に郭松齢、一九二七年（昭和二年）に郭道甫、そして一九三〇年（昭和五年）に于学忠が張軍閥の暴政に対して蜂起し、処刑された事実を故意に見落として隠蔽している。

郭松齢と夫人の凍った丸裸の遺体はバラバラにされ、何週間も奉天の城外に放置された。張学良軍閥が民衆に恐怖心を植え付け、他の不平分子に最後はどうなるかを警告するための見せしめだったのだ。

漢人の移民が元々の満洲人口を大きく上回っているという点も具体的に証明はできない。唯一確認できる記録によれば、過去四十五年間に満洲に移動し、永住している漢人は多くて七百万人だが、では残りの人口二千百万人はどう説明するのか？　彼らはいったい何者で、どこからやってきたというのだ？　三百年もの間、満洲は漢人の移住と植民を厳しく制限してきた。

満洲に入植した全ての漢人は、北京八旗（満洲軍事組織）が査証を与えた旅券を得て、旗地の小作民として満洲に送られたものに限られていた。

従って数多くの漢人が、米国移民法の抜け穴を突くのと同様に、防壁をすり抜け、境界線を越えて潜り込んできたことは確かである。彼ら不法滞在者は、いつでも逮捕され、送還される立場であることは、今日の大半の在米支那人と同じである。

満洲ではまた旗人と漢人との婚姻を禁止していたが、三世紀にわたり、上三旗とされる特権階級同士の婚姻を通して、純粋な満洲人でもなく、漢人でもない新たな民族が生まれている。

同じ祖先を持つ新しい氏族が漢人や満洲人とどう違うのか、とても説明はできない。それは英国人と総称される様々な民族間の違いを見分けるのと同様に難しい。話す言葉や衣服、習慣などで明白に異なる特徴はあるものの、祖先が同じである以上、外見は酷似している。

満洲の旗人と漢人との婚姻を禁じる法律は、法律上の妻や正妻に関しては強制されはしたが、屈強の北方の兵士たちが、支那各地に駐留する間、例え禁じられてはいても支那の女性を愛人とすることに何ら抵抗がなかったことは明らかである。

そうした関係から生まれた子孫は満洲人なのか、漢人なのかは議論が必要だが、漢人は、満洲人の同化だと主張している。確かにそうかもしれないが、我々は満洲人側の意見を聞いていない。

漢人の言い分が受け入れられたのは、ほとんどの欧米人は、満洲人と漢人の見分けがつかないからである。

だが両民族の間には微妙な違いがある。

もし世の中の人々が、アングロサクソン族に属する多種多様な民族の区別がつかず、全てまとめて英国人と称したら、スコットランド人やアイルランド人、ウェールズ人から猛烈な抗議を受けるだろう。

もし英国人が、外部の者が英国の歴史や民族間の違いに疎いことに乗じて、自分たちはアイルランド人やケルト系ゲール人、ウェールズ人を同化し、融合したのだと主張し、彼らが「連合王国」の一員となる前提であったその権利や自由を否定したら、支那大陸とほぼ同じ事態になるだろう。

ところが支那においては、支配民族である漢人が被支配民族である満洲人の上に立ち、その絶対的な統治権を認めるよう世界を説き伏せているのだ。

我々が、現在満洲国人口の大半を占めている人々を何と呼ぼうが、大きな問題ではない。元来、その遠い祖先は北方の漢族だが、満洲に生まれた人々は満洲民族のあらゆる特徴と外見を持っている。

それは欧州に住むアングロサクソン族の兄弟と民族的にも生物学的にも見分けがつかないものの、米国に生まれた者がその出生と環境によって顕著な気質を備え、現在の米国人となっていることと同じである。

長城以南から移住してきた漢人が満洲の土地を開墾し、所有権を獲得し、だから彼らに領土主権があるという主張を展開すれば、判例法となって、今後の類似の紛争解決に適用されるだろう。支那の各地から当時征服者であった清朝の故地に移住しても、満洲における権利の獲得とはならない。

それはスペイン人が中南米に、ポルトガル人がブラジルに、英国人が米国に、フランス人がカナダのケベックに、日本人がハワイに、そして支那人が英国の回教植民地やマレー連合州のマラヤに移住したからといって、そこで何らの権限も与えられないのと同じである。

日本人のハワイ領土主権

植民や移住が進み、移民が元々の人口を上回った時点で領土主権が確立されるのであれば、日本は同じ理論をハワイ諸島に当てはめて、領土主権の主張ができるかもしれない。ハワイの例は、満洲とあらゆる点で酷似しているからだ。

ハワイは米国の領土であり、耕作可能な土地の大半はごくわずかの資本家によって所有されており、彼らは、何十年にもわたって、わき目も振らず砂糖黍(きび)畑を耕し、収益を生み出してくれる労働者を世界中からかき集めてきた。

ハワイは、米国本国の十六州の納税額の合計を上回る税金を米国の国庫に納めており、米国に併合されて以来、連邦政府がハワイに費やした金額より約一億五千万ドルも多い利益をもたらしている。高い生産性と収益性を誇る豊かな領土は、満洲の地において満蒙の地主が広大な土地を開墾させたのと同じ方法で開発されている。

漢人の人口より少ないからという理由で、満洲人の領土主権が、契約労働者や小作農、そして過去二百年間に次々と潜り込んできた不法移民の手に渡るというのであれば、それは判例法として、ハワイでの同様の問題の解決に適用されるだろう。

現在ハワイの四十カ所の砂糖黍農園を所有しているのは、一万七千人の出資者であり、その大半の持ち分は、千人以下の限られた集団に集中している。三十六万八千人のハワイ人口のうち、米国人はわずか二万二千人、先住民は二万二千人であり、米国は軍事力によって主権を保持している。

一方、日本人は十四万七千人に上り、その多くは、米国人の地主が所有する畑を耕すために移住してきた労働者の二世である。ハワイ諸島で日本人の人口がさらに増えれば、おそらくいつの日か満洲と同じ問題が持ち上がるだろう。

そして満洲国においては、米国も認めた国際法によって移住してきた漢人に有利な判断が下されたのだ。

砂糖の生産に理想的な土地だとわかったハワイには、当然その作付けと収穫のための労働者が必要だった。砂糖黍農園業は大規模事業であり、農園内に居住する多数の労働者が必須である。ところがハワイにはそうした労働力はなく、農園主は必然的に、稼ぎの良い農園仕事を求めてハワイへの渡航と移住を希望する労働者を集めなければならなかった。

母国で貧困に喘ぐ日本人にとって、ハワイは好都合な逃げ場所だった。そして労働力の需要がますます高まる中、移住は打ち切られた。賃金を上昇させ、農園での生活をより魅力的にする必要があったのだ。

現在ハワイの農園労働者は、米国本土の農民より収入が高いという事態が起こっている。ハワイ諸島の砂糖黍農園の労働条件は、間違いなく世界中のどこよりも労働者の満足度が高いのだ。

だが、米国民としては日本政府が米国によるハワイ併合に反対し、当時壮年の東郷大佐が率いる日本海軍の巡洋艦が、ハワイの沖、数マイルの海上に停泊していたことを思い出さなければならない。

ハワイ在住の日本人については、移民二世の米国に対する忠誠心を巡って今後も議論になると予想され、そのためハワイ駐留米軍は、絶えずはるか西の海上（日本の方向）を見張っている。

例え日系移民二世が、第一次世界大戦中のドイツ系移民二世と同様に米国に対して忠誠を誓うとしても、満洲問題における国際連盟の判断が成り立つのであれば、日本人は間違いなく満洲を先例として、ハワイにおける自分たちの所有権を主張するはずである。

判事失格の米国

米国はとかく他国の問題に首を突っ込みたがる。だが法の問題を解決するために自国のあらゆる法的機構を持ち出すものの、米国にとって太平洋上の安全保障の拠り所であるハワイ諸島の的確な地位を決めかねている。

今日、ハワイ住民は、ハワイ諸島を米国の完全不可分な一部（編入領域）とするよう要求しているが、米国議会と政府高官は、しばしばその訴えを無視し、単に島嶼（とうしょ）地域の領有として扱っている。

実際、本書を書いている今、コロンビア地区連邦最高裁判所において、ハワイ諸島の地位確定を求めると同時に、米国農務長官に対して農業調整法に基づいてハワイ諸島に課された砂糖の生産割り当て実施の禁止を求める訴訟が提起されている。

なぜなら農業調整法は事実上、ハワイを島の領有として位置付けているが、その一方で最高裁判所は、ハワイ島を重要な「領土」であり、州の「見習い」（いわゆる「準州」）であると述べているからである。

米国政府がその行政機関を通じて、米国の完全不可分な一部であるハワイを差別する方針を法に定め、結果としてハワイの自治独立した地位を暗に認めるのであれば、そのうち、それを根拠として、ハワイ諸島の運命を島内で最大人口を擁する日本人に委ねたいという要求が出されても誰も驚かないだろう。

自国の領土の地位を確定するのに三十六年を要した国が、同じように領土が曖昧にしか定義されていない他国の訴えについて判定する資格があるとはとても思えない。

さらに比較するなら、一度も攻撃に晒されたことがなく、その安全が（ハワイを押さえている限り）厳然と確立されている国（米国）が、まさに国の存亡が脅かされている他国（日本）の防衛の必要性について最善の判断が下せるとはとても言えない。

移民法の抜け穴

満洲国と同じような状況下で米国において起こり得ることを比較するのはいささか強引かもしれないが、両者はほとんど同一である。七年前、米国各地に支那系暴力団同士の抗争が広がり、広東人の秘密結社に世間の注目が集まった。

米国の法律が公然と無視された事態を終息させるために、米国の警察は過激な方法を取った。アジアの犯罪集団にどうにも対処できなかったニューヨーク警察は、敵対する暴力団の首領同士に、直ちに抗争を終結させなければ街中で見つけた支那系住民を令状なしに逮捕し、本国へ送還するという通告を送達したのだ。

この脅迫とも言える方法で、すぐさま休戦が成立し、首領同士は地方検事室で顔を合わせ、警察本部長と支那総領事を立会人として、二年間は争わないという協定書に署名した。

誇りある一国の政府が、法律によらず、犯罪者同士が互いに殺し合いをしないと約束した協定書をもって事態を収拾させた例など聞いたことがない。

当時、連邦当局は、米国内に合法的に在住している支那系住民はわずか六万人だが、不法滞在者は十万人を超えると推定され、彼らを集めて本国に送還するには二千五百万ドルの費用がかかるという試算を発表した。

実際、支那人をキューバやジャマイカ、メキシコから米国に密入国させるのは、酒の密輸に次いで儲かる商売だったらしい。

支那人を麻薬と一緒に運び入れるのが常に最も稼げる商売だったという多くの証拠がある。支那人たちは、考えられるあらゆる方法で、米国の移民法の抜け穴を突き、国境警備隊の監視の目を盗み、自分たちを締め出すために築かれた一切の壁を越えて流れ込んでいる。

最近ニュージャージーで酒の密輸に関わっていた支那系住民の隠れ家が捜索され、ある書類が発見された。それによると、彼らは、暴力団組織との間で密入国のための旅費と手数料千五百ドルを、一日二十セントの日当で返済するという、いわば奴隷契約を結んでいたようだ。

一九二七年（昭和二年）に入国管理局が推計した米国内の不法滞在支那人の推計が、概ね正しいとすれば、現時点では少なくとも十二万五千人を超えるはずだ。

漢人が満洲の城壁をすり抜けて、阿片栽培や国の専売事業の朝鮮人参の採取、砂鉄すくいなどに違法に携わっているのと同様に、彼らは今、夢に見た新たな黄金卿（エルドラド）の入り口を見つけたのである。

いったん門の内側に入った彼らを一掃することは到底無理である。彼らはそこで生活し、いつまでも留まり続ける。米国の連邦当局も移民法を振りかざして彼らを強制送還しようとはせず、現実問題としてそれは不可能なのだ。

一九二七年（昭和二年）の推計に基づけば、今日米国内の支那系住民は二十万人に上っているに違いない。彼らが妻や妾を養い、普通に家庭生活を送れば、三世紀のうちに在米支那系住民は一億人を超えるだろう。

米国に生まれた米国人が時代の流れに沿って産児制限を行い、フランスと同じように人口が減少するか、少なくとも人口が増えなくなれば、やがて我々が法を執行しなかったばかりに、何とか排除しようとした民族に国の支配を譲り渡す羽目になることが容易に想像できる。

米国が学ぶべき教訓

三百年にわたって満洲の封禁法の目を掻い潜って移住した漢人は、今、その人口が勝っていることを理由として、満洲における主権を主張している。米国民は小規模ながら黒人問題についても同じ現象を目の当たりにしている。

一七七六年（安永五年）、独立戦争当時、植民地の奴隷はわずか五十万人だった。ところが今日、黒人人口は千二百万人に上り、我々は完全な市民権を彼らにも与えなければならない。貪欲で無頓着な白人との間で生じる人種問題は、年々解決が難しくなっている。黒人は今や白人と全く平等であり、白人が血を流して勝ち取った共和制に基づく地位と市民権の恩恵を受けている。

こうした人口問題を米国民は教訓として捉えなければならない。

だが、この警告は奇抜だとして笑い飛ばされるだろうし、米国政府は決して移民法を執行せず、不法滞在支那人を本国へ送還しないだろう。

そう脅しをかければ、すぐさま排米運動が起こり、対支輸出品の不買運動が広がり、将来にわたって多大な利益を得る望みが消されてしまう。

だから我々は目を閉じて、寝たふりをして、愚かな行為がどう帰結するか、何も考えないのだ。

第十二章　自発的な革命とは何か？

独立前の米国と似た満洲国の状況

あくまでも議論を進めるために、漢人が満洲国の人口の圧倒的多数を占めているとしよう。だが、それがどうしたというのだ。多数派が起こす革命など聞いたことがなく、その意味でいかなる革命も自発的ではない。

政治的な革命を企て、実行するのは常に少数派である。米国独立の際にも最初革命を望んだ入植者は三割に満たず、独立が頭にあった者はさらに少なかった。だが少数の急進論者が多数派に働きかけ、引っ張って、その結果、革命が成就したのだ。

武力抵抗は、国民が結束して、それまでの憤りや怒りを自発的に爆発させたものではない。そもそも人々が結束することなどなく、一致結束して行動を起こそうという意見の集約もなかった。それぞれの州は独立しており、中央政府という概念も形成されておらず、それに賛成する者もほとんどいなかったのだ。

米英の将軍が率いる正規軍によって展開された独立戦争は、米国ホイッグ党（独立派）と米国トーリー党（王党派）との激しい争いに比べれば紳士的な戦いだった。

王党派は米国先住民と同盟を結び、彼らに無防備の入植者を攻撃させ、英国王ジョージ三世がニューヨークで徴集した兵士は、植民地独立を目指す大陸軍をはるかに上回っていた。

その歴史は満洲国の革命でも繰り返されている。今も、元の首領であった張学良（張作霖の息子）に忠実な敗残軍は、武器を持たない住民への攻撃、虐殺を続けており、スティムソンの不承認方針が変わらない限り、外部からの資金援助は続き、略奪行為はますますひどくなるだろう。

連盟の調査団が訪れた時の満洲国の状態は、独立宣言前の二年間の米国情勢とよく似ている。全ての植民地が共通の大義の下に結束できるのか否か、何らかの妥協が図られる可能性があるのか否か、そうした不確定要因によって誰もが逡巡していた。

特にレキシントンで戦った者たちは、自分たちが民兵として英国軍に抵抗したことを完全に否定し、どうすれば責任を逃れられるか頭を悩ませ、レキシントンとバンカーヒルの戦闘に加わった者は、英国に引き渡されないという確約が得られるまで、柵を跨いだままどちら側にも付かず、責任を免れようとした。

満洲国でもそれは同じであり、独立運動の指導者の中にも立場を明確にせず、企てが失敗しても旧勢力に引き渡され、報復を受けないという保証を得ようとした者がいた。

調査委員会が、満洲国の何人かの官吏から、自分たちは強要されて職務に就いたという内密の証言を得たのは、そういった背景があるからである。

独立戦争では、米仏同盟によって、例え敗れても主導者の命は守られるという保証が得られたが、満洲国でも同様に、日本が新国家を承認し、その安定と独立を保証する同盟を結んでようやく、調査委員会の報告書が不利な内容であっても、彼ら官吏は極刑を受けないと確約されたのである。

満洲の地に降り立ったその瞬間から、委員たちが新国家を糾弾し、軍閥による支配続行を擁護する考えであることは明白だった。

こうした状況下ではほとんど例外なく、実際の調査の前に結論が出ており、その裏付けとされる事実だけが取り上げられるものだ。

国際連盟と米国が報告書をどの程度支持するのか判断できない満洲国の官吏が、どちらに転んでも良いように保険を掛け、保身を図ろうとしたのは当たり前であり、特筆すべきことではない。

満洲国で繰り返される米国の歴史

もう一つ、満洲の問題と米国の独立運動が酷似している点がある。それを見れば、なぜ連盟の調査団が、満洲国独立は人民の意思や希望に沿ったものではないという結論を出したのか、ある程度説明がつくだろう。

米国の歴史家ローランド・グリーン・アッシャー[1]は、米国の独立革命を「単に米英間の戦争ではなく、両国の政党同士の闘争でもなく、米国における内戦であり、ある側面、階級闘争であった」と指摘している。

このいわゆる階級闘争は、常に債権者と債務者との間に存在する敵対的感情に端を発している。米国の内陸部は、生産物の市場として、また工業製品やその他必需品の供給地として沿岸部に必ず依存しなければならない。

そのため純然たる地域間対立が発生する。奥地の住民は、沿岸の住民に対して常に債務を負い、その経済的地位と社会的優位性を恨む。米国の独立革命は、英国と米国各州との戦争であったのと同時に、内陸部と沿岸部の戦争でもあったのだ。

それは満洲でも同じであり、内陸部で農業や、開発など生産事業に従事している大多数の住民は、米国の沿岸部の入植地に相当する鉄道路線沿いの細長い地域（鉄道付属地）に住む債権者階級に対していつも多大な債務を抱え、遠慮なく食い物にされていた。

さらには、これも米国と同様に、彼ら債権者階級の大半は支配者である軍閥と結託し、庇護を受け、自らの搾取が妨げられる独立やいかなる変化にも断固として反対していた。

調査委員の聴取を受けたのは、こうした鉄道付属地内の債権者階級に属する者である。鉄道沿線から離れた辺境の奥地に住み、野蛮な先住民ならぬ残忍な馬賊の攻撃を受ける被搾取階級こそが、真に不満を訴え、彼らの幸福こそが変革を求める運動の最重要目的だったのだ。

そして米国の独立革命において沿岸部の王党派が愛国心を煽っても兵を集めることができず、その大義はスコットランドやアイルランドの屈強な山男たちに委ねられたように、満洲国でも、新国家の防波堤として戦っている兵士や指導者たちの多くは匪賊との戦いに長けた屈強な奥地の住民であり、彼らは奉天軍閥の支配からだけでなく、鉄道付属地内で馬賊の残留物を奪っているのと同じように強欲な連中から自由になるために立ち上がったのである。

歴史は、米国で起きたことを満洲国で繰り返しているだけである。失脚した軍閥一派が生存手段を奪われても、かつての首領への忠義を捨てず、無防備な住民を攻撃し、虐殺し続けているのは、米国の王党派が陰謀によって先住民を動かし、内陸部の居住地を焼き払い、略奪し、住民を虐殺したのと同じである。

【11】Roland Green Usher "The Rise of the American People"（一九一五年、ニューヨーク、The Century Company）

なぜならそうした奥地は革命軍の基盤であり、独立戦争によって沿岸部の優位性が崩れるからだった。

満洲国の独立は、歴史のあらゆる大事件と同様に、様々な動機と様々な利権を巡る闘いであり、満洲に対する漢人の主権問題というより、搾取する側と搾取される側とのもっと切迫した、もっと深刻な関係性の問題である。

民の声は神の声

満洲の独立運動は民意にも彼らの希望にも合致していないという報告は、間違いなく調査委員が収集した事実に基づく偏りのない記述だった。ただし、それは委員に接触した搾取階級側の多数意見をそのまま反映したものである。

だが、奥地の被搾取階級側からも聴取を行っていたとしても、彼ら自身、どういう権利を持っているのか知らず、自由や独立という概念を欧米人が理解できる言葉で表現することができなければ、彼らに意見を聞いても結論は同じだったかもしれない。

私は、どこかで最初の人民の声は必ずしも神の声ではないと読んだことがある。二番目に聞く声こそが真剣に考えた結論であり、どんな法廷よりも神の声に近いというのだ。まさに満洲国の人々に当てはまる表現である。

今、委員たちが訪ねたところを同じように訪ね、同じ人々から話を聞き、奥地にまで足を延ばし、内陸部の住民と話をしてようやく、彼らの口から、満洲国の独立が果たして人民の意思や希望の表れだったのか、違うのか、答えが出るだろう。

危機に瀕する日本の名誉

司法特権を与えられ、アジア人に対する優越感を隠さない調査団の存在は、日本に多大な影響を与えた。

委員たちが満洲に対してあからさまに冷淡であり、作成される報告書は「支那共和国」を支持する内容だろうと確信した日本は、国としての尊厳が失われない方法を探した。

しかし他に選択肢がなく、委員たちがまだ満洲に滞在しているにもかかわらず、満洲国を承認したのである。

日本の行為は間違っていたのか、正しいのかわからないが、いずれにしても彼らには他に方法がなかった。

承認を取り消せば、日本が自衛手段に訴えた機会（満洲事変）を捉えて、旧体制（張学良軍閥支配）への反対の立場を明言した者たちを裏切ることになる。

彼らが南京政府に近づけば、その運命がどうなるのかを熟知している日本は（解説：皆殺しの運命を意味する）、道義上、彼らが何ら危険な目に遭わないことを確認する義務があった。

調査委員が僅かなりとも満洲国に対して同情心を示し、その方法について細かく詮索せず、調査団には司法上重要な意味と権限が与えられているという考えに固執しなければ、状況は違っていただろう。日本が報告書の内容を懸念し、連盟決議の先回りをして満洲国を承認し、相互の利益保護のために新国家と同盟を結ぶ必要はなかったかもしれない。

どこかの時点で、国民政府（蔣介石軍閥政権）と日本が直接交渉していれば、紛争を解決できたかもしれない。

しかし蔣政権は連盟への提訴にこだわり、満洲の人々に議論の時間を与えたことで、根本的かつ変更不能な結論、つまり独立に至らせてしまったのだ。

満洲人が日本臣民の助けを受けているか否かという問題は、彼らの独立宣言とその後の行動の合法性を妨げるものではなく、また妨げることはできない。満洲の独立は、初期段階では自発的な運動ではなかったかもしれない。

だが、歴史を振り返れば、これまで純粋な愛国主義の象徴とされてきた数多くの革命よりも、人民の意思と希望を自発的に表明したものにもっと近いだろう。

第十三章　少数派による革命の妥当性

国民党が軍事独裁政権となった理由

今度はソビエト＝ロシアに目を向けてみよう。

まず誰がボルシェビキ革命を始めたのか？　ソビエト（評議会）運動は元々ロシアで生まれた概念ではなかった。レーニンやトロツキー、そしてその仲間のロシアへの帰国を助けた者がいるのだ。誰がケレンスキー政権を倒すクーデターの資金を提供し、流血の惨事を拡大させたのか？　そしていったい誰が今日のロシアを支配しているのか？　共産党と称される閉ざされた団体（注：一種の秘密結社）の構成員はそもそも何名いるのか？

実は二百五十万を超えない少数派が、ニューヨークへの亡命者（トロツキー）が描く構想に刺激され、一億六千万人のロシア人を奴隷とし、完全なる恐怖政治によって権力を維持しているのだ。

現在支那を支配している国民党（蒋介石軍閥）は、広東の急進派の小集団と職業革命家が中心となっているが、いったいどこから支那の統治権を委任されているのか？

そもそも孫文率いる少数の不平分子集団から始まった国民党は、未消化の共和制という国家概念を国土全体に推し進めようとしたが、北洋軍閥（袁世凱）に阻まれた。

長江（揚子江）以南にそれ相応の鉄道網が存在し、東北部から不平分子のいる地域へ素早く兵を送り込めれば、まだ運動が小さいうちに制圧できただろう。

軍事懲罰を免れた孫文は、広東軍政府を樹立して広東の独立を宣言し、自らの小政党とソ連との連帯を鮮明にした（連ソ容共）。政治的な歩み寄りやその他の平和的手法では実現できなかった国家統一を武力によって無理やり成就させようとしたのだ。

ソ連から迎えた政治顧問や軍事指揮官による巧みな組織化によって、蔣介石軍閥は支那全域を意のままに操り、ソビエトを民衆の総支配者とした。

つまり政党独裁政権が、制度改革を目指すよりも自らの「生存の手段」である権力保持に懸命となり、その結果、さらに強大で軍備も増強された新たな軍事独裁政権に変容したのである。

国民党中心の革命は、国民運動と称されているが、ソ連の援助がなければ、広東省を越えて広がることはなかっただろう。

そもそも、この広東の少数の革命家集団が支那全域を独裁支配できるよう、ソ連はどれだけの軍事資金を提供したのか？

今日ですら、三十万人を上回らない国民党は、ソ連の過激で暴力的な恐怖政治を手本として五億人を支配している。そしてソ連においても、支那においても、少数派である軍事独裁政権が合法的な政府として列強から承認されているのだ。

満洲人が立ち上がるとなぜ非難されるのか

こうした先例を踏まえれば、少数派であっても軍を抑えれば自分たちの考えを多数派に押し付ける権利を得られ、かつ他国は既成事実を承認するという法則が確立される。

この法則を満洲国に適用するなら、外国に対して現政権打倒と独立宣言の正当性を訴えるために、必ずしも自発的な革命は必要ない。

三十万に満たない広東の国民党一派がソ連と連帯し、支那全域を支配できるのであれば、満洲人の集団がいかに少数で、微々たる勢力であっても、先祖代々の土地を取り戻すために日本の援助を求めても当然ということになる。

そして同じ論理に従えば、広東政府とソ連の連合と同じように、満洲も諸外国から同情と承認を受けられるはずである。

満洲の状況は広東のそれとは異なる。孫文が広東軍政府の独立を宣言した時、列強が承認していた支那政府は、東北部を征服していた軍閥であり、北京を首都としていた（北京政府張学良政権）。

彼らは満洲住民から最後の血の一滴まで搾り取って、その膨大な資金を軍備増強と国土征服の戦闘資金に充てていた。

広東人が独立を宣言しても何の咎(とが)めも受けないのに、満洲人が立ち上がるとなぜ危機的状況になるのだろう？　満洲の独裁軍事政権が日本人によって転覆させられ、ようやく広東人に倣って独立を宣言し、日本と同盟を結んだだけである。

支那に対して戦闘を起こそうとしたわけでもなく、自らの領土内で、類を見ないほど残虐な圧政に長年苦しめられてきた住民の活力を取り戻し、高めようとしているに過ぎないのだ。

連盟の調査団は、良識ある思慮深い紳士であるはずなのに、外部の援助なしに自発的に起こった運動でなければ、満洲人が独裁者を倒し、自らの政府を樹立することは認められないと主張している。

満洲人は超人ではない。他の国民がやり得なかったことをやれるわけがない。彼らに罪があるとすれば、それは日本が作った機会を利用して、その援助を受け、新国家を樹立したことだろう。

もしロシアが満洲の馬賊を追い出して、新たなソビエト共和国を作っていたとすれば、世界はそれでも、その利他的な無私無欲の姿勢に称賛の声を上げたのだろう。

だがどのような状況であれ、溺れかかった者が、助かるために船頭の手を握ることを誰も責められないはずだ。

矛盾だらけの条約

こうした事実を見てくると、連盟が下した結論に決して満洲国は縛られない。

まず満洲国は連盟の加盟国ではない。満洲の住民の権利は、清国皇帝退位協定など従前の取り決めによって確保されていたにもかかわらず、それらを無視した新たな九カ国条約や国際連盟規約によって不正義が実行され、永久にそれが押し付けられたのだ。

満洲の人々は、初めての機会を生かして、失った権利を取り戻しただけであり、そうした条約を押し付け、国際法に仕立てた列強が満洲人による条約侵犯だけを取り沙汰し、それよりはるかに重要な点を考慮に値しないと退ける権利はない。

例え満洲国が自国に課された義務を放棄したことが悪いとしても、その義務を強制し、しつこく迫ることも同程度に悪いのではないだろうか。

九カ国条約は何ら時間的制限を設けておらず、満洲国の住民が、自らの権利回復のために目の前の好機を捉えたのは当然であり、それを逃せば二度と機会は巡ってこなかったかもしれないのだ。

彼らがその機を生かして行動を取ったことは、称賛されるべきであり、決してあきらめない独立の訴えをさらに強固にするものである。いかなる者もいずれの国も、その法律上の権利を行使しただけで犯罪者呼ばわりされてはならない。

九カ国条約と皇帝退位協定を調和させる現実的な方法はあるのだろうか？

退位協定はいわゆる「支那共和国」の根本的な法であるにもかかわらず、その国がその後締結し、国際法となった多国間条約の中で無視されている。

ということはどちらかが間違っていることになる。満洲国から見れば、国際連盟規約と九カ国条約はどちらも公正ではなく、理に反している。

これらの条約は、満洲住民の法律上の権利を認めた皇帝退位協定に基づく先行する義務を取り消すものではなく、また協定に取って代わるものでもない。

この点は第二十二章で詳しく述べるが、国際連盟規約と九カ国条約は、満洲国の問題とは全く無関係であるというのが満洲国の意見である。

「支那共和国」の外交官たちは、満洲人の権利をないがしろにして、昔ながらの方法に従って武力で首都北京を一時占領しているだけの一軍閥の勢力を強化し、国を消滅させないよう主権国家として「支那」の形だけを整えて存在させ、国際法上恒久化した。

こうした事情から、今回の紛争は、あくまでも「支那共和国」と独立した満洲国との間の問題である。歴史上の事実と厳粛なる条約の規定に基づいて合理的に解決されないのであれば、最終判断は必ず武力によらざるを得なくなる。これがこの紛争によって我々が行き着く先なのだ。

第十四章　法と自由との対峙

新国家樹立の合理性とは

国民政府（蔣介石軍閥）を支持し、満洲国の存在を否認することによって、列強国は、あからさまに支那の軍閥に日本との直接交渉を拒否するよう働きかけ、（張学良）軍閥が満洲を再び支配するための戦闘準備を支援している。

仮に、日本の自衛行動は侵略行為であるという極端な立場を取ったとしても、日本に罪があるか否かの最終判断は、必然的に主権を巡る「支那共和国国民政府」と満洲国間の紛争の結果次第ということになる。

重大な不法行為を正し、虐げられた人民の独立を再構築する行為は、その結果、解放される人々にとっては決して違法でも、侵略でもない。

「支那共和国」が不当な手段を取って、一方的に武力を行使して平然と条約に違反し、支那全土に名目だけの主権を確立してこれを維持しているとすれば、その主権主張が法的に裏付けられない限り、日本を侵略者だと訴えることは公正さを欠いている。

この問題を外部の仲裁機関に付託することは、満洲人の法的権利の侵害である。我々が考えなければばならないのは、どの国の条約上の権利が損なわれたか否かではなく、独立成就後の満洲国の住民が、これまでの政治制度下よりも、世界全体の幸福と平和により貢献できるのかどうかという点である。

新国家樹立の合理性は、独立達成の方法で判断すべきではなく、独立した国家をどう活用できるかによって判断すべきである。

もし秩序と実効性のある政治体制を築くことができ、人々の幸福と世界の繁栄に寄与できるのであれば、未来の歴史家は、独立を勝ち取った過程が適法であったか否かについては細かく詮索しないだろう。

列強各国は、条約の定めに縛られ、「支那」というものを怒らせることなく満洲国を承認することはできない。

しかし（パリ不戦条約の端緒となった米仏間協議を進めたフランス外務大臣の）ブリアンも言っている通り、いったいそもそも「支那（チャイナ）とは何なのか？」。

北京、南京、広東を暫定的に支配している軍閥や政治集団を、列強がそれぞれの都合に任せて国土全体を代表していると承認したものではないのか？

そうであれば満洲国を承認しても、彼らが自ら打ち立てた傀儡政権に敵対することにはならないだろう。

「敵対する」とすれば、それは「支那」に対するものではなく、単に地理的な名称に過ぎないものを頑固に「支那」と定義付けている想像上の国に対して、持ってもいない、また持つ能力もない主権国家の地位を与えていることに対するものである。

満洲国の正当なる主張

従って、満洲国には、一方的な断定や反論によって軽々しく退けられない確固とした事実を根拠とする十分な言い分があり、弁護を受ける権利がある。

この権利は国際法上は、十分な主張ではないかもしれないが、倫理、正義、人道主義そして条理という観点から見れば決して揺らぐものではない。国際法は、今や道徳律を超え、いかに公正さを欠いていても、拘束力を有するのかもしれない。

しかし、それでも私はあえてこう言おう。今日の世界の文明国家が享受しているあらゆる自由と権利は、何世紀にもわたってその時々の法に真っ向から反対した人々が苦労して手に入れたものであり、国際法が正義であるという概念には決して縛られなかったはずだ。

世界の歴史の中で、文明の進歩を示す重大事件は、法ではなく、法に対する挑戦と武力行使によって起きている。世界の是正されるべき多くの過ちは、法的手段によっては是正されない。

かつて一つの国家を形成しながら、よそ者の統治下に置かれ、国の偉大な復活を夢見ている人々がいる。失った領土の回復と外国の軛（くびき）からの人民の解放に希望を託している国がある。

だが、こうした問題を法律でうまく解決し、文明の進歩に資する方法は何ら考え出されていない。なぜなら法的解決は、現状維持を意味するからである。

国の一部に独立権があるか否かという問題は、法律で片付く問題ではない。例え法律解釈によって、独立した者に不利な裁定が下されたとしても、彼らが裁定前と同様に独立を主張し、武力で保持する自由は残っている。

十三年前に必要とされ、望ましいとされた九カ国条約を、今なお国際法として存続させなくてはならないと考えるのは不合理である。批准後すぐに、前提が間違っていたことが明白になり、目まぐるしく変化する世界情勢によってもはやその根拠がなくなっているのだ。民族自決と独立権が関係する今日の政治的重大問題に直面し、我々は、あらゆる偏見を捨て、虚心坦懐に取り組む義務がある。

もし我々に、法律の細かい解釈や国際政治上の思惑を取り除き、どのような結果になろうと真実と条理に従う勇気があれば、満洲国の主張にはこれまで不要として切り捨てられてきた側面があることに気付くだろう。

それを無視してきたのは、勝ち試合での戦い方しか学んでいない、現政権勢力にすり寄る連中であり、彼らは自分たちが中心となって定め適用した法律を、解釈する権利があるのは自分たちだけだと勝手に主張している。

なぜ東洋と西洋が対立し、それぞれの正義観に固執しているのかを理解するには、満洲の指導者たちがどういった思考を辿り、何に関心があって独立宣言に到達したのかを考え、同じような状況で他の国民を革命へと導いた動機と比べてみるしかないだろう。

私は、米国が表明した方針には賛成できないが、適法性のみに依拠したその判断を決して非難したり、軽視したりするつもりはなく、米国の外交政策担当者の誠意や知性、真意を疑うものではない。厳密に言えば、米国政府の決定に法律上の誤りはない。

しかし私は、法となっているワシントン会議の諸条約は、誤解の上に成立しており、米国政府が判断を誤ったのは法律ではなく、事実であり、上級裁判所があるのなら上訴によって是正されるはずだと考える。

だが満洲国に対する決議は、いかなる異議申し立ても認められなかった。判事は条約に盛り込まれた法律を自ら解釈し、それに厳格に従って判断を下し、等しく公正な法と権利に基づく上訴を退けたのだ。全てはどの事実に基づき、どの法が適用されるか次第である。

追悼の壁

国際連盟は、連盟規約と称する第一次世界大戦後の帝国主義の砦に守られている。ジュネーブ湖畔に御殿のような連盟本部を建てたのは、実に壮大なお笑い種であり、最高の皮肉である。

その湖水が流れ出る地点には、御影石の記念の壁像が建っており、そこには今日まで伝えられ、我々の文明の防波堤となっている人類の自由と権利といった先達者の教えが深く刻まれている。

偉大なる改革者であるカルビン、ファレル、ベーズそしてノックス、さらにフランスのコリニー、ヘンリー四世、オランダのウィレム一世、ブランデンブルグ選帝公のフリードリヒ・ヴィルヘルム、英国生まれの神学者ロジャー・ウィリアムズ、クロムウェル、そしてトランシルバニア公ボチカイ・イシュトバーン。

こうした偉大な先達が壁から歩み出て、音も立てずにしっかりとした足取りで、ウィルソン湖畔通りを歩み、連盟本部の階段を上って総会場に入り、この神聖な土地を冒瀆したことに抗議する光景が目に浮かぶようだ。

ジュネーブの追悼の壁は、世界中で最も感動的で人々を勇気づける記念碑である。スイス政府は、この追悼碑を国際連盟本部の正面玄関の真ん前に移動し、再設置すべきである。

そうすれば連盟本部に出入りする者全員が、人類が滅びないよう守るべき大原則を忘れることはないだろう。

米国政府は、自らが公明正大であることを誇らしげに片手に聖書、もう片手に独立宣言文を携え、神の名を唱えて、神聖なる九カ国条約への支持を表明している。

その条約は、支那大陸の人々に他国民との平等な通商取引を促すという一方的な主義だが、米国はそれを国際法として厳しく順守させている。

だが、九カ国条約が掲げる政治理論と国家主義的考え方は、実は三世紀近くも前、国際法と国家主権の概念が確立された際に（注：国家間の対等な主権を認め、近代国際法の元となった一六四八年のヴェストファーレン条約を指している）、すでに前時代的で非現実的であるとして放棄されたものなのだ。

満洲国は、連盟総会の出席者に対してほんの一時間、頭の痛い議論を中断して、ジュネーブの旧市街地の公園まで散歩に出かけるよう頼むだけでよい。

そうすれば彼らは石の壁と、そこに刻まれた人間の自由の根本原則、文明世界の基本法の前に立つだろう。彼らが俸給を受け、ジュネーブまでやってきた唯一の意義はそこにある。

また彼らには、満洲国のあらゆる公的機関、団体を代表する官吏が署名捺印した、満洲国の独立を切望していたことを証拠づける五百八十六の書面を、記録の一部として提出し、公表するよう事務総長に要求してほしい。

これらの重要書類は、一九三三年（昭和八年）一月二十三日にジュネーブで満洲国政府代表から正式に事務総長に手渡されたが、そのまま文書保管庫に入れられてしまった。満洲国住民にとって貴重な歴史文書であり、彼らの代表者が会議を開いて発表した独立宣言の証拠なのだ。

これらの文書が連盟によって公式に発表されない限り、新国家否認の決議を左右する最重要証拠を隠蔽することは罪悪である。これらの署名捺印された書面は、いかなる法廷であれ、主張に重大な影響を与える反駁不能な証拠として認められるだろう。

ところが事務総長は、連盟としてこの新国家の存立を承認しなかったため、この証拠を総会で公表することができなかった。満洲国の住民は、彼らの代表が証言する権利ですら否定されたのである。連盟がソビエト＝ロシアの加盟を認めた際、ソビエト共和国に組み込まれた全ての国（アゼルバイジャン、北コーカサス、グルジア、トルキスタン、ウクライナ）は、軍による占領と純然たる暴力行為によって彼らを支配している政府の承認に反対し、抗議を行った。

ところがソビエト共産党は、自由な国の連合に両手を広げて迎え入れられ、今や世界の自由人が従うべき法を定める委員会に入っている。

満洲の搾取された農奴やソビエト＝ロシアの従属国の無力な人々の権利獲得という大義は、連盟の関心事ではなく、連盟は単に欧州の力の均衡を保持するための道具に過ぎない。

米国民は、我々の国家と信念の拠り所となっている大原則から、今どれだけ逸脱しているか、政府が国民の同意なしにどのようにプエルトリコ、フィリピン、ハワイを併合し、欧州の帝国主義国家の仲間入りをしたのか、じっくり考えるべきかもしれない。

プエルトリコ住民の意思に反して、米国がなぜプエルトリコを領土としているのか、なぜハワイの防衛を強化し、なぜ何としてでもパナマ運河地帯を防衛しなければならないのか、その理由を熟考すべきかもしれない。

そうすれば、米国民もまた、米国の取った行動に正当な目的があれば手段も正当化され、国の存立はその安全保障戦略上の鍵を握っているかどうかにかかっているという結論に達するだろう。

日本も然りである。安全保障上の観点から満洲国の住民による独立を支援し、彼らの主権の支持と尊重を誓っているのだ。

満洲での日本の一連の行動に反対している者たちは、ワシントンの議会図書館を訪れ、独立宣言文の正本の前に立ち、そこに書かれた偉大なる原則を再度読んでみるとよいだろう。手書きされ、今や人々が賛美する建国の父たちが実際に署名した正本を見れば、独立宣言の持つ一層の力と重みを感じるはずだ。

この聖地で数分瞑想した後ヘンリー・スティムソンの不承認主義を再読すれば、我々がどれだけ迷路に入ってしまっているか容易に理解できるだろう。

満洲国は連盟の裁決に対して上訴しなかった。しかし彼らは、基本法、つまりジュネーブの記念の石壁に深く刻まれ、ワシントンの議会図書館に祀られた法に立脚している。

その主張する独立権、そして三千万の人々が暴政に反旗を翻し、独立を宣言し、自らの方法で平和、幸福、安全を成就する明白な権利は決して放棄されるものでも、失われるものでもない。

自分たちの大義が公明正大であると確信し、権利の保持を決意した人々は、誠実に、かつ払うべき代償も十分知った上で、その力が及ぶあらゆる手段を用いて独立を守り、堅持することを決断し、不退転の覚悟で宣言したのである。

神の御業

誰であれ独裁者の暴圧から逃れようとする行為は犯罪ではなく、不正義でもなく、それどころか正義の勝利である。正義の剣は、様々な方法で様々な人々によって使われている。

フランスが一斉にレイピア（片手剣）を掲げて英国に反対したことで、新しい共和国、米国が誕生し、北部のサーベルが南部の奴隷を解放し、米国が「博愛の名において」鞘から抜き放った剣によってキューバを解放し、世界大戦では連合同盟側諸国の銃剣が欧州の地図を書き換え、そしてサムライの刀が満洲国の独立を回復したのだ。

圧政者による暴圧と隷属状態から西洋人を解放したことが、神の御業(みわざ)として歓迎され、歴史に刻まれているのであれば、三千万の満洲人の解放もまた同じ扱いを受けるべきである。神の御業は誰も傷つけない。

そもそも正義とは何か? 両当事者から主張を聞かずして、どうやって正義を実現できるのか? 判事自身が自らの主張の証人となり、その裁決に対して異議申し立てもできない正義とは本当に正義なのか? 諸条約を解釈する権利は米国政府だけにあるのか? 国際連盟はその規約に違反したという一方的な訴えだけで加盟国を公判に掛け、有罪を言い渡し、その判断は決して間違っていないと言い切れるのか?

連盟は、日本を審理し、有罪としただけでなく、満洲国が弁護のために証拠を提出する権利も否認し、扉を閉ざして、上訴も受け付けない。日本が連盟を脱退し、満洲国が冷淡で偏見に満ちた世界(国際連盟)に対してその独立の主張立証をしても無駄だと判断したのは、至極当然だろう。

法の機能不全

全ての列強大国は、これまでも支那大陸における自国の権益が危険に晒され、その時々の「支那」の政府が危険を回避できない場合、しばしばやむを得ず武力を発動し、軍を常駐させてきた。

暴徒化した群衆の騒乱、外国人の殺害、匪賊による拉致と身代金の要求、そして海岸沿いや川にあふれる海賊による航行の妨害。全て現実に、そして常に存在する危険であり、この無法状態を公認する九カ国条約は、自衛の法則を適用せざるを得ない緊急事態が発生すれば、無視され、追い払われるに違いない。

米国ですら、艦隊や小型砲艦を停泊させ、戦時編制の二連隊と公使館護衛部隊を置いて米国人の生命と財産を保護している。

支那全土に九千人の自国民が暮らし、二億三千万ドルを投資している米国が、その保護のために大がかりな国軍を配備しているのであれば、総額で十四億ドル近い投資をし、米国人の少なくとも二十倍の居留民を抱える日本が、さらに大規模な軍隊を維持していても、当たり前ではないか？

諸外国の小型砲艦が支那国土の河川を巡視し、外国軍隊が条約により開港された主な港湾を警備しているという事実だけで、列強が、「支那」は国家主権も国としての基本的義務を実行する能力も何ら有していないと信じていることがよくわかる。

それでも彼らは、主権国家としての「支那」の存在を確認する厳粛なる諸条約に調印し、国際連盟加盟を認め、それでいながら軍隊を派遣して、主権国家たる支那の国土に戦略的な地位を築き、行政能力もなく国としての義務を果たせない支那政府に対して、自分たちの権益を守ろうとしているのだ。

第十五章　革命に定則なし

再び権限を手にした満洲人

国家主権には免れることのできない根本的な義務が伴う。自由な国や州、省や地方がその権限を中央政府や連邦政府に委任、委譲するということは、そうした省や地方を内外のあらゆる攻撃から守り、確実に安全を保障する義務が、中央政府にそのまま委ねられることになる。

中央政府による保護がなければ、そうした構成体は元の状態に復帰し、有事には自ら必要な手段を取る権利を有する。

では、中央政府や連邦政府が、外国との諸条約、外国による承認、外国の戦艦や軍隊によって人民に押し付けられた場合を考えてみよう。

その中央政府が、統治しているはずの各構成体を内外の攻撃から守るという極めて基本的な義務を果たせなければどうなるだろう。

脅威に直面した省や地方は、当然独立していた元の状態に戻り、自らの権限の範囲であらゆる措置を取り自己防衛せざるを得ない。さもなければ、中央政府を無理強いした列強各国はその義務として、彼らの主義を支持しなければならない。

もし利害関係を持つ外国が介入を拒み、危機に瀕している省や地方に防衛力がなければ、自国の安全保障上影響を受ける近隣の国が、手遅れにならないうちに防衛手段を取る義務を負うのだ。

ジェファーソンはこう述べている。

「危険や破壊行為に対して有事の備えができていないような国に対して、人は反乱を起こすものである。従って権限を委譲されていた国の代表機関が倒壊すれば、権限は人民の手に戻り、人民は結集するか、代理を指名するか、適切と考えられる方法で、無制限にその権限を行使できる。米国民がそうした状況に置かれ、大英帝国との関係を断ち切ることになっても、英国と決裂する権利やその有効性にあえて反対する者は誰もいない」

米国の自由を築いた建国者たちが、専横を極めた英国政府から分離する理由として定めた原則は、世界中どこであれ適用されるべきである。

満洲の人民は、自分たちの権限をいったんは張作霖大元帥に委ねたが、彼は大勢の兵を集めて民衆を服従させ、人々の信頼を裏切った。

しかし、その息子であり後継者の張学良が、日本軍の自衛行為によって追放されたことで、満洲の人々は自分たちの権限を再び手にしたのだ。自由が再び奪われないよう死守するために、彼らがその権限を最善と考える方法で行使するのは当然である。

満洲住民が自由を望んでいなかったという意見は理に適っていない。一九三一年（昭和六年）九月十八日（満洲事変）以前は何ら独立の気配はなく、分離を求める運動が進められたのは、その日の夜以降だったという話は事実ではない。

独裁者（張学良）を倒す企てはあちこちであったが、残忍な手法で弾圧され全て抑え込まれていたのだ。

仮に独立の気配がなかったという話が本当であったとしても、だからと言って人民や政権内部の集団が、自らの安全が確保されると判断したその時に、独立を宣言する権利は奪われるものではない。ほとんどの革命の歴史がそうである。

オランダ独立戦争は、わずか三州がスペインから分離したことから始まった。

米国の場合でも、大英帝国に対する革命の兆しが見え始め、武力による抵抗が予期されていた一七七四年の時点で、「米国内の植民地で独立を願っていた者は一ダースもいなかった」のである。世界中の歴史を見ても、この十三植民地ほど優秀で論争好きな法律家と将来の政治家集団に恵まれた国はどこにも存在しない。

それでも各代表者が植民地間をあちこち回り、集会を持ち、議論し、大陸会議を立ち上げ、完全独立こそが十三州の問題の唯一の解決策であると確信するまでに二年を要したのである。

キューバの自由を求める運動は、マクシモ・ゴメスとアントニオ・マセオ率いる「侵攻軍」が要塞化されたハバナのすぐ手前まで軍を進め、外側に住んでいたスペイン支持者をことごとく殺害するまで、民衆の支持を得られなかった。

そして支那においても、海外在留支那人から資金援助を受けている少数の策略家と革命思想に燃える留学経験者を除けば、清朝を倒した革命とは何なのか、ほとんど誰もわかっていなかったのだ。

国家主権を巡る支那の革命

支那の歴史を振り返っても、「共和制」樹立のための革命は民衆の支持を得られなかった。武昌蜂起は、当時の清朝政府による全土の鉄道幹線国有化に対する省の権利主張がきっかけだった。

清朝政府は、総督制度の下「支那」と称される様々な民族と王朝間の決して相容れることのない違いを表面上は認めてはいた。

だが鉄道国有化は、北京と地方を結ぶことで長年分離独立していた各省の立場を弱体化させ、永久に破壊するものだった。

四川省で住民が省内の輸送網の構築と運営管理の絶対的権限を訴えて北京政府の干渉に反発し、省としての権利を宣言したことが導火線となって、反政府運動は長江を越えて華中、華南へと広がり、広東の策略家によって清朝政府打倒の革命へと変容した。

辛亥革命は「共和制の原則」の確立を目指したものだと言われるが、最初の時点では、清朝政府を共和制に変更しようというような、一致した計画や自発的な運動は全く存在しなかった。

武昌で清朝軍を指揮していた気弱な少将が、寝台の下から銃口を突き付けられて引きずり出され、「共和軍」の指揮を執るよう強要されたという話を聞けば、十分理解できるだろう。

英語だけでなく外国人の考え方にも精通している鋭い広東人は、有能な広報員と宣伝工作員の助けを得て、革命を巧みに共和制運動として広めたのだ。

南京共和制政府から発せられたあらゆる実質的声明文、クーデター宣言、世界に対する訴え文を書いたのは、支那に在留した外国の新聞記者のうちでも最も頭が切れ優秀な宣伝工作（プロパガンダ）の達人だった。

孫文を慕う米国留学経験者の若者数人を除けば、支那人はそうした宣伝活動とは無関係であり、満洲人の時代が終わり漢人の時代が来るということ以外、何が起こっているのか誰も理解していなかった。

支那大陸とバルカン半島の類似点

支那大陸とバルカン半島の政治構造に大きな違いはない。一三八九年にトルコ民族がバルカン半島のスラブ民族居住地の大半を征服したコソボの戦いから十九世紀の中ごろまで、半島の様々な民族はイスラム教徒によって表面上は統一されていた。

しかしオスマン帝国が弱体化し始めるとすぐに、南部のスラブ民族集団はさらに小さな民族に分裂し、ギリシャ、ブルガリア、ルーマニア、セルビア、アルバニアといった新国家がいくつも形成された。

ユーゴスラビアだけを例に取っても、最大勢力のセルビア集団に加えて、クロアチアとスロベニア、モンテネグロ、ボスニア、マケドニア、ヘルツェゴビナ、そしてトルコ、アルバニア、ブルガリア、ギリシャ、イタリア、ルーマニア、マジャール（ハンガリー）といった民族が、互いに憎み合い、その喉元を掻っ切る機会を虎視眈々と狙っている。

ところが、バルカン半島の歴史を全く知らないウィルソンとその顧問団は、単に地図に線を引いて囲ってしまえば、激しく反目する集団同士であってもひとまとめにして統一できると考え、それで欧州の問題を解決したと思い込み、米国へ帰国してしまった。後に残された新しい国々は、目下それぞれ自国の問題で苦悩している。

三百年もの間、大清帝国の強力な支配下で漢民族の小国や王朝は一つの国家として束ねられ、時を経てきた。だが清朝の統治力が消滅し、漢人の軍閥の頭目（袁世凱）が統一国家という「擬制」の延命を図ろうとするや否や、それまでの被支配勢力が結束して彼を引きずり下ろした。

ワシントン会議における「支那」に関する九カ国条約は、欧州の諸民族についてパリ講和会議で犯した過ちを繰り返しただけである。

一人の軍閥の頭目や一つの武装集団、一つの政治的派閥を承認しても、人民同士に手をつながせることはできない。

内乱を止めさせる唯一の方法は、彼らを例え小さくてもそれぞれの理に適った行政単位に分け、欧州と同様に和平協定を締結させてそれに従わせるしかないのだ。

時には、船が航路を外れないよう外部からの監督指導が必要かもしれないが、それはまさに日本が満洲国で行っていることである。

現状を徒に引き延ばすことで基本原則を見失えば、西洋の文明諸国にとっても深刻な結果がもたらされるに違いない。支那全体の混沌とした状況を解決することは、今日の世界の最大の責務である。

清朝を追い出し、共和制を確立したとして広く世に喧伝された一九一一年（明治四十四年）の辛亥革命と、満洲の人民が共和制の軛を外し、満洲皇帝を祖宗の玉座に復帰させた方法には根本的に何の違いもない。

広東の革命派は、四川住民が「省権」を求めて反乱を起こした機に乗じて共和制を宣言し、満洲住民は、日本が自衛手段に訴えた機会を捉えて独立を再び主張した。ただそれだけのことである。日本は、自ら望んだわけではなく、その時の情勢が満洲国の解放者として選んだのである。

辛亥革命以降、支那全土は内紛や動乱によって軍閥割拠のカオス状態にある。元々の個別の民族集団に分かれ、争い、少しでも優位に立って外国の承認を得て他の勢力を武力で抑え込み、支配権を握ろうかと躍起になっている。

それは総督制度によって独立小国を束ねていた帝政が、いわゆる共和制に転換された革命の根本原因を列強国が無視しているからである。

例えばニューヨーク州の住民は、武力を背にしたテキサスの政治家や銃を携えた軍人、シカゴを根城とするアル・カポネの犯罪集団の支配や暴圧には決して屈しないだろう。

それと同じように、満洲人もまた広東の（阿片）密売人による支配を受けず、四川省住民は武器を絶対に捨てず、長江三角州の海賊による苛烈な搾取を黙って受け入れず、湖北、湖南、山東の住民もまた華南の連中には屈服しない。そんなことは決してあり得ない。

陳腐化した諸条約にしがみついて戦乱状態を引き延ばすことは犯罪であり、早晩、条約に固執している本人たちに跳ね返ってくるだろう。西洋による東洋への介入は、「支那は国家ではない」と気付かない限り、愚策でしかない。

第十六章　援護あってこその反乱

テキサス併合の正当性と満洲問題

満洲国の独立は、日本人による働きかけと援助がなければ決して行われなかったと言われており、その点は認める。

しかし、日本の援助が何だというのだ？　米国自体、フランスの支援なしに独立を勝ち得ただろうか？　ホセ・デ・サン・マルティン（注：アルゼンチン出身、南米をスペインから独立させた解放者）は、英国のトマス・コクラン卿の艦隊の援護なしにスペインからチリを解放できただろうか？　サン・マルティン率いるアルゼンチン軍は、チリを効果的に援護し、そのチリ軍が実質的にペルーの解放を達成し、それにはベネズエラのシモン・ボリバルも一役買っていた。コロンビアとベネズエラは、それぞれの独立において互いに助け合い、一致してエクアドルの独立を支援した。ギリシャは、ナヴァリノの海戦の引き金となった不用意な銃撃がなければ、オスマン帝国から自由を勝ち得なかっただろう。

その海戦によって英仏露の三国連合がギリシャを支援することになり、結果、オスマン帝国の艦隊を全滅させたからである。キューバもまた米国の援助がなければ国家にはなれなかったはずである。

ではテキサスはどうだったか？　米国民なら誰でも学校の教科書で、テキサスの自由を求めた戦いと「ローン・スター・ステイト」（テキサス州）の合衆国への併合を勉強するが、メキシコの歴史家は全く異なる見方をしており、その説明は、「米国」を「日本」に置き換えるだけで、「支那共和国」が日本を訴える文章として通用する。

「冷酷で威圧的な連中（米国人）は、土地と交易を貪り、妨害となる権利や法律は一切無視し、故意に隣人から奪取する仕事に着手した。

彼らは契約を破棄し、旅券も査証もなくメキシコの領土に侵入した。メキシコの首都に駐在する彼らの代表は、国内の陰謀を煽動し、暴力で収奪しようとしたものを二束三文で買い叩き、目的達成のためには賄賂も厭わなかった。

米国市民は革命運動に加担し、友好国の政権を転覆させた。米国海軍士官は、平時にもかかわらずメキシコの港湾を占拠し、メキシコの国旗を引きずり降ろし、星条旗を掲げた。

最後には米国人がテキサスで革命を起こし、平和な共和国から州を分離させ、さらに領土を獲得しようと戦争を仕掛けたのだ。それがメキシコ人から見た出来事だった」[12]

米国は、テキサス併合の正当性の根拠として、十九世紀前半のメキシコは秩序が整っておらず、代議制度もない国であり、そうした不安定な時代に現れる安定した政権は、大抵の場合圧政者であったという事実を挙げているようだ。

確かにメキシコは、反乱、対外債務、農民対地主の争いなどに悩まされ、自由や民主主義、自治といった主義をもてあそぶ少数の中産階級に気を取られ、テキサスの資源開発や貿易促進ができなかった。

だが、満洲問題における「支那」も然りである。満洲で日本が果たした役割は、テキサスでの米国の役割と同一であり、しかも日本は保護下の満洲を米国のように「併合」したりはしていない。日本は、長い年月をかけて満洲併合を巧妙に画策し、仕組んできたと責められている。そして満洲の土地の占有を巡って日清・日露という二つの戦争を戦いながら、結局は殴られ、騙されて勝利の果実を奪われた。

しかし、馬賊が横行する満洲の荒れ地に何十億ドルもの投資を行い、今日の繁栄をもたらしたのは日本である。

仮に日本が、満洲獲得のもっともらしい口実を作る時機を待っていたのだとしても、米国によるテキサス併合の狙いよりはるかに考慮に値する正当な理由があったのだ。

米国のテキサス獲得計画は、このメキシコ領土が最終的に米国に併合され、認められる二十年以上も前から、極秘に進められていた。米国の目的は、領土そのものの獲得ではなく、奴隷を使える新たな地域を広げることだった。

そもそもメキシコのような後進国ですら奴隷制度は認められておらず、テキサスに奴隷を入れることは法律上禁止していた。

ところが米国人は、メキシコの土地に大挙して入植し、奴隷制度を作り上げてしまった。米国はついにメキシコとの戦争に突入し、欲する物を手に入れたが、その行為は、ラテンアメリカ全民衆の米

【12】Charles A. Beard "The Rise of American Civilization"(一九三四年、ニューヨーク、The Macmillan Company)

国に対する信仰心を打ち砕いた。彼らはもはや米国の気高い精神も誠意も善意も信頼できなくなったのだ。

大英帝国の役割

ここでさらにパナマの例まで持ち出す必要はないだろう。パナマ運河地帯が米国の安全保障に不可欠であるという理由で、ルーズベルト大統領は、この地を占領し、議会で議論を続けさせている間に運河を完成させた。

少しでも諧謔精神がある米国人なら、ルーズベルトが世界にその計画の概要や目的を説明した内容をそのまま、物覚えのいい日本人の生徒が正確な外交用語で説明しようと苦心している様子を見て、思わず笑ってしまうだろう。

ここで英国人がこの事態をどう考えているのか、見てみよう。ウィリアム・カークパトリック下院議員は、『イングリッシュ・レビュー（英国概論）』の最新号で次のように書いている。

「インドやその他の地域における我々の歴史は、英国の政治家や外交官が成し遂げた功績の連続である。彼らは大小の王朝を復活させ、現地の英国人を通じて友好的に指導し、その国民と英国の利益に合致する君主制の復活を確実に達成してきた。

日本に対する非難は、日本の情報機関と現地外交の手際が良すぎたという不満だろうか？　ではインド帝国のパンジャブやアウド王国、ハイダラーバード、ベンガのナワーブ王朝の例はどうだろうか？

近年のエジプト独立の事例は言うにも及ばない。日本は、そうした英国に対する米国の姿勢と何ら違いはない。

米国は、英国がインドの各州に置いた統治者によって秩序を整えインドを統治したことを承認し、支援した。

日本は、統治権限もなく傭兵の武力と強奪によって満洲を支配していた軍人（張学良）が追放されたことを承認した。その承認はどちらも正当な行為である」

なぜ独立を宣言したのか

満洲の指導者にとっては、好機を目前にして、独立を決断するのに（米国の建国者のように）二年も必要ではなかった。彼らは議論や会議を六カ月で終え、その結果を明確な独立宣言文で表明し、全ての敵に対して満洲を防衛する確固たる決意を示した。

満洲独立の是非を住民投票に掛ければ、政府の形態については意見が分かれたかもしれないが、変革の必要性については完全に一致していただろう。

住民から適法に指名された代表が民意と要望を反映するものであるとすれば、会議に集まり、独立を宣言した満洲国の代表者もまた、住民の心からの自発的要望を表明したことになる。

では彼らはなぜ独立を宣言することになったのか？　人民の権利が侵害されたからか？　だとすればいったい何の権利なのか？

それは国や憲法によって与えられた権利ではない。なぜなら彼らはそうした権利をかつて一度も享受したことがないからだ。彼らが蔑ろ（ないがしろ）にされたのは、人間としての権利である。

米国北部の州の住民は、かつてメーソン・ディクソン線を挟んで南部の同胞と戦った。人間としての権利を完全に無視されていた黒人を解放するためだった。

黒人自身は、自らの指一本動かすことなく自由を与えられたが、実際は奴隷として不満のない生活を過ごしていたようにも思われる。

ハイチの奴隷のように反乱を起こして主（あるじ）を殺害することはなく、真に自由を望んだわけではなく、人間としての権利とは何かを知らなかった。

だが、国の繁栄と真の大国を目指して邁進する米国にとっては政治的に頭の痛い問題を根本から取り除くことが必要であり、そのために黒人たちは権利を押し付けられたのだ。

日本のサムライもまた同じような考えで、満洲住民が従属状態から抜け出せる機会を善かれかしと思い無理やり与えたのかもしれない。そして彼らに独立を宣言するよう知恵を与え、自立を様々な方法で支援し、独立を促したのかもしれない。

しかし、そうした日本人の行為の黒白（善悪）を決める権利を、いったい誰が持っているのだ？

南米の偉大なる解放者シモン・ボリバルも、ベネズエラ、コロンビアやエクアドルの原住民は自分たちの運命に消極的で受け身だと不満をこぼしている。

また南米の各革命政府は「自らの権利の価値も知らない愚かな民」を解放する用意ができていないとも非難していた。

彼は部下の将軍（その一人は、後にボリビア大統領となったアントニオ・ホセ・デ・スクレだったと記憶しているが）と議論中、次のように断言した。

「人民が自由の意味を知らず、自分たちの権利とは何なのかも理解できなければ、我々は彼らに自由を押し付けよう。実際に自由を手にすれば、彼らは喜び、我々に感謝するだろう」

満洲の状況とどこか似ている。大多数の無知な人民は権利の概念を持たず、「自由」という言葉の意味も知らなかった。

彼らは自分たちが抑圧されていることはわかっていたが、情け容赦なく殺されることを恐れて、あえて抗議することも、不当な扱いを議論することもなく、まして結束して反乱を起こそうとはしなかった。

彼らが持っていた義務や恩恵の全ては、人間としての自覚から生まれたわけではなく、軍令や警察の命令、規則によるものであり、人間として主張できる固有の権利は持っていなかった。だからこそ、満洲の指導者たちは、ボリバルや彼の部下と同じように自由を人民に押し付けたのである。民衆の多くはそれが何なのか理解できていないが、暴圧から解放されたことだけはわかっている。彼らは変革を喜んでいるのだ。

もし世界が満洲住民に再び南京政権（蔣介石軍閥）の支配下に戻るべきだと言い張るなら、彼らはその手に持った武器で満洲を焦土と化し、そこに身を埋めるだろう。

判事の資格があるのは誰か？

世の中には、この状況をほくそ笑み、満洲の民衆に独立を押し付けたのは日本人だと吹聴する皮肉屋もいる。

では彼らの言うことが真実だと仮定し、満洲国の住民は、現状では自由な国家制度に適さず、日本が満洲国を巧みに解放したのだという主張を認めたとしよう。

だからと言って、ボリバルと日本の本庄繁陸軍大将（注：一九三一年〈昭和六年〉九月の満洲事変当時の関東軍司令官）のそれぞれ生涯を懸けた事業に何か違いがあるのだろうか？　二人とも搾取されている人々を救うという重大な任務を天から委ねられ、遂行しただけなのだ。

それでも詭弁を弄し、皮肉を言い、世界の新秩序を持ち上げる者たちは、本庄大将が指揮した日本の関東軍が自衛権という原始法に訴えたことは条約侵犯だと言う。

日本の行為によって満洲の人民が束縛を逃れ、独立を宣言できる状況が生まれたにもかかわらず、全て違法であり、日本は自衛権を放棄すべきだと叫ぶ。そしてどんな司令官も、自分に委ねられた権益を武力によって防衛しなければならないような挑発に対して、もはや何ら判断をしてはならない、と言うのだ。

例え攻撃されても反撃してはならず、まずは本国政府と話をし、国際連盟にあらゆる事実を提出し、その許可を得なければ先へ進んではならない、日本は警備を命ぜられた財産を守るべく、必要に迫られて判断を下した忠誠なる将校や部下たちの行動を否認し、名誉を傷つけ、非難しなければならない、と主張するのである。

彼らが行ったことを見ればよい。事実、日本の軍隊は三千万人の満洲住民を北京の遊蕩児たる張学良の支配から解放した。

張学良の父の張作霖は馬賊であり、同じく馬賊の叔父が吉林で実権を握り、一族の兵隊を維持するために満洲の人民から血を搾り取っていた。

だが我々はそのようなことは全く問題にせず、この匪賊の息子を称賛し、好青年だと評し持て囃している。「支那共和国」の共同統治者であり、その右腕となる人物（顧維鈞）が「支那共和国」の外交を担当し、もう一人の腹心（顔恵慶）は国際連盟の支那代表団主席だ。

つまり張学良は我々の仲間であり、だから米国民は彼と結束しなくてはならない、彼は米国から飛行機を買い入れ、アジア最大の兵器工場は米国の製造業者にとって東洋で最上の市場だから、その注文を決して逃してはならない、と言うのである。

日本は、各国公使館のお気に入りである張学良を米国から奪うようなことは決してしてはならず、戦争の法則や軍事戦略は書き換えなければならない。

満洲国の事案にはそれらは適用できないからだ。日本はその行為（満洲事変）の結果を取り消し、満洲国の人民に再びこの愛想良く好ましい支配者（張学良）の軛を掛けるべく首を差し出すよう強要しなければならない。

日本は懺悔し、米国に来て罪の赦しを請わなくてはならない。そうしなければ我々は日本を友好国として認めない、と彼らは声高に叫んでいる。

私は、重大な審判が下されるその日に神の法廷に立って、我々の諸条約は天の法に優先しており、圧政者を権力の座に据え置く我々の条約上の権利は、三千万の生命と自由の権利より勝っているなどと主張するつもりはない。

満洲の人民もまた神の子であり、その権利は全ての神の子に共通の遺産だからである。私は間違っているのかもしれない。別の意見を持っている者もいるだろう。いつか彼らも諸条約を超越する道徳律があることを学ぶ時が来るだろうが、その時では遅すぎる。我々が裁いた通りに、我々もまた裁かれるのだ。

ウェストヴァージニアと満洲国

あくまでも議論のための仮定として、満洲が支那固有の領土であったとしよう。

では満洲の独立と、ウェストヴァージニアが元のヴァージニア州から州憲法に違反して分離し、合衆国に加盟したことの間に根本的な違いがあるだろうか？

南北戦争の最中、ヴァージニア州の多数派は合衆国からの脱退を決議したが、州西部を中心とする少数派は、その脱退は無効だと宣言し、それまでの政府とは別に、ヴァージニアの真の政府と称するものを設立した。

そのウェストヴァージニアからも代表として上下両院議員がワシントンに送られたが、連邦議会はその政府をヴァージニア州唯一の合法的政府と認めたのである。

この前例に倣えば、満洲国の少数派が多数派に反対して同じような行動を取っても何ら問題はないはずだ。

満洲住民は決して「共和制」に賛成しておらず、「共和制」の統治下に入ったこともない。「支那共和国」というものは存在していない。

憲法もなく、一つの国を他の国に縛り付けるようなものは何もない。満洲人は満洲人であり、清朝皇帝、皇族、王族そして旗人は、彼らの権利を確認した厳粛で拘束力のある協定に基づいて、依然として満洲の地の所有者である。

仮に、張学良は満洲における権限を南京の蔣介石政権に委ね、従って満洲は「支那共和国」の一部になり、満洲人民の大部分を占める漢人はそれを望んでいる、という主張が有効だと認めたとしよう。そしてこの全くのこじつけを三千万の自由を求める基本的権利の問題に当てはめたとしよう。

だが、彼らの説明が証拠として採用されたとしても、その主張は「支那共和国」による基本法違反の前に直ちに取り消されてしまうのだ。

ウェストヴァージニアの事例からわかることは、多数派がその意思を少数派に押し付けられないのであれば、基本法、つまり憲法に忠実な少数派が多数派を抑え、人民を束ね、その権限委譲を受けられる政府が誕生するまでの間は、自らの政権を立ち上げ、独立を宣言し、堅持して構わないということである。

これだけではない。ウェストヴァージニアの場合、この少数派の政府は連邦政府の武力支援も受け、やがて多数派も取り込み、州都をアレクサンドリアに移し、さらに南北戦争の終結時には連合側の首都だったリッチモンドへ移したのである。

いわば、少数派が武力によって多数派に民意を押し付け、分離独立した他の革命と全く同じなのだ。満洲国の少数集団もまた「支那共和国」は存在しないと考えている。

支那の南京政権（蔣介石軍閥）は最大の軍隊を保有する軍閥にすぎず、略奪者の張学良と手を組み、基本法を犯している。

馬賊だった父親の張作霖は人民から権限を奪ったが、息子もまた民意を無視している。だから張学良の行為を否認し、彼の決定を無効にする権利があると主張できるかもしれない。

ウェストヴァージニアが行ったのはまさに同じことであり、ただ異なる言葉で表現されただけなのだ。そうであれば、満洲国の少数派がほとんど同じ状況で自分たちの忠誠心と独立、中立を守ろうとしている権利を、米国民は誰も否定できないはずである。

第十七章　虚構の国家

支那の共和制の意味

結局、満洲人民は何から分離したのか？　彼らは、決して張学良率いる馬賊集団（軍閥）の寡頭政権から「分離」したわけではない。

単に張学良の支配から「脱出」しただけであり、「支那共和国」から分離したと言われているが、「支那共和国」は存在していない。

支那の圧倒的大多数の人民は、「共和制」が何を意味するのか全く知らないのだ。九割六分の人間は読み書きができず、自分の権利という概念もなく、自治の方法を知らず、民意や要望を確認する選挙制度もない国は、太古の昔から支配者の餌食となり、民衆が権利のために戦い、命を捧げることは決してなかった。

そのような支那を執拗に「共和国」と呼ぶこと自体が我々の知性への侮辱ではないだろうか。どんなに贔屓目に見ても、「支那」は機能不全に陥った封建制度の末期である。条約で開港された港から十里も奥へ入れば、そこは二千年前と何も変わっていないのだ。

そして住民も、明らかに異なる多様な民族で構成され、その違いは欧州の北欧民族と地中海民族の違い以上に大きく、方言や言語も全く異なる。

彼らには自治能力もなければ、共通する国民性というものもわからず、独立への願望もなく、子孫を増やし、飢え死にさえしなければ最貧の生活であっても、誰が支配者であろうと関係ない。

こうした何億という人間が、教育訓練も受けず、適性も伝統もなしに自治という壮大な実験を始めたわけだが、実のところ彼らの生存権は、その一帯を自分たちの「糧」として支配する軍閥の頭目や軍事独裁者の気まぐれに委ねられている。

我々があまりに性急に「支那共和国」を承認したことで、その時は穏やかで不満のない生活ができ、近代的兵器や戦争には関わり合いのなかった大衆を、実際の行政経験もなく、人民を自治へと導く資格も能力もない連中に任せてしまったのだ。

実証もされてない理論を意味もわからず声高に唱える彼らは、何世紀にもわたる略奪によって、官吏とその一族を裕福にすることだけを代々の稼業としてきた。

米国民は、読み書きもできない四億の民族が、一夜にして共和国市民としての義務を負うだけの能力を獲得し、政治的に進歩した段階に到達するという奇跡を信じているとしか言いようがない。

そして実体のない民主主義の紛い物を仲間として両手を広げて迎え入れ、「我々の偉大なる姉妹共和国」と名付けているのだ。

人道主義に反する行為

米国民は、西洋では何世紀もかけてゆっくり政治制度が発達したことを忘れている。そしてその過程での出来事は何であれ、我々の先達が精神性と伝統的な闘争心を失わず、安易に不正義におもねることなく、権利が踏みにじられるのを見過ごさなかった結果であるという事実を無視している。

大清帝国は、実際のところ無力無能で、天命も使い果たしたが、それでも無防備の獲物から肉を食いちぎり、血の最後の一滴まで吸い尽くす強欲な怪物や吸血鬼の大群よりは、百倍も統治の資格を持っていた。

共和国の仮面を付けて以来、支那の政治的なレベルはどんどん下がり、今や完全な無政府状態となり、人々は強欲な独裁者の奴隷となり、踏みつけられている。彼（張学良）の無慈悲でためらいもない様は、獲物をしとめた空腹な虎でも敵わないだろう。

例えば最近、農民に税金の二十七年分の前納が課された地域すらあるのだ。連盟の調査団報告書の付属書類一五九頁には、もっと直截的に記載されている。


「筆者は、近年において、在満の役人（張学良政権）ほど破廉恥なやり方で、政府が長年にわたって冷酷かつ組織的に人民から富を搾取し、租税を取り立てている事例を知らない。

最も貧しく負担できない人民に対して重税を強い、それでいて奪取と引き換えに実質的に何も与えない方法は甚だしく破廉恥である。端的に言えば、役人による言語道断の強奪であり、その範囲と影響は計り知れない」


同じ筆者は、結論としてこう書いている。

「……一九三一年九月十八日時点で満洲において流通していた支那の貨幣事情はあきれるほどひどく、これは支那の官憲がその管轄下において、人間らしい扱いを求める最貧の何百万もの人民に対して最も悪質な行為を行っているという反駁不能な証拠となる」

犠牲にされた自由

これらの引用は、奇しくも満洲国の独立を正当化しており、支那全体の状況を象徴している。「共和制」とは名ばかりの政治の下で、五億の人々は、国の事柄を決める何ら投票権も発言権も持っておらず、選挙の実施など聞いたこともなければ議会もない。支配権を巡って飛び交う弾丸、銃剣、爆弾が、「愚かなる民」の支配者を決める投票の代わりなのだ。

二、三十年以上も昔であれば、こうした不法を説明するだけでキリスト教国家は驚き、窮状からの解放を訴える声に心を動かされ、憤り、残忍な行為を止めさせただろう。

しかし今や、最貧の小作人らの苦痛の叫びや正義の祈りは第一次世界大戦の恐怖にかき消され、連盟規約と諸条約に書き込まれた人道主義や国家の新しい概念によって、文明国の耳には届かなくなった。

政府の一番の責務は国民への食糧供給だが、支那の支配者のそれは、人々を無理やり服属させ、反抗すれば殺害するのに必要な兵器を購入することだ。

そして偉大なるキリスト教国家である列強各国は、あらゆる外交手段を駆使して、支那の軍閥に殺人用の道具を売り込み、その注文を獲得しようと必死である。ウィルソン大統領は、かつてこう述べた。

「米国は、どの角度から見ても、物質的利益が人間の自由や国民の利益に優先されることのないよう監視することが、友好国としての義務の一つと捉えなければならない」

この高邁な原則と、米国が今支那で行っていることとを一致させられるものなら、やってみてほしい。西欧の国々は、自分たちは良いことをやっていると自負しているが、その自称人道主義国家によって世界で最も非人道的な事業が着手され、恒久化されようとしている。

そして彼らは、自分たちが作り上げた巨大な怪物（支那）からその一部である満洲ができる限りの方法で逃れ、貧窮の状態を脱しようとしていることに、こぞって反対しているのだ。

連合規約のない支那国家

こうした明白な事実があるにもかかわらず、多くの米国人記者は、満洲国が「支那共和国」から分離したのは、一八六一年に当時の米国合衆国（ユニオン）から南部の諸州が脱退したのと同じで、法的に無効だと主張し、満洲国を「取り返す」まで決して眠らない、と宣言した華南の支那人を力付けている。

彼らは、満洲国の独立権と主権を否認し、想像上作られた支那の架空の領土的一体性を維持するための武力発動を合法化し、正当化するもっともらしい理由として、この米国を例えとする合衆国（ユニオン）と連合離脱の無効性の理屈を持ち出したのだ（注：当時リンカーン大統領が就任演説で、合衆国、つまりユニオンは完璧な連合であり、連合規約は憲法として拘束力のある契約であり、そこからの脱退は無効であると述べたことを指している）。

自らを「自由で独立した国家」として宣言し、「連合規約」の下に連合を形成した十三州植民地と、元から独立した地位にある支那の十八省の間には何の類似性もない。

「主権国家」とは、リンカーンが定義したように、「政治的に勝るもののない政治共同体である。テキサスを除いて、米国のどの州もかつて主権国であったことはない。各州は合衆国、つまりユニオンの構成州としての地位はあるが、それ以外の法的地位はない。従っていずれかの州の連合からの離脱は、法に違反し、革命によってのみ可能だ」ということである。

どう想像力を膨らませても、米国の合衆国の理論を支那の各省に当てはめることはできない。支那には連合規約も憲法もなく、省を中央や連邦政府に服属させる取り決めが主権国家間にあるわけでもない。

いずれも自由で独立した省であり、伝統的な自治権の上に確固として存在し、中央権力への服従を強要するいかなる試みにも武力で対抗する。

彼らは、その自衛権行使は列強各国が承認した政府に対する反乱行為だという主張を否認し、あくまでも自分たちの省と承認政権との間の支配権争いに過ぎないと考えている。

具体的に言えば、外国が承認した政権（蔣介石国民党軍閥）が外国艦隊と砲艦の援護の下、外国が監督する税関で貨物を差し押さえ、政権の金庫に入れている税収を、本来その港湾を管轄し、徴収権のある各省が取り戻す闘いなのだ。

こうした小国や省は、ただ圧倒的な兵力によって、外国が承認した派閥（軍閥）の隷属下に置かれているに過ぎない。

主要都市の駐留軍によって人々は服従させられ、重税を課され、取り立てられ、被支配国となっているのだ。征服者がその警戒を緩めればすぐさま、人民は歴史の教訓に忠実に、一気に蜂起し、迫害者たちを皆殺しにするだろう。

第十八章　第一原理の否認

共産主義者のマグナ・カルタ

列強諸国が一人の軍閥（蔣介石）を支持し、彼による兵器や弾薬、爆弾、爆撃機、その他の軍需物資の輸入を合法化し、彼が支那全域を支配するのに必要な時間を与えれば、五億人は不幸な運命から逃れることはできない。

彼が最終的に覇権を確立すれば、この時代で最強の軍人政治家、東洋のナポレオンになるだろう。言うまでもなく、列強の承認を得た蔣介石は、自分の独裁支配を合法化し、恒久化する米国の不承認主義を支持しなければならない。

そのため「正式な支那」とされる蔣介石軍閥の広報担当官は、最も重要な法である基本的人権を無視することになるとしても、不承認主義には絶対反論できないのだ。

だからこそ世界の人々は、「支那の人民」の立場に立った意見を聞くことがない。支那の民衆は、自由を愛する西洋諸国からは何の同情も配慮も受けられない。

国際連盟規約と通商権益を人間の権利よりも優先し、その主義を恒久的な九カ国条約と国際法に仕立て上げたのは、そうした国の政治家連中である。

条約に拘束されないどこかの国が代わって干渉しない限り、支那の民衆は、我々に追い込まれた地獄から這い出すことはできない。

ところが今、その干渉がなされようとしている。列強各国が昨日までは極めて有害で受け入れ難いと考えていた源泉（共産主義）から生まれた国を、今になって途端に不用意に迎え入れるとは、国家の道徳も大きく崩れたとしか言いようがない。

混乱と不満が渦巻いた情勢に乗じて、共産主義を植え付けようと企むソ連が、我々の面前で支那の擁護者、救世主の仲間入りを果たしたのだ。

支那の総人口の四分の一が、今や共産主義の信奉者である。広大な一帯で、赤地に鎌と鎚が描かれたソ連の国旗が国民党の青天白日旗に代わってはためいている。

そんな状況にもかかわらず、我々はソ連に好意を示し、称賛すらしながら、一方で日本が満洲国の自治を助ければ歯ぎしりするのだ。

しかし中心となる支那の集団が、彼らを苦難から救うと約束した日本の政治指導を受け入れたことを米国民は責められない。飢えて絶望した民衆は、政治が何たるかも知らないのだ。我々の自己否定的条約が、支那の民衆をここまで追い込んだのである。

我々は存在していない国に勅許を与えた。何の準備もできておらず、それを守り、実行する能力もない民衆に「権利法典」を授けたのだ。

支那人によって自由・自治の共和制国家を樹立させようと策定された九カ国条約は、共産主義者のマグナ・カルタとなり、支那という国をゆっくりと、だが確実にモスクワの属国へと変容させている。

真実に対抗できない擬制

ところが、それでも米国民は支那を共和国と呼ぶことにこだわる。かつての「支那帝国」という名称ですら間違いであり、地図製作者の誤りである。

支配者は「支那皇帝」と呼ばれていたが、本当は「満洲皇帝」であり、その国は満洲の地を祖とする大清王朝が支配した大清帝国だった。

遼河の下流地帯を除いて、満洲が支那の一部であったことは一度もなく、もちろん支那に属したこともない。名前が示すように満洲民族の土地であり、過去三百年にわたって支那が満洲帝国の一部となっていたのだ。

「支那共和国」という名称は、諸外国が支那との外交関係を促進し、支那に国際関係の処理や対外債務の履行を求めるためには中央政府一本の方が好都合だという理由だけで、真実とみなされた外交上の「擬制」(創作)に過ぎない。

だが擬制は真実に対抗できない。真実があれば、擬制は成り立たない。あくまでも便宜上、真実より擬制を優先させることに同意したがために、列強各国は、真実を犠牲にして擬制を支えることに躍起となっているのだ。

彼らは自らをごまかし、嘘の上に多くの条約を締結し、今や手を引くことも自分たちの間違いを認める勇気もない。支那が統一された国家であるという見せかけを本物らしくするために、毎年無辜(むこ)の何百万もの人間が犠牲になっているにもかかわらず、茶番劇を最後まで演じ通さなくてはならない。

一部の民衆が支那の軍閥の暴政から逃げ出し、自らの政権を確立する権利は、諸条約によって否認され、彼らは、諸外国が最も処しやすいという理由だけで承認した独裁者（蔣介石）の隷属下に置かれたままである。

法律上の擬制においても衡平法は常に存在し、公正な判事であれば、厳格な法適用よりも衡平の観点に立って判断を下す。しかしこの正義の根本原理すら、満洲国に対する裁決においては無視されているのだ。

第一原理の否認

法律上、「立証責任は訴える側にあり、訴えられる側にはない」というのが通説である。日本がいくつかの条約に違反し、違法な方法、つまり武力で満洲国を独立させたのだと主張する連盟と米国は、いかなる条約にも違反していないという日本の反論を無視し、裁判にかけた。そして日本の主張はおろか、満洲国という新国家の樹立に関する基本的な事柄も何ら考慮せずに裁決を下し、有罪を言い渡した。

外交上の擬制に過ぎない「支那共和国」を延々と真実に見せかけるために、米国民の自由という概念に含まれているはずのあらゆる教訓や原理、原則までも無視したのだ。

本来あらゆる物事は、人間の生命と自由のためにあるべきだが、この最も根本的で否定のしようのない原則ですら、満洲国の人々には認められていない。

米国民は、満洲国の人々は自分たちの統治者の下で自由と幸福、繁栄を望むよりも、支那の権力者軍閥の支配下での苦難と貧困、隷属を好むのだと教えられている。満洲国の擁護論を述べるために、まずこの点に反論しよう。

「我々に命を与えた神は、同時に我々に自由を与えた」。神は、恵みを受ける者を選別しない。人を選ばず、足元（世界）のわずかな部分も神の恵み豊かな国としてより分けてはいない。法、自由そして権利の原理は、肌の色が白、茶、黒、黄そして赤であれ、神の子全てに等しく適用される。

いずれかの人種が、神の恩寵の独占を主張し、他の人種の等しい権利を否認するなら、それは彼らの文明の根本原則の否定であり、信仰を裏切るものである。

にもかかわらず、それが今満洲国で起きている。米国は、政治的な事情や通商上の都合に合わせて自らが作った法律と諸条約を、神の法や自然の法則に勝るものとし、小学生でもわかるような作り話（擬制）を支えるために、満洲国人民の自由権を無視している。

米国は支那との交易において機会均等を要求し、米国の主義に基づいて最大の利益を得るべく支那の領土を保全し、支那の多種多様な省の住民の機会均等を否認している。

彼らにも米国民と同様に、独立という目的のため、米国民の自由が確立されたのと同じ公正な原則に訴える権利があることを米国は否定している。

だがその原則を擁護するために必要であれば、我々もまた建国者たちがしたように生命を投げ出すだろう。

第十九章　判事の中立性を問う満洲国

必要性の前に法は存在しない

「第一原理を否認する者とは論争できない」という古くからの法の教えがある。そのため、満洲国は国際連盟と米国の一方的な裁決に対して自らを弁護しようとしない。

リンカーン大統領の国務長官を務めたウィリアム・スワードは、かつて「憲法よりも上位法がある」と述べた。満洲国もまた国際法より上位法があると考えている。人民の幸福こそが最高位の法なのだ。

その根本原則に則って、日本は国際連盟規約、九カ国条約、そして不戦条約に定められた国際法は自然法と相容れず、無効だと宣言している。

諸条約も調査団報告書も満洲国の人民から独立の権利を奪ってはならず、奪えるものではない。その独立がどのようにして、いかなる手段で達成されようと関係ないはずである。

三千万の満洲人民は、軍閥の頭目（張学良）の奴隷だったのだ。教養も武器もなく、餓死寸前で恐怖に怯え、残忍な監視人の意のままにされていた弱者の彼らが、機会に乗じたとは言え、とうとう立ち上がり、人間としての権利を訴える勇気があったとは驚きである。

一九三一年（昭和六年）九月十八日までは、反乱を起こし、圧政者を倒す好機はなかったのだ。四十万人以上の兵によって押さえ付けられた状況で、どうすれば自発的革命を起こせようか。

彼らが自らを解放するために、どんな機会であれ、それを利用したのは当然であり、必要性に迫られたということ自体が正当な理由である。

彼らの人間としての権利を守るためにやったことは何であれ適法であり、不合理な国際法を作ることになった法律や条約といえども、隷属を逃れるためにあらゆる手段に訴える権利を彼らから奪うことはできない。

必要性を考えれば、一連の法律、つまり他の場合なら違法とされる行為を適法としているような法など意味がなく、必要性の前に法など存在しない。

承認は米国人の責務

満洲国の三千万の人民は、切迫した必要性にかられ、国際連盟と米国が解釈を加えた法を意味がないと判断し、他の人々が享受している自由の権利が、自分たちにはないことの立証責任を連盟と米国に課している。

満洲人民は、自分たちが納得できる形で自治を行う権利をなぜ得られないのか、その理由を述べるよう判事に求めている。

なぜ世界の中で彼らだけが、悪政、抑圧、不正義に反抗する権利を認められず、よそ者である軍人（張学良）の支配下に留まるよう言い渡されなければならないのか。

満洲国は、承認を求めるほど落ちぶれてはおらず、その目的のために米国や他の国で宣伝工作（プロパガンダ）活動をしたり新聞広告を出したりもしないだろう。外国の承認は、自明の理となって事実確認すら余計で馬鹿馬鹿しくなった頃に受けられるのかもしれない。

だが最初の承認は、新国家を不条理に非難し、拒絶した国、つまり米国から与えられるべきだ。世界の自由民に対して自分たちの立場を主張するのは、満洲人民の責務ではなく、彼らを有罪とし、罰し、葬り去った者（米国）たちの責務である。

彼ら（米国）は全ての法、進歩、文明の基礎となる万能で永遠の大原則になぜ背いたのか、自らを弁護しなければならない。

第二十章　いたるところに傀儡政権

主権国家とはいったい何か

世間（欧米列強の報道機関）は、執拗に満洲国を「傀儡政権」と呼んでいる（注：現在の中華人民共和国も満洲国といわず偽満洲国といい、中国東北部という。満洲国の存在を認めない）。

満洲国の指導者たちが行政能力に欠け、当初から新国家の組織作りに日本の専門家の友好的支援を受けていることは認めよう。

しかしその事実が満洲国は傀儡であるという証拠なのだろうか？　今日世界中にいったいどれだけの傀儡政権があるのだ。完全な独立と列強国との完全平等を主張できる小さな主権国家がいくつあるというのだ。

中南米やカリブ海でいったいいくつの共和国が米国に占領されているのか？　大英帝国連邦の独立した国々は、現状で果たして完全に自由な行動ができるのか？　インドは自治独立国が構成する国際連盟の加盟国だが、それでも英国の傀儡ではないのか？　小協商諸国（注：第一次世界大戦後、チェコスロバキア、ユーゴスラビア、ルーマニア間で成立した同盟）が、同盟国であり保護者であるフランスに相談し、了承を得ることなく、重大な方針を決められるのか？

独立した主権国家とはいったい何なのだ？　エドマンド教授はこう述べる。

「一主権国家がある地理的地域で覇権を掌握することを認めてしまえば（全ての列強国について認められているのだが）、独立の権利について話をするのは馬鹿げている。

この二つの言葉は、全く相容れない。覇権状態は、その覇権国に自由裁量権があることを暗に示しており、略奪という原始的な権利を伴う。そのため米大陸の小さな共和国は、ひとつ、またひとつと米国の属国へと地位を落としている。

独立権とは今も、そしてこれまでもずっと、せいぜい最強国の権利なのだ。今日世界中で、金を借り入れるかゆすり取ることができる国は全て武装陣営であるというのが、この真実から導かれる当然の帰結である」

人形芝居の資金

「支那共和国」の国民党政権（蔣介石軍閥）は、外国が管理する関税と塩税収入なしには、片時も権力を維持できない。

支那沿岸や河川から外国艦隊や砲艦が撤退すれば、各省の軍閥がそれぞれ独立を宣言し、領域内の港湾を占拠し、徴収した税を勝手に使うだろう。支那は、何人もの人形遣い（欧米列強）によって操られている傀儡である。

世界の他の地域では、反乱や革命運動の成功のかなりの部分は、反乱軍が港を占拠でき、承認政府から関税収入を奪えるかどうかにかかっている。

支那は、その権利が債権国によって否認されている唯一の国である。外国の戦艦が税関の守衛として省政府の介入を阻止しなければ、支那共和国（蔣介石軍閥）は本来の地域に分裂し、それぞれが完全な独立を主張するだろう。

しかし各国の砲艦が配備されているのは、支那の多種多様な人民による独立権行使を憂慮しているからではなく、関税収入を担保とした対支借款の利払いを確保するためである。

ところが米国はそうした対支借款を行っていないにもかかわらず、欧州各国と同じように軍艦を停泊させ、独立を宣言する省政府に税関を占拠されないよう見張っている。

対米債務の支払いを拒否し、返済を先延ばしにしている国々の対支借款の担保となる関税収入を、米国戦艦が間接的に確保しているとは、何ともおかしい話ではないか。

支那に停泊する米国砲艦

支那海域における海軍列強国の巡洋艦や砲艦の存在は、支那に住む各国市民の生命と財産保全、また沿岸の野放図な海賊行為に対する唯一の防衛手段として必要不可欠である。

だが、そうした合法的役割を逸脱して、支那税関を防御し、独立を宣言する省政府による占拠を阻止することになれば、外国軍艦は武装した借金取立人に変身する。

同じ海軍国であっても、債務の返済が滞っている支那鉄道や現地企業の保護のために陸軍を上陸させることには躊躇（ちゅうちょ）するだろう。だが彼らは、それ以外の借款については担保保全に海軍を使うことに何の罪の意識も持たない。

アルゼンチンのドラゴ外相が出したドラゴ・ドクトリン（一九〇二年〈明治三十五年〉）は、南米諸国に対する債権回収のために列強は武力を行使できないと宣言したものであり、南米各国は諸手を挙げて賛成したが、米国もこれを支持している。

この原則もまた世界の他の地域では優れた法、慣行となっているにもかかわらず、支那には適用されないのだ。

南米諸国からの借金取り立てに武力を発動しない米国政府が、自国は支那の関税を担保とした借款は行っていないにもかかわらず、支那への砲艦配備をどうやって正当化できるのか？

この点を突き詰めれば、米国の軍艦が支那の港に停泊している本当の理由は、欧州の債権者のための担保保全ではなく、支那の領土的、行政的独立を無傷で維持し、米国が唱える門戸開放主義を実行することにあるのだとわかる。

米国は、厳粛なる九カ国条約の下に、支那の領土的、行政的一体性の尊重を謳い、安定的で実効性のある政府を確立するために必要な時間を与えることを約束した。そして最も御しやすい軍人を拾い出し、軍艦と大砲で脅して徴収した関税を彼に譲り渡している。

一方で、他の派閥や省、地区に対しては、間違いなく彼らが持っているはずの、独立を宣言する権利、領域を通過する輸入品から収益を得る権利を認めない。これが支那への内政干渉でなければ、いったい何と呼べばよいのだ。

南京を見ればよくわかる。外国人の顧問団が国民政府（蔣介石軍閥政府）のあらゆる部局にあふれている。国際連盟から大量に派遣された専門家は、政治や金融、法律、公衆衛生、教育といった近代国家としての最低限必要な仕事の基礎を教えるべく、先を争うように計画ばかり立てている。

長江沿いで繰り広げられている人形芝居の背後では、その芝居を続けるための資金を確保すべく外国の軍艦がゆっくりと煙を上げながら、長江を航行している。

そうした光景を見ながら、外国の新聞記者たちは、満洲国を誹謗中傷し、嘲笑し、その統治者（満洲国官吏）を愚弄し、祖国の救済を求める愛国者たちの名誉と尊厳を傷つけている。

満洲の指導者たちは、自分たちの経験不足を認識しているからこそ、少なくとも彼らが必要とするものを理解している隣国（日本）から援助を受けているに過ぎない。

彼らは、途方もない困難に直面し、計り知れない障害を抱えて、唯一手が届く経験者（日本）の助けだけを頼りに精一杯の努力を続けているが、経験に乏しく孤立をしている。そうした人々に対して、外国（欧米列強）の記者たちは敵意をむき出しにしているのだ。

第二十一章　条約に違反していない満洲国

米国が満洲問題に干渉できる唯一の根拠

日本の在満権益保護のために関東軍が武力を発動したこと（満洲事変）が、日本の条約侵犯だと証拠を挙げて説明することは可能だが、日本に罪があるか否かについては異なる意見がある。だが議論を進めるために、日本がいずれかの条約に違反したと仮定しよう。

問題になるのは日本が署名をした条約の相手国はどこなのか、という点だけであり、満洲国の人々には何ら利害関係がない。少なくとも満洲国はどの条約にも違反していない。

九カ国条約のどこにも、支那のいずれかの党派や省、地区が武力によって承認政府から独立を宣言し、維持することを禁止した定めはない（第七条、締約国ハ其ノ何レカノ一国カ本条約規定ノ適用問題ヲ包含シ且右適用問題ノ討議ヲ為スヲ望マント認ムル事態発生シタルトキハ何時ニテモ関係締結国間ニ充分ニシテ且隔意ナキ交渉ヲ為スヘキコトヲ約定ス）。

独立宣言後、満洲国が日本と相互防衛のための同盟を結んだのは事実だが、それは満洲国が何らかの法律に違反したことにはならない。

なぜなら一九二五年（大正十四年）、（孫文の死後、汪兆銘が）広東国民政府を樹立し、北京の段祺瑞政権から独立を宣言した際、独立維持のためではなく、支那全土の掌握、制圧のためにソ連と秘密同盟を結んだという明白な前例があるからだ。

このボルシェビキをモデルとした広東の革命者集団が支那中央部を統治し、すぐさま列強各国によって承認された事実は、もう一つの法律上の先例であり、これに倣えば満洲国が日本と防衛同盟を調印したことは何の問題にもならないことは明らかだ。

英仏が共同で武力介入し自分たちの権益を保護しようとした時、米国が協力を拒絶したことは事実である。

しかし、ソビエト=ロシアが北京政権打倒のために、公然と広東の国民革命軍と手を結んだにもかかわらず、成り行きに任せ、何ら行動を取らなかった米国には、満洲国と日本が共産主義の脅威を阻止すべく同じように防衛同盟を結んだことに異議を唱える資格はないのではないか。

米国が満洲問題に干渉できるとすれば、その唯一の根拠は、日本が九カ国条約の署名国であり、ソ連は署名国ではないという点だろう。米国はロシアに何も言えず、その行動を制止できなかったが、日本に対してはあらゆる外交力を駆使した。

それが、九カ国条約はソ連に対しては好きなように振る舞って良いという魔法の道具の勅許状となり、一方で日本の自衛権を禁じたもう一つの裏付けである。米国の態度は、然るべき法に則っているのだろうが、差別的であり、挑発的である。

以上が、日本は九カ国条約に違反したとする説明だが、ここでひとつの事実を提示する。

一九二七年（昭和二年）春、英仏両政府は、九カ国条約第七条の定めに則り、条約の適用が必要と考える事態が発生した（上海クーデター）として、締約国間の十分かつ率直な交渉を要求した。

当時、長江一帯の各国市民の生命と財産が重大な危機に瀕しており、英仏は、米国政府に対して列強国の権益を保護すべく共同武力干渉への参加を要請した。

そのままでは、支那民族主義の旗の下に広東から押し寄せる共産主義者ら群衆によって、南京の悪夢（蔣介石軍閥の北伐時に起きた支那兵の暴虐事件）が再現され、あらゆる外国人が撲殺され、夫人らが凌辱される危険があったのだ。

我々米国民は、南京での暴動の詳細、ましてや米国人女性がどれほど屈辱的な目に遭ったのか全く知らされていない。被害に遭った宣教師たちが真相を覆い隠していたからだ。

しかし、その出来事の記憶がまだ新しく、同じような排外襲撃が起こる可能性があるにもかかわらず、米国政府は英仏への協力を拒み、武力介入の必要性を認めなかった。

他国の全面的な協力がなければ、列強一国で支那に対する討伐的行為や、武力誇示を行うことはできない。わざわざ端緒を開いても、他国によって踏み台にされ、その利益追求に利用されるからだ。

そのため結局英仏は、共同介入を断念せざるを得なかった。

効果を失った九カ国条約第七条

こうした計画は、一国から他国へ内密に提案することすら難しい。すぐに支那に情報が漏れ、介入を示唆する国に対する不買運動と報復暴動へと発展するからだ。

従って、例えそれが米国の意図ではなかったにせよ、一九二七年（昭和二年）に共産主義者の脅威に対する共同軍事介入への協力を拒んだ米国は、その後支那で当然のように起きた類似の事態を容認することになった。

それは、九カ国条約の他の全ての署名国に、米国に関する限り、第七条の発動は何ら効果がないとする通知を発送したようなものだった。

第七条を発動しても、列強間で交わされた提案の中身を支那に知らせ、発案者となった国に報復させることにしかならないからである。

米国政府が、英仏の提案を承認も同意もしないのであれば、日本から同じような提案がなされても決して認めないはずだ。米国がどう考えようが、結局我々は支那の共産主義者の味方であると解釈されるだろう。

支那の国境沿いに共産主義勢力を拡大し、日本の存立が脅かされている現状で、手遅れにならないうちに日本がやむを得ず行動することになった場合、日本はどこまで九カ国条約第七条の定めに拘束されるのか、日本の存立が非署名国によって損なわれる場合、他の署名国はどこまでその定めを発動させる権利があるのかは、非常に微妙な問題である。

各国の重大な利益が損なわれた一九二七年（昭和二年）に、米国が英仏への協力を拒んだ事実を踏まえれば、一九三一年（昭和六年）にスティムソンが列強に対して対日共同戦線を訴えた時（結局、日本は、英仏が共同事業として提案したことをやっただけなのだが）、英仏が、米国に敬意を表して条約に対する賛同と精神的支援を述べたものの、それ以上のことは何もしなかった理由が理解できるかもしれない。

一九二七年（昭和二年）に米国が英仏に協力していれば、今日、支那全土を脅威に晒している共産主義運動は、初期段階で鎮圧され、おそらく日本も自国の安全を憂慮し、自国防衛手段を取る必要もなかっただろう。

一度に両方を排除しようとしても無理である。満洲問題においては、何はともあれ米国の外交方針の矛盾と利己的な政策によって、米国が同意する見通しがなければ、どの国も第七条を発動し、特殊権益確保のために協調または個別の行為を取ることはできない。

果たして日本は、条約に基づいて、非署名国であるロシアに対する防衛措置を取る前に米国に相談すると誓約していたか否かという点は、後程検討したい。

第二十二章　支那共和国の根本法

いかなる条約にも優先する協定

満洲人民に独立を宣言する権利があることや、彼らの行為の合法性については誰も異論を唱えることはできない。意見の衝突があるとすれば、それは満洲国と支那共和国（蔣介石軍閥）の間に限られる。

その点を踏まえて満洲問題を反対側から見れば、厳粛なる条約、つまり外国との約束に違反したのは満洲国ではなく支那共和国であることがわかる。

支那共和国と清国の皇帝、皇族、旗人との間で調印された清国皇帝退位協定[13]は、満洲の人民にとっては最高法であり、その後共和国と外国列強の間で締結されたと思われる一切の条約に優先されるものなのだ。

一九一一年（明治四十四年）の辛亥革命によって、満洲の清朝は支那住民をこれ以上無理に支配し続けようとすれば騒乱が長期化するとわかり、平和的解決を選ぼうとした。無抵抗な大衆の苦悩を憐れんで、天意に潔く従ったのだ。

西太后が当時発した慈悲深い指令文の一節は、満洲民族の故地の独立に関する今日の問題を人道主義的観点に立って米国や国際連盟、そして支那共和国が解決するためのひとつの指針となるだろう。

「古代、支那の統治者は臣民の生命の保護を重要な義務とし、彼らを導く者として臣民に害を及ぼすことは到底なし得なかった。今日、新たに樹立された政治の形態は、治安回復のために現在の混乱した情勢を鎮静化させることを唯一の目的としている。

しかし、大多数の臣民の意見を無視して、再び内乱状態が無期限に続くのであれば、国全体は回復不能なまでに破壊され、臣民同士で殺戮行為が行われ、悲惨な民族紛争へと発展するだろう。

その結果、我々清朝の皇祖の霊は著しく困惑し、何百万という臣民は恐怖に慄（おのの）くのだろう。その厄災がもたらす結果は到底書くことができない。二つの厄災があれば、我々は少しでも小さい禍（わざわい）を選ぶ。

それが時代の流れ、環境の変化そしてわが臣民の切なる願いを踏まえて清帝がその方針を定める動機である。都の内外を問わず、我が大臣及び臣民は、我が信念に従い、公の理想を慎重に検討し、頑なな自尊心と偏見がもたらす厄災によって国及び臣民が苦しむことのないようにしなければならない」

従来見落とされているのは、清朝一族は、皇帝退位に伴って満洲の旧都である奉天に戻り、支那を征服した偉大な皇祖の玉座に再び座る選択肢もあったという点である。

清帝が一時的であれ、永続的であれ、満洲民族の故地に戻ると決めていれば、辛亥革命によって追

【13】巻末〈参考資料3〉を参照のこと

放されることも、満洲の土地が名目上とはいえ、いわゆる支那共和国に組み込まれることもなかっただろう。

実際、満洲はあくまで名義上支那の一部となったに過ぎず、満洲の人々は故郷に戻ることを妨げられてはいなかった。彼らがそうしなかったのは、必要性を感じていなかっただけである。

彼らは、厳粛なる退位協定の拘束力を拠り所として、革命的解決の絶対条件として共和国の根本法に一体化された退位協定の条件を漢民族の共和国は順守するだろうと信じていたのだ。

今日の国民党の高官がどれだけ退位協定の有効性に異論を唱え、諸外国が自分たちの条約と比べていかに軽視しようとも、退位協定が主権国家間で調印されたあらゆる条約と同様に、当事者を拘束し、神聖なものであるという法律上の性質は変わらない。

段祺瑞（一九一二年当時初代陸軍総長）による上奏文が、清帝退位を決定づけたと言われているが、彼は当時こう述べている。

「御帝が条件を受諾されるのであれば、我々はこの協定をハーグの国際裁判所に登録する意向である」

両当事者による合意は、永遠に双方を拘束し、相互の合意なしには解約も変更も不可能だとされ、協定の写しは、北京の各国公使館に送付されて公式文書として永年保存されたのだ。

支那の保守派の高官であり、この交渉に関わった者たちは全員、大清皇帝との間で調印した厳粛なる協定は、新たな取り決めがなされるまで支那を拘束すると認めている。

今日、共産主義の新しい倫理観が支那全土に広がってはいるものの、この問題の判断を支那の人民に委ねれば、彼らは道義上当然に満洲人民とその皇帝の権利を確認するだろう。

異論があるとすれば、それは協定の不可侵性を主張する東三省と、この条件を断固として否認している華南、広東派との純然たる地域間の亀裂によるものだ。

詩的正義(ポエティック・ジャスティス)の主張

満洲国を裁いた外国の判事たちは、新国家の執政として溥儀(ふぎ)が選ばれたことを厳しく批判し、その後彼が皇帝として当然の地位に就くと、「日本の傀儡」として誹謗し、「支那の裏切り者」として非難し、独り立ちのできない「臆病者」として嘲笑した。

溥儀は支那人(漢人)ではなく、支那に対して何ら忠義を貫く義務はないという事実を誰も考慮しなかったようだ。

溥儀とその祖先は満洲人であり、彼の一族と漢人の共和国が締結した厳粛な合意書において、彼は「外国の元首」として認められ、尊敬されることになっていた。この若者は、満洲民族とその故地の統治者として、法的手段によって可能な限り保護されることが約束されていたのだ。

支那が一方的な行為によって退位協定の定めを免れることが認められる唯一の方法は、溥儀の権利を認め、満洲皇帝に復位させることだった。

ところが共和国の外交方針を指図していた共産化した広東派は、復辟運動(退任した溥儀を復位させる運動)を促すものだとして退位協定を一方的に破棄したのである。彼らの懸念は事実だったかもしれない。

広東の革命派たちは、「共和的理想」を決して認めようとしない東三省が清朝への忠義を取り戻すかもしれないと絶えず恐れているのだろう。

溥儀が今日生きて代々受け継がれてきた玉座に就いたのは、支那人(漢人)たちが約束を守ったからではなく、日本の租界に逃れて暗殺を免れたからである。

日本が溥儀を守ったのは、どこか時機を見て彼を利用し、新国家の統治者とするために満洲の地に送り込むためだったのか、それとも全て「天意」に従ったことだったのかは、支那や西欧諸国には関係がない。

支那の共和国は、溥儀から祖先の遺産も住居も国も奪い、排除すべくあからさまな謀略を巡らせ、一方の溥儀は支那から何の恩も受けていない。

西欧の世論にしても、もしこの点について何らかの興味があるとすれば、道理と正義に則って考えるべきであり、君主制に対する偏見や反対意見に惑わされてはならない。

溥儀自身、どうやって天津を離れ、満洲に入ったのかその経緯を話している。

彼の話の真実性を疑い、依然として彼は日本人に拉致され、駆逐艦に乗せられ、日本軍の護衛の下に大連に送られたという話を信じる者がいるなら、結局のところ、それはあくまでも「詩的正義」(注:因果応報といった意味の文学形式のこと。ここでは満洲を日本の傀儡政権とする結論から見て経緯も日本の策略によるものだっただろうという類推)に過ぎないと認めざるを得ないだろう。

厚顔無恥の訴え

退位協定の全ての条文は、無情にも破棄され、皇帝と満蒙(満洲と蒙古)の皇族の年金、満・蒙・支(満洲・蒙古・支那)の旗人の給与がきちんと支払われることはなかった。彼ら個人や共有の財産、清国の財宝は「共和国」によって略奪され、軍資金用に売り払われ、先祖の墓地も盗掘された。

外国の元首としての皇帝の地位は、一九二四年(大正十三年)十一月二十五日に一方的に取り消され、君主制の理念への忠誠心を失わない皇族や支那の高官は、日本領の大連へ避難するか、共同租界の保護下に身を置いて死を逃れ、財産の押収を免れた。

溥儀皇帝は、宮殿から脱出して北京の日本公使館に一時身を隠し、その後天津に逃れて、再び海軍日章旗の保護を受けた。逮捕、投獄、殺害の危険を避けるため、彼は狭い租界から一歩も外へ出られなかった。

厳重な警戒の下、絶えず生命の危険に怯えながら、皇帝はとても故地へ帰れず、人民の君主として正当な地位に就くこともできなかった。何ら救済策はなく、上訴できる裁判所もなく、満洲の人々は自らの権利を取り戻すために武器を手に入れることも、資金援助を受けることもできなかった。

海外列強と「支那共和国」間で締結された諸条約は、支那共和国（蔣介石軍閥）が清朝との神聖な約束を反故にしたことを確認するものだった。

全世界が反満洲で結束し、満洲を漢人の共和国の固有領土とすることに賛同する諸条約によって、正義は踏みにじられたのである。

日本軍の進撃によって略奪者張学良の軍隊が消散し、その権力が崩壊してようやく溥儀は故郷に帰ることができた。

ところが失脚した独裁者（張学良）は、厚かましくも国際連盟に対して、彼の父親が二十年間もの情け容赦なく搾り取ってきた満洲の土地と人民に対する自分の復権を願い出たのである。

彼が根拠として頼った「支那共和国」と海外列強との間で神聖とされた諸条約は、共和国の存立の基本となった「退位協定」を故意に無視したものだった。

張学良は支那共和国を通じて連盟という法廷に提訴できたが、彼に踏みつけられ、虐げられ、尊厳を傷つけられた満洲の人民は、答弁すら認められず、主張は無情にも拒絶され、存在を無視された。

だが情景は一変した。満洲人民は武器を手にして、連盟と世界に対して、「支那共和国」の提訴を認める前に、満洲国を公平に扱うべきだと宣言したのだ。清朝が武器と統治権を放棄し、内戦の長期化を避けたのは、「支那共和国」の誓いの言葉を信じたからである。

ところが「支那共和国」は、その最も神聖なる誓約をないがしろにし、無視したのだ。国際法上、こうした要求の復活に時効はない。満洲民族は法に則って主張しており、一九一一年以降海外列強と「支那共和国」間で締結されたどの条約も、決して共和国の基本法に盛り込まれた「退位協定」の拘束力と崇高性を損なわない。

武器を放棄し、人を信じて疑わなかった満洲人は、一匪賊（張作霖）に故国を奪われた。その匪賊の祖先は、元々山東から正白旗（満洲人）の所有地の小作人として満洲に入ってきたのだ。満洲人の土地は没収され、支配者たる張作霖の一族や知人たちに分け与えられ、万里の長城以南から奴隷として連れてこられた移民の手で耕された。

張作霖はその征服を維持するために、四十万もの男たちを徴兵し、アジア最大の兵器庫を建造し、文明社会の主役の一人として諸外国の政府から認められ、統治者としての資格を承認されたのだ。民衆は、支配者（張作霖）が長江沿岸まで勢力を広げる戦費獲得のために働かされた。満洲民族の君主の住まいであった北京の紫禁城は匪賊の頭目によって占拠された。

そして彼が北京において、新しい満洲の匪賊王朝の始祖となるべく策略を立て、準備を進めるのを満洲の民衆は唖然として見ていたのだ。彼の死去後、権力は息子の張学良に移ったが、若い後継者の彼もまた支那の共同統治者として北京の紫禁城に鎮座すべく、制圧のための戦いを続け、人民は軍資金のために極限まで搾り取られた。

満洲の人々は、張学良の代理人が国際連盟理事会の一員として選出され、そこで自らの奴隷である満洲人からの正義の訴えに抗議し、沈黙させ、信頼に値しないものとして葬るのを見ていた。

圧倒的な軍事力によって隷属させられた人々は、反乱を起こすこともできず、自らの権利を主張するための武力も資金力もなく、法廷に訴えようとすれば、自分たちの圧政者が判事の一人となっている状況では、全くなす術がなかった。

だからこそ、日本軍が張学良の軍隊を追い散らし、その権力を断ち切った時、天の介入として歓迎したのだ。

今、満洲の人々は、満洲民族は消滅したとか、漢民族に吸収されたとか、大清皇帝退位後の漢人の移民に土地の所有権があるとか、彼らの祖国は支那の領地となり、もはや彼らの権利はない、と教えられている。

こうした厚顔無恥で不当極まりない論拠が欧米諸国では真実として受け取られ、満洲民族の持つ故地における権利と衡平は、どうでもよいこととして無視されているのだ。

第二十三章　満洲国の権利の確認

自由のために戦う決意

いかなる国民、国、団体も、自らが奴隷となることを条約によって拘束されるものではないが、清帝退位協定は結果的に満洲の人民を支那の奴隷にしてしまった。

支那と満洲国間の協議では、国家主権は一人の支配者に帰属するものではないという点が見落とされている。

我々が言う「主権国家」は、国が主権者であるという意味ではなく、明確に定められた領域内の人々が、古い国の形態が当初の目的に合致しなくなった場合に、新しい政治形態を樹立する権利を持っているということである。

米国の建国者たちが大英帝国国王の権限を否認した時、それまで国王が行使していた主権は、各州、つまり米国の概念で言えば、各州の人民に移った。各州の権限は人々にあり、州政府は人民の代理人なのだ。

それが米国民の良き根本法であるなら、その原則は満洲国でも支那でも良き法であるはずだ。

今のところ支那の住民は、彼らから自由を奪っている軍閥に対してその主権を行使できないが、その暴圧が取り除かれるか、または軽減されれば直ちに再び自分たちの権利を主張できる。いかなる法も条約も誓約も、彼らの特権を奪うことはできない。

チャールズ・チェイニー・ハイド（米国務省法律顧問）は、こう述べている。[14]

「世界大戦の出来事は、アルザス＝ロレーヌとポーランドに関して言えば、ひとつの結論を証明している。

つまり武力によって自国の領土を外国の支配者に譲り渡すよう強いられた人々は、例え協定で合意したとしても、失ったものを回復する努力は何ら違法ではないという信念を捨てることはない。

諸条約のある定めについて、一調印国の国民が機会さえ巡ってくればいつでも、どんなに遅くなっても否認すべきだと考えるならば、誓約したからと言って、そのような条約の厳粛性を尊重するよう強制できるものではない」

満洲民族にとっては、張学良大元帥の軍隊が日本軍の進撃によって追い散らされた時こそが、大きく遅れてやってきた好機だったのである。

神の水車はゆっくりと、しかし着実に粉を挽く。満洲の人民は、日本が自衛行為（注：在留邦人の生命財産を保護するための行為）に出たお蔭で、再び武器を手にして立ち上がり、自分たちの権利を摑み、守ろうとしたのだ。

【14】Charles Cheney Hyde "International Law Chiefly as Interpreted and Applied by the United States"（『合衆国の解釈、適用せる国際法』一九二二年、ボストン、Little, Brown & Company）

祖宗の玉座に座った正統な皇帝の周りに結集した忠実な人々は、自分たちの首に支那軍閥の軛を掛けて国際連盟を喜ばせ、満洲人の法律上正当な権利を否認する諸条約の実現を望まず、自由のために戦うことを決断したのである。

彼らは、世界から何と思われようと動じない。先例、外交儀礼、取り交わされた公文書の範囲でしか物事を見ることができない職業外交官の法的見解や外交上の技術的問題、専門用語は、この問題には関係がない。

自分たちの大義の正当性を信じて、恐れることなくしっかりと判事を見据えている。そして自分たちに法律違反の罪を言い渡すいかなる法廷の権利も拒絶しているのだ。

第二十四章　鍛冶屋の合唱

〔注：ヴェルディのオペラ「イル・トロヴァドーレ」でジプシーが鍛冶仕事をしながら誰が自分たちを救ってくれるのか、と歌う〕

満洲国獲得計画の考察

世界は、新たに樹立された満洲国を日本は最終的に併合するつもりだと確信し、非難した。ところがやがて正統な継承者が再び玉座に座り、徐々に秩序が戻り、工業や商取引発展の方策が取られると、今度は、日本は満洲に根を下ろし、満洲帝国の名前はそのままに植民地化するつもりだと批判するようになっている。それは、自分たちがしてきたことを日本もするものと決めつけているのだ。

今のところ国際連盟と連盟には加盟していない米国は、対日制裁には踏み切らず、問題解決を支那に任せているが、一方で、日本に対する疑惑と敵意を消失させまいとする新たな運動が始められている。世界が満洲国のために行わなかった対日戦争を、米国は支那のためにせざるを得なくなるかもしれないというのだ。

日本が、満洲国三千万の独立の意思と願望を尊重するという「見え透いた擬制」を取ることなく、態度をはっきり示し、厚かましくも満洲国を併合していれば、その方が世界は日本の考えを尊重しただろう。

日本がいわゆる略奪者らしい振る舞いをせず、代わりに独立国を建てたことが世界の気に障わったのだろう、そのため今や日本は満洲国の独立支援の裏側で、本当は支那全域の支配を企んでいるのだというもっともらしい説明が流布している（世界征服を企んでいるという「田中上奏文」なる偽書を世界中に流布した）。

また、支那と日本には民主政治は適さず、満洲国政府もどのような形態であれ人民によって選ばれるものではなく、必然的に外側から強制が必要だという意見もある。これは広い意味で真実であり、確かに支那には民意や要求を確認する制度が存在していない（解説：本書出版当時から百年たった現在も支那にはそれは存在しない）。

だが、人々の意見を代表する旧来の組織や組合、商業会議所、商業や宗教、教育団体やその他公的な機関は残っており、それらは先進的な民主国家の選挙民に相当し、そういった制度の下でできる限りの民意を反映させることは可能である。

独立の願望は一般市民からの直接委任ではなく、国の主だった公的団体の代表者から出されたことは事実だが、それは唯一の確認可能な制度に基づいて、人民の要求を表したものだった。

満洲国の独立達成に用いられた方法は、（米国）十三州植民地の独立宣言に先んじて取られた方法と寸分も違わない。国としての権限が全国民にある民主的国家という概念は、共和国の建国者たちが方針として明確に発表して初めて生まれたものであり、彼らが独立宣言に署名をした時点でさえ、それが十三州植民地の多数派の意思と要求を反映していたとは言えない。

米国においてすら、君主制への伝統的な支持が消え、民主主義政治が確立したのは、長年にわたる政治的混乱と国民の教育を経た結果なのだ。

このように、民意を確認する民主主義国家に必須の仕組みが欠けている以上、新国家の樹立が三千万の人民の一致した意思であるという満洲国の公式声明を非難するのは不条理だろう。満洲国の大多数の民衆は、自分たちが苦難から解放される変化を望んではいるが、どのような形態の政府にするかは、そのために集められた公的団体の代表の裁量に任されたのである。

そしてその代表たちが、自分たちがよく知っている古い政治形態を復活させることを決め、彼らの要求に適った立憲君主制を採用しようとしたことは、米国の植民地の少数派の代表が自分たちの急進的な理論を貫き、英国との完全分離を正当とする唯一の政治組織を打ち立てたやり方に比べれば、何ら驚くことではない。

皇帝を頂点とする満洲国の方が、英国に比べて独裁的であると判断するのは時期尚早だろう。なぜなら英国では満洲国と同じ君主制に基づいているが、共和制の教義を唱えるだけで実行していない多くの共和国よりも純粋に民主的な政治を行い、人々は自由を謳歌しているからだ。

国際連盟の調査団は、新国家が然るべき期間内に法を制定し、秩序を確立し、通貨を刷新し、国家予算のバランスを取れるかという点について、否定的な見解を示した。

それをきっかけに多くの論者たちは、相反するあらゆる証拠を無視して、満洲国の崩壊を予言し、満洲国は完全に日本軍の支配下にあり、日本は真意を隠したまま、勢力拡大のさらなる機会を狙っているという証拠を探している。日本人がなぜそれほどまでに満洲国獲得計画を難しくしているのか、考えるに値する。

不満のない住民

満洲国の住民だけは、自分たちの究極的な運命を何ら案じていないようだ。彼らは、日本が何度も発表した満洲国民の主権と独立の尊重を基本とする旨の誓約を受け入れ、日本はその厳粛な約束を誠実に順守すると信じているからである。サンタクロースであれば、例え着物を着て下駄を履いて煙突から這い出てきたとしても、誰も狙撃しないだろう。

目下のところ、満洲人民は、新しく手にした自由に満足し喜んでいるのだ。もし他の国が満洲国を承認しないのなら、彼らは必然的に資源開発の資金を日本に大きく頼らざるを得ない。

日本企業が格別の投資機会を独占しているようにも見えるが、それも満洲民族の懸念するところではない。日本が一定の限度を踏み越え、支持すると誓った満洲の主権を損なうことがあれば、事業は決して成功しないことを満洲の人々はよくわかっている。

日本の対満政策は、米国がキューバとフィリピンで進めた帝国主義的事業のほぼ忠実な模倣である。日本は米国を手本としているのだ。

国際連盟や列強に対して、満洲固有の少数派の代表者たちが保護を求めて訴えたわけではない。また旧制度の復活を願い出たわけでも、不平分子から何らかの声明が出されたわけでもない。

抗議しているのは、国際連盟に議席を有する蔣介石軍閥の代表たる広報官と、列強国の首都に駐在する外交官に限られている。

失脚した独裁者・張学良ですら、一年間海外に逃れた後、支那に戻った際に、支那問題の唯一の解決策は独立した各省を連合としてまとめる制度だと宣言した。

だが「支那共同統治者」としての絶大な権力をすでに失った彼の発言は、列強が承認し、最高の独占統治権を与えた一派（南京の蔣介石政権）の会議においてももはや一顧にも値しなかった。

信用できない支那の証言

満洲の住民が独立に満足している点について、支那は、満洲国には新体制に対して公然と反対できるような組織はなく、人々は恐怖に支配され、そのような暴挙に出れば命を落とすことがわかっているからである、と公式に回答した。

だがその答えが真実だと仮定して、では張親子の支配下で茶館や料理店、集会所などに「政治談議、国事議論はこれを禁ず」という警察の貼り紙がされていたことを思い出してほしい。

言論の自由、報道の自由は抑圧され、規則を破る者は即時街頭で首を刎ねられるか、連れ出されて石の壁の前に立たされて射殺されたのだ。

そしていわゆる「共和国家の支那」全土において、今も同じように極端な政治思想弾圧が行われている〈解説：この現実も、本書出版当時から八十年たった現在においても何ら変わっていない〉。

ソ連が国際連盟に迎えられたのは、つい最近（一九三四年〈昭和九年〉九月）だが、その加盟に対しては、ソビエト連邦下にあるとされる共和国の全てから、自由が武力で踏みにじられ、恐怖のテロ行為によって隷属させられているという訴えが出された。

あらゆる反対勢力を情け容赦なく排斥して、権力を維持しようとするソビエト政府は、他国が同じような手法に訴え、抑圧された少数派の援護を委ねられたからといって糾弾する資格などない。彼らの証言は、国の性質そのものによって信頼性を失う。

国際連盟創設の根本原則に、完全な暴力主義が取って代わったのならいざ知らず、支那やソビエトからのそうした非難は聞くに値しない。

例え全ての満洲人が死に絶えるか、善良なる漢民族に同化されたとしても、満洲住民は、省の独立の原則を否定した一連の条約を通して列強が作り上げ、支えている国から、分離する権利は持っている。

支那が分離不能だとか、満洲国が再征服を狙っているといった話は、現在満洲国の人口の大半を占める移民の故郷、山東省と河北省といった北部からではなく、支配しようとしている満洲人とは体格や言語、気質などあらゆる点で全く異なる広東や広西といった華南から出ていることに注目すべきである。

自然の成り行きに任せれば、北部の省の住民はおそらく満洲の血のつながった兄弟と一体化し、新たな北部連合を設立するだろう。

こうした状況下で支那の一体性の原則を強要することは、南部の集団に北部の住民をも支配する権利を譲り渡し、すでに失敗が証明されたパリ講和会議での愚行を繰り返し、消えることのない敵意を植え付け、将来の戦争の火種を蒔くことになる。

かつて列強がポーランドに対して行った罪も、満洲国に対する不正義に比べれば大した問題ではない。

第二十五章　手本は米国

米国のキューバ支援と日本の満洲支援

日本の誠意を疑うのはあまりに早計である。米国民は、米西戦争後にキューバの独立を約束した時、我々の厳粛なる誓約と利他主義の主張がどれほど疑いの目で見られ、冷笑されたかを思い出すべきである。

リオグランデより南、つまり全ての中南米諸国からハバナに集まった観戦者たちは、米国が不誠実な行為に出るのではないかと勘繰り、米軍の一挙一動を絶えず批判的、懐疑的な目で監視していた。多くの米国民は、我々の利他主義の約束は単に言い訳、つまり選挙公約のようなもので、選挙に勝てば撤回できるものと考えていた。そのため米国政府が世界に対する約束を履行した時は、真に誰もが驚いたのである。

だが米国が許したキューバの独立は、いわゆる紐付きであり、米国の資本家たちは一斉にキューバに押し入り、土地や森林、たばこ農園や砂糖工場、たばこ工場、鉄道、さらには公共施設を買い占めた。米国人が管理する銀行を設立し、キューバ政府の公債を引き受け、キューバ産品の最大の輸入国であるという理由で、関税を操作した結果、米国による経済支配は、キューバにとってどのような武力制圧よりも過酷な重荷となったのだ。

これらは全て米国民の精一杯の誠意と自己満足の博愛精神によって行われた。そして米国のキューバ搾取政策は、スペインの支配から救い出した人民に、混乱と失業、飢餓と不満をもたらし、結果、モスクワの傘下に追い込んだのである。

米国の利他主義の恩恵を受けた者が、キューバにおける巨大な投資物を通じて今や米国に逆襲している。まさに因果応報である。

フィリピンについてはもう何も言うまい。一九三一年（昭和六年）九月以降の満洲国の状況は、一八九九年（明治三十二年）一月から一九〇二年（明治三十五年）五月二十日までの間のキューバと驚くほど似ている。

米国がキューバ人民に与えた支援は、日本が満洲人民に与えたそれと同義であり、日本が挑発された方法も、事件当初米国がスペインから受けた挑発と同程度である。

当時米国が表明した善意に対する疑惑、危惧、あからさまな嘲笑も、また今日の日本に対するものと酷似している。

さらには「要請」によって、キューバ共和国樹立後、米国が新政府のあらゆる部局に顧問や専門家を送り込んだのも同じである。当時米国民は、自分たちの善意が疑われたことに対して憤慨した。それが今の日本である。

米国は世界各国に対してかつてない先例を打ち立て、日本は初めて、そして唯一その先例に従ったが、その先例を作った我々（米国）が今や日本に対し疑いの眼差しを向けている。

米国民は、苛立つのではなく、日本が米国を真似るのは米国への追従を誠実に表しただけだと受け入れるべきである。米国のかつての行為に類似した問題で、不公正にも有罪とされた日本の誠意に対して、一番非難中傷してはいけないのが米国である。

我々が侵略の罪を償わなければならなかったように、日本も約束を違え、満洲国の人民を経済的奴隷として縛り付けようとするならば、早晩責任を問われることになるだろう。

しかし、日本はその誓約を放棄することはないだろう。日本は約束を破ることはできないし、破ろうとはしないだろう。

日本は、他のいかなる国も、また他国の連合も取り組むことができず、取り組む勇気もない難題を自ら引き受けたのだ。日本の存立はまさに満洲国の成功にかかっている。

善政と平和、安全保障、繁栄の十年間で、満洲国の貧しく愚かで受け身の民衆は、トルコ人と同じように、国民の福祉を念頭に置いた政府の下に、対外的な義務を果たせる自由な主権国家としてひとつにまとまったのだ。

そうした彼らを、変更も撤回もできない極めて差別的な条約に基づいて、国内の敵に対しても領土的、行政的な独立を維持できず、自らの領域においてさえも権限を確立できない支那の政府（蔣介石軍閥）に縛り付けるというのは不公正であり、非倫理的であり、挑発的である。

その政府は甘やかされ、好きなように諸条約を破ることを許され、外国人を支那から追い出すつもりだと公言し、あらゆる方法でその義務を無視している。

反対に日本は満洲国において何ら不法行為は行っていない。フィリピンに対する誓約を守ってもいない米国が、日本の意図に疑いを投げかけるのは不条理である。

第二十六章　法に立ち戻れ

与えた者は処分することもできる

満洲を巡る論争には、法律上、また衡平法上非常に重要ないくつかの問題がある。我々は、列強各国の通商権益保護を恒久的に合法化することを主眼とした新たな法律（九カ国条約）を制定し、その厳粛性を理由に自国の権益に優先すべき衡平法上の権利を否認しているが、それでは対処できない問題なのだ。

米国民は、衡平法という基本的な正義を見落としているが、被害者から何の抗議も受けないために、我々の過ちは法として通用している。

そして米国の大義は公明正大だと確信し、自分たちの一方的な法の解釈の正当性を立証するために、戦争に巻き込まれる寸前まで来ているのだ。

満洲王朝と支那共和国間の清国皇帝退位協定は、あらゆる点で厳粛な条約であり、支那共和国の根本法に一体化され、その憲法草案の前文にもなっている。合意事項は支那の法律となり、その法律が支那に関するその後のあらゆる国際法の基本となっているのだ。

この協定は条件付き契約であり、実際その前提条件は清朝側によって履行された。つまり満洲人たちは協定を列強各国に提出した後、武器を放棄し、軍隊を解散し、協定の履行を強制する力を失ったのだ。

同時に彼ら満洲人は、支那共和国に対して満洲人の権利を尊重し、支援すべきであるとする二重に厳格な義務を課し、列強諸国に対しては協定の崇高性と適法性の証人となるべく道義的義務を課した。

従って、それ以降に列強と支那共和国間で調印された九カ国条約等の合意において退位協定の定めを無視したことは違法であり、列強が条約等を確認し、国際法に仕立てたからといって効力を有することにはならない。

満洲人の権利は依然として存在している。彼らの権利の根拠となっている協定は、支那と条約を締結した列強国全ての外務省に記録として保管されている。

それにもかかわらず、権利も財産も奪われ、それが宿命だと恐怖によって押さえ付けられた満洲人は、一九三一年（昭和六年）九月（満洲事変）までは、報復を恐れて公然と抗議もできなかったのだ。

皇帝退位協定は列強国に公式に伝えられ、国際法となっている。だが満洲人は抗議できず、出廷して公正な判断を要求できる裁判所もなく、彼らが権利を行使できる方策はない。

国際法上、そうした権利の訴えに時効はないため、満洲人は本来の国として力を行使し、それが合法であることを断固として主張しているのだ。

自らを支那共和制と称した支那の独裁者には、九カ国条約に署名し、批准し、基本法である皇帝退位協定の破棄を政府に約束させる権利はない。

それは、ウッドロー・ウィルソンが米国政府にヴェルサイユ条約やフランスに加担する三者同盟を批准させる権利がなかったのと同じである。

もし支那に人民から権限を委ねられ真の代表となる立憲政府が存在していれば、国の基本法であったはずの皇帝退位協定の破棄による満洲人に対する裏切りは、ウィルソンが米国上院に自分の考えを強要し、米国憲法を無視しようとした行為と同じ結果を招いただろう。

こうした状況下で「支那共和国」として九カ国条約に調印することは、完全な詐欺行為ではないにしても法に適っていない。

不法な行為によって、拘束力のある条約や契約が成立するはずはなく、また調印した全ての列強国が紛れもなく皇帝退位協定の存在を知っていたことを踏まえれば、彼らの調印及び批准もまた違法であり、詐欺行為を容認し、隠蔽している。

だが外部の列強に詐欺的行為があったと推定することはできず、彼らの錯誤は不知によるものに違いないが、自国の記録庫に証拠がある協定の存在を知らないという弁解は成り立たない。

皇帝退位協定が正式に調印、捺印され、認証を経て、その写しが列強国に送付されたことが事実であれば、その事実は誰の目にも明白な法となっている。その法律を知らないことは、法律違反の言い訳にはならないのだ。

列強国が、例え法律違反であっても、自分たちがもっと重要だとみなす行為を行う権利と権限を不法に手にできるのだとすれば、彼らにとってはおそらくさほど重要ではない行為についても正しい判断を下し、行う権利を持っている。

つまり「支那共和国」という「擬制」を法律上成立させたのと同じ方法で、それを崩壊させることもできるだろう。与えた者は、処分することもできるはずだ。

列強国は、自分たちが作り上げ、支えている南京の蔣介石政権の承認を取り消すか、または支那の諸軍閥に対して相互対立を解消し、国内外における国家の義務を履行し得る中央政権の下に結束すべきだという最後通牒を発すればよいのだ。

そうすれば、複雑怪奇な支那の事案は、それぞれの省が完全な独立を主張する問題に過ぎないとわかるだろう。

満洲人はなぜ抗議しなかったのか

満洲人が支那共和国と列強による錯誤に、抗議も抵抗もしなかったからと言って、それは錯誤を承認し、黙諾したことにはならない。彼らは、自分たちの契約上の義務を果たしたが、他方当事者の強大化した支那共和国は、平然とその義務を否認したのだ。

満洲人は、九カ国条約に関係する列強国や国際連盟に抗議するか、ハーグ国際裁判所に訴えることもできただろう。

しかし我々は思い出さなくてはならない。武器を持たない彼らは辛亥革命の恐怖を体験し、西安、南京、広東など様々な都市で無抵抗の住民が大量殺戮されたことを記憶しているのだ。

民衆がどのような惨劇に遭ったかは、一九一一年（明治四十四年）の西安での満洲人虐殺を目撃した米国人の記述からよくわかる。

「憐憫という人間の感情は、彼ら（満洲人）の悲惨な運命を食い止めることはできなかった。血に飢えた支那人の渇きは女たちへの肉欲によってのみ満たすことができた。

銃撃され、斬殺され、自殺を余儀なくされ、生きたまま焼かれ、逃げ出せばあらゆるところで滅多切りにされ、一週間続いた虐殺行為によって、死を免れた女たちを除いて、二万から三万もの人口が消滅した」[15]

法律上、十分な時間が与えられても被告が出廷しない場合、法廷を納得させるだけの理由を説明できない限り、審問を受ける権利は認められない。

しかし満洲人には、十分な理由がある。支那による皇帝退位協定の破棄に対して満洲皇帝、皇族、旗人からは何の抗議もなされず、満洲人は地下に潜伏した。さらなる迫害、侮辱、死から逃れるため、武器を持たない旗人とその一族は、漢人の姓名を名乗り、漢民族の血筋だと称して漢人の軍隊に入ったのだ。

過去二十年間、満蒙漢の旗人とその一族が、自分たちの存在を認めず、満洲の土地における権利を主張しようとしなかった理由は、容易に理解できる。その土地を支配していたのは残虐な支那軍閥と匪賊の頭目であり、彼らは自分たちの権力に異を唱えるいかなる分子も、根絶やしを狙っていたのだ。

退位協定で定められた満洲人の故地における衡平法上の権利は、列強国が定めた法律の適用外かもしれないが、その権利は条理に適い、法として解釈されるべきである。

だが列強や支那による不法な行為をこのまま罰することなく済ませようとすれば、満洲人はこの衡平法上の権利を放棄しなければならない。

さらに、満洲国の状況を議論する上でもうひとつ法的に見落とされている点がある。支那の住民は、これまで自分たちの権限を南京の蔣介石総統にも国民党にも委任したことはなく、従って国民政府は、その権限を満洲の統治者である張学良に再委任できないのだ。

この若い独裁者の権力は、一九一六年(大正五年)に満洲の住民が彼の父張作霖に与えた権限を引き継いだものだったが、親子ともに人々の信頼を悪用し、人民を奴隷化し、傭兵の武力によって抑圧していた。この事実は国際連盟の報告書にも次のように記載されている。

「一九一一年（明治四十四年）の革命勃発時、共和制に反対していた清朝の官憲は、張作霖に命令して内乱の拡大を防ぎ、革命勢力の進出を食い止め、東三省を救うことに成功したが、張作霖はやがて満洲と北部の独裁者となった」

この記述は、満洲国人民が主権を有し、独立した行動を取れるという主張を裏付けている。張親子が相次いで住民を裏切り、恐怖で押さえ付け、隷属させても、二人に権限を委任した住民の権利が消滅するわけではない。

そして事情が許し、可能であればいつでも人民がその権限を取り戻す権利は依然として存在しているのだ。

【15】Percy Horace Kent, "The Passing of the Manchus"（一九一二年、ロンドン、Edward Arnold、一三一頁）
J.C. Keyte "The Passing of the Dragon"（一九一三年、ロンドン、Hoddler & Stoughton、四二～四六頁）

第二十七章　常に独立している満洲

南京政府に干渉する権利はない

絶対の真理というものは、詳しい説明を要さず、真偽を論ずるために外国が判事として呼ばれることもない点を強調しておきたい。

一九一一年（明治四十四年）まで、満洲が満洲人の領土であったことは誰もが認めるはずだ。満洲が名目上であれ共和国の統治下に入ることになったのは、満洲皇帝の退位のみに基づいている。北京に在住の満洲皇帝一族、皇族、旗人たちは共和国の基本法に書き込まれた協定の拘束力を信じ、直ぐに故郷の土地に引っ込む必要性を感じていなかった。

満洲が支那の他の地域と同じ運命を辿らなかったのは、張作霖将軍に権限を与えて共和国軍の侵入を防いだからである。共和国の出現以降、長城以南の支那の諸軍閥は、誰も満洲において支配権を行使してはいない。

満洲の統治者は常に満洲民族であり、他民族の移入を拒むだけでなく、伝統に従って漢民族の土地に進攻し、支那北部を支配下に置いていた。

一九三〇年（昭和五年）に張学良が北京を攻略して首都とし、南京の軍閥と協定を結んで両者間で支那を二分し、同時に外国の列強を惑わし、南京の蔣介石政権を承認政府に仕立てたからと言って、満洲は名目上たりとも南京政権の支配下に入ったわけではない。張学良は決して南京政権の部下ではなく、蔣介石と地位も権威も等しい「支那共同統治者」であり、彼はその事実を彼が面談した全ての外国人に印象付けた。

張学良の軍隊が消滅し、もはや満洲の住民を恐怖で押さえ付けられなくなった時点で、その支配権は南京のもう一人の専制者（蔣介石）ではなく、元々彼の父親に権限を委ねた満洲の人民に戻ったのである。

満洲人は独立を宣言しても支那や南京の軍閥に対して何ら損害を与えず、不正な行為は行わなかった。南京の軍閥連中は、一度たりとも満洲を訪れたことがなく、満洲語も話せない。兵隊を率いることなく満洲の地に足を踏み入れれば一斉に襲われただろう。

支那、正しくは南京政権（蔣介石軍閥）が満洲国の独立宣言によって何ら被害を受けていないのであれば、彼らには法的措置を取る理由も国際連盟や米国に訴える権利もない。

そして注目すべきなのは、被害を訴えたのは、南京軍閥ではないという点である。彼らは、政府の外交機関の指揮権を満洲の共同統治者である張学良に委ね、彼に列強国に訴えさせ、連盟において満洲と対峙させようとしたのだ。

しかし若い将軍（張学良）にしてみれば、自分への忠誠も誓わない広東派や海外留学経験のある抜け目ない浙江人の集団（訳注：蔣介石の出身地）が自分の利益を守ってくれると信じられる訳もなく、事実蔣介石は、そのような約束はしなかった。

そこで実際に南京政権の外交を全面的に担ったのは、満洲奉天軍閥（北京政府）が任命した外交官たちだった。

張学良は、腹心の部下（王正廷。注：北京政府で要職を務めたが、一九二八年〈昭和三年〉には南京国民政府に転じた）をジュネーブに送り、そこで米国政府の前国務次官から指導、助言を受けさせた。

一方で自分の右腕であり、信頼する友人（顧維鈞）を国際連盟調査団の支那側の参与委員とし、さらに駐仏大使兼国際連盟代表（注：北京政府で要職を務めた顔恵慶は駐米大使であり、国際連盟支那代表団代表。また施肇基は駐英大使で国際連盟代表だったが、原文の「駐仏大使」は不明）に自分の利益を死守するよう国際連盟で闘わせたのである。

満洲を巡る支那の論戦の全てを指揮していたのは、張学良軍閥の将領たちだったのだ。彼らは全員、南京政権ではよそ者扱いされていたが、支那の共同統治者となった張学良が自分の利益は自分の参謀に守らせたいと要求したために、再び任務に就くことを認められたのである。

違法な条約を根拠とする支那の主張

満洲国に関するあらゆる事案を通して、支那南京政権（蔣介石軍閥）とその広報官は、国際連盟規約と九カ国条約を根拠として、満洲国における主権を主張し、連盟と列強国に正義を求めて訴えた。

国際連盟が裁判所として機能するなら、満洲国は国としての言い分を提出して退位協定の順守を要求し、世界に対して問題をつまびらかにできただろう。

支那（蔣介石軍閥）には正義を訴えることが許されたが、満洲国には何の訴えも抗弁も認められなかった。満洲国政府から提出された証拠を連盟は受け付けなかった。

満洲は謀反を起こした国であり、存在しないものとされ、国が存在しないなら、訴える権利もない、と片付けられたのである。

正義につながる扉は目の前で音を立てて閉ざされ、一方で神聖なる信頼を破った悪者は国際連盟理事国、つまり国際司法裁判所の判事の席に座っている。

国際連盟という法廷での審問を否認されたからには、この紛争は満洲国と支那共和国間の二者で決着するしかない。

満洲の人民は苦しみ、侮辱され、脅され、恐怖により従属させられてきた。彼らは怒りがわき上がるのを堪えながら、満洲民族は消滅したとか、死に絶えたといった嘘を聞かされている。法は時には眠ってしまうかもしれないが、決して消滅はしない。彼らは、窮地から解放され、不正を正す機会を天に祈りながら、時機を待っていたのだ。

そうした状況に置かれていた満洲人民が、今や自分たちの権利を手にし、それを守るための武器を再び携えて法に訴えている。不正義を固定化する裁定の適法性に異議を唱え、判事が法に違反しないまでも、それを知らずに判断を下したと、公然と批判しているのである。

目の前の現実にもかかわらず、法を違えてでも、世界中の世論は、国際連盟規約、九カ国条約、そしてパリ不戦条約は新たな世界秩序を導き、「神の赦し」をもたらし、現状を確認するものだと断言している。

だが、その現状維持とは、帝国主義の列強各国が征服、併合した領域を永久に支配することなのだ。過去は一切消されてしまった。欧米列強は　これらの条約を人々の自決権、国家の自衛権を超えるものとして位置付け、武力による現状のいかなる変更をも認めない。

そうだとするなら、米国が最高法として定めたこれらの条約を詳細に検討してみよう。そして我々が法的な矛盾をどうすべきか悩んでいる間、満洲国の民衆はかつて味わったことのない平穏、そして発展と繁栄の機会を喜んでいることも忘れないでおこう。

第

部

条約について

第二十八章　日本は不戦条約に違反したのか？

自衛権は国の基本的義務

日本は、国際連盟規約、九カ国条約、そしてパリ不戦条約に違反したと責められている。日本による条約侵犯の事実の有無は、満洲国の民衆に何の関係もないが、日本非難の裁決において満洲人民の基本的権利が無視され、踏みにじられたため、満洲国を擁護しようとすれば日本を弁護し、疑念を晴らさなければならない。

この二つの帝国（大日本帝国と満洲帝国）の重大な利益と安全保障は、今や一体化し、分離不可能である。必然的に満洲国擁護論は日本擁護論に吸収され、その一部とならざるを得ない。

しかし、だからと言って満洲国が行使した基本的権利が消滅するわけでも、限定されるわけでもない。国際連盟と米国による不承認主義は、日本を条約侵犯者とした裁決に基づいているが、それは満洲国の将来の地位と人々の幸福に直接影響する。従って満洲国の問題は日本の立場を踏まえて検討する必要がある。

ただ、本書はもっぱら米国世論に訴えることが目的であり、日本と国際連盟の間で交わされた論争の具体的内容を取り上げることは無用だろう。

実際、日本はいかなる条約にも違反していないと主張しているが、あくまでも筋道を立てて議論を進めるために、日本が国際連盟規約に違反していると仮定しよう。

では、それが果たして米国民にどのような関係があるのだろうか？　我々は過去二度、国際連盟に加盟しないと公言している。日本が連盟規約に違反したとしても、それは日本と連盟との問題であり、米国にはそこに首を突っ込む権利も、連盟と手を組んで解決方法を見つける権利もない。

だが連盟に関わりがないとしても、米国はパリ不戦条約の締約国である。では、日本は不戦条約に違反したのだろうか？　ここでも日本は「違反していない」と断固反論している。

日本によれば、不戦条約の原則上、自衛権は国の基本的義務であり、全ての条約、他国の誓約や権利に優先し、自ら自衛権行使の好機を判断できるのだというのだ。

米国のモンロー主義も単に国防という最高の国家義務を謳っているに過ぎない。米国は、この原則を侵害されれば戦争に訴えるだろうし、外国が口出しをして、我々が誠実に自衛手段を取ったか否かを判断することなど、決して認めないだろう。

米国の利益が関わる以上、米国の判断が法となるのだ。我々はアメリカ大陸において最高位にあり、我が国の行為に対する何ら干渉も調査も許さない。

しかし米国が自ら主張し、事実上米国のために受諾し、国際連盟規約には明示的に、不戦条約には黙示的に盛り込まれた原則は、我が国の存立が脅かされると判断すれば、どうも他国には適用されないらしい。

不戦条約は、どのような類であれ、またどの国がきっかけとなったものであれ、紛争や論争の解決手段としての戦争放棄を謳ったものである。この条約の条文を最終受諾するまでの外交文書のやり取りを本書で分析検討する必要はないだろう。

（米国の弁護士で国際連盟規約の草案作成にも加わった）デイビッド・ハンター・ミラーは、著書『パリ不戦条約』[16]において、参考資料として条約に関するあらゆる文書、交信文を集め、整理しているが、注目すべき点は自衛権の扱いが従来と何ら変わっていないことだ。

英国の「地域主義」とそれに対抗するエジプト、ペルシャ、トルコの問題は、米国のモンロー主義と共に不戦条約において留保され、大英帝国と米国は自らの主義に沿って何を「自衛」とするか解釈できる権利を与えられている。

日本も一般論として自衛権を明らかに保持しているが、英米と違って特定の地域への適用は言及されていない。

英米が特定地域の権益保護のためにその権利を完全に行使する中で、日本は不戦条約受諾に際して留保した権利として、満洲において自衛手段に訴えたと発表した。

しかし日本が独自に「自衛」を解釈する権利は否認され、米国と国際連盟は歩調を合わせて、日本の主張の真偽を確認するため満洲に調査団を派遣した。

自らの行為の正当性を確信していなければ、誇り高き日本が自国軍の名誉に関わり、自国の政治家の言質を問うような尋問を甘んじて受けることなどなかったはずだ（正当性を確信していればこその調査団受け入れだった）。

一九三一年九月十八日夜

一九三一年（昭和六年）九月十八日、運命の夜の出来事はいたるところで取り上げられ、伝聞が広がっているが、午後十時から十時三十分の間に線路上か、その近くで爆発があったという事実だけは全てに共通しており、間違いない。

話には当然両面があるが、その夜起きたことについて相反する報告を細かく検討することは無意味であり、ここでは国際連盟の調査団の意見とその裁決に絞って考えてみたい。報告書には次のように記載されている。


この事件直前の緊迫した状態と戦意高揚に鑑み、特にその夜の出来事に関する関係者の説明に当然食い違いが生じることをわかった上で、調査団は極東に滞在中、事件発生時か直後に奉天に滞在していた可能な限り多くの主だった外国人から聞き取りを行った。

その中には、事件後すぐに現場に到着したか、日本の最初の公式見解を聞いた新聞記者も含まれていた。

彼らの意見や関係者の説明を十分に考察し、相当量の関係文書を熟読し、提出され、あるいは自ら収集した大量の証拠類を慎重に精査した結果、調査団は、以下の結論に達した。

「日本と支那（満洲張学良軍閥）の両軍が緊張状態にあったことに疑いはない。日本軍が支那軍と衝突する可能性に備え、入念に準備をしていたことは、調査団に証拠が提出され、説明された通りである。

九月十八日から十九日にかけた夜、この計画は迅速かつ正確に実行された。ところが支那軍はこの時点、この場所において日本軍に攻撃を加え、日本国民の生命、財産を脅かす予定はなく、然るべき命令も受けていなかった（解説：張学良軍閥の日常行っていた日本人襲撃、南満洲鉄道その他付属

【16】David Hunter Miller "The Peace Pact of Paris"（一九二八年、ニューヨーク、G. P. Putman's Sons）

施設の破壊活動などについては触れていない)。

彼らは日本側の攻撃とその後の行動に狼狽し、命令もないまま、場当たり的な反撃しかできなかった。爆発は、間違いなく九月十八日の夜十時から十時半までの間に線路上かその近辺で起こったが、線路自体の損傷はあったとしても、長春(新京)から南方行列車の定刻通りの到着を妨げるものではなく、爆発自体はとても軍事行動とは言い難い。

だがその夜の日本軍の軍事作戦は、合法的な自衛手段とはみなせない。ただし、調査団としては、現場の軍人たちが自衛のための行動だと考えていた可能性は排除しない」

最後の一文は見るからに後からの付け足しであり、軍人出身の英仏二名の調査委員の手によるものだと考えられる。

彼らは、この先フィリピンやモロッコの運河地帯で同様の状況に直面する可能性を考え、日本の軍人の行為を全面的に非難することはできなかったのだ。事実、彼らが日本の将軍(本庄将軍)に同情し、その旨を伝えたと思われる証拠がある。

米国の自衛権を否定する連盟裁決

他の国で満洲と同じ事例は見当たらないが、スエズ運河の防備は比較的似ている。またパナマ運河が米国の安全保障に極めて肝要であるように、南満洲鉄道は日本の防衛にとって極めて重要であり、どちらも警備隊によって厳重に防御されている。

仮に南米のコロンビアが公式にパナマの独立承認を拒絶するか、運河の権利を米国に与えたパナマと米国間の条約の適法性を否認したとしよう。

またはコロンビアが強国からの不当な扱いに憤慨して、公開の国際会議の場で、将来好機を捉えて、失った領土の主権を取り戻す権利を留保し、米国の繁栄と著しい強大化に嫉妬する欧州の列強国から密かに支持、応援を受けたとしよう。

さらにコロンビアの非正規軍や匪賊が頻繁に運河地帯に立ち入り、通過する船舶を攻撃し、機器類の破壊など妨害行為を行っても、米国軍はそうした無法者を運河地帯の外へ追い払えないとしよう。そしてある闇夜にコロンビア兵士の小集団が水門やポンプ小屋に爆弾を投げ込み、逃げ出した米国の警備兵に奇襲を仕掛けたとしよう。

さて米国軍の兵士はいったいどうすべきだろうか？　米国も賛成し、法律となった国際連盟の裁決に従えば、米国兵はまず最寄りの電話まで走って事態を司令官に報告し、その司令官は本部に電話をかけて警護兵の報告を伝えなくてはならない。

運河の警備本部は指示を仰ぐべく無線でワシントン政府に知らせ、米国政府は、全ての事実をジュネーブの国際連盟本部に連絡し、米国の財産保護のために国際連盟に対して行動許可を要請しなくてはならないのだ。

そうこうしている間に、コロンビアの愛国者たちはさっさと山地や森林の奥深くに退却し、勝利を祝い、再び米国が管理する運河地帯への襲撃を計画するだろう。近く米国はニカラグアに新たな運河を建設するが、状況はさらに複雑化し、満洲における日本の立場にもっと近いものになるだろう。

果たして賢明な米国民が、米陸海軍はそうした挑発の連続にも大人しく耐えて、義務を果たすためには本部や米国政府、ジュネーブの連盟本部からの指示を受けるべきだ、などと信じるだろうか。

そんな幻想を抱いているとすれば、米陸軍や海兵隊員のことを何もわかっていない連中だ。米軍兵士もまたそうした状況に直面すれば日本軍と全く同じ行動を取り、不法者をコロンビアの首都に追い詰めるまで立ち止まらないだろう。

米国政府と国民は一丸となって自国の軍隊を支持し、口出しをする諸外国に対して、米国の安全に関わる重大問題への干渉を許さないと、断固として言い放つだろう。

そして米国兵が自衛行動であったと信じているにもかかわらず、他の列強国が判事席に座る権利を主張し、米軍の行動は合法的な自衛手段とは認められないという裁決を下し、米国に対して運河地帯まで全軍を退却させ、コロンビア軍に対する自衛権を放棄して、その問題に対処するための国際警察隊が組織されるのを待つように要求したとしたら、米国は日本と全く同じ行動を取るだろう。

国際連盟との連携は一切断ち切り、自国の重大な利益を自分たちのやり方で守るために準備をするはずだ。

ニューヨークの『ワールド・テレグラム』紙は、最近、十二時間あればパナマ運河を容易く壊滅でき、何カ月間も封鎖できると伝えた。

現在、長距離水路はかつてなく厳重に警備されてはいるが、以前であればわずかな人数でも端から端まで通り抜けて、何の邪魔もなくどこでも破壊できたかもしれない。

そして未だに無防備な重要地点があるのだ。水力発電所、ディーゼルエンジン工場、機械修理工場、パナマのバルボアの乾ドックやマッデンのダムはいつ妨害行為を受けてもおかしくない。爆発物を乗せた蒸気船が水門を通り抜けてクエブラ渓谷に突っ込めば、運河は長期間航行不能となるだろう。

コロンビアやパナマの愛国者たちが、支那の匪賊や兵士らが南満洲鉄道に対して取った同じ戦術（破壊活動）に訴えれば、日本が一九三一年（昭和六年）九月十八日の夜の出来事を解決するよう問われているのと全く同じ問題に、米国も直面することになる。北アフリカの仏軍、エジプトとインドの英軍、フィリピンとパナマ運河地帯における米軍も、満洲の日本軍のようにあらゆる不測の事態に備えた計画を立てている。

一度武力発動のボタンが押されれば、その行動を途中で止めることは容易ではなく、まして四十八時間以内の停止など不可能である。

実際その短時間のうちに日本の一万一千人の鉄道警備隊は、首都奉天と満洲の主要な戦略的地点を占拠し、張学良政権を倒し、結局北京政権の老兵たちは錦州方面に向かって一目散に退却し、交戦は終わったのである。

これらの行動は予め計画されていたのかもしれないが、しかし私はあえて言いたい。欧米諸国で一万一千人の部隊を指揮する将軍が、その二十倍の軍隊と故意に一戦を交えたとすれば、彼は軍法会議にかけられ、無能として処刑されただろう。支那が戦わないという保証はなかったのだ。

彼らに軍隊として当たり前の戦闘心があれば、応援部隊が現場に到着するのを待たずに、日本兵を海に追い落とすか、国境を越えて朝鮮へ追い払っていたに違いない。

米国は、全ては日本が仕組んでいたと主張しているが、だとすればこの作戦は軍事作戦参謀が考え付く中で最も短慮で無謀な計画として歴史に残るだろう。

調査団を招いた日本

現地調査のために連盟の調査団を招いたのが日本であるという事実だけでも、日本が何ら不法行為を犯していないと信じていた十分な証拠である。

は、日本が、調査委員による自国の高官の査問を許し、自らも調査し、高官らを証人台に立たせたことは、日本の誠意とその目的を示す更なる証拠である。

ここで一八九八年（明治三十一年）にハバナ湾で起きた戦艦メイン号爆沈事件を振り返りたいと思う。スペイン政府は、爆発の原因を調べるために共同調査を米国に要請したが、米国はそれを拒んだだけでなく、スペイン独自の調査を様々な方法で妨害したのである。

米国は国際仲裁の審理を要請し、事実を証明することもできたが、自らの正義の概念に固執し、当事者である海軍審判所において自ら裁決を下した。自国の調査委員会の報告書と事実認定によって、スペインとの戦争は避けられないものになったのだ。

三十六年を経過した現在も爆発の原因は明らかになっていないが、その事件をきっかけに米西戦争が勃発し、若者たちが「メイン号を忘れるな」と喊声（かんせい）を上げながら戦場を目指して行軍したことは確かである（現在は「パールハーバーを忘れるな」を叫んでいる）。

メイン号の惨劇

メイン号事件は、我々が国家の名誉と利益、軍人の有能性が問われる問題を外部調査に委ねようとしなかったことの一証拠に過ぎないが、私個人にとって一八九八年（明治三十一年）二月十五日の夜の出来事は、決して消えない記憶として頭に刻み込まれている。

私が同僚のシルベスター・スコベルと共に沈没しかかっている船に一番に辿り着いた時、ちょうどシグスビー艦長がカッター船に乗り込み、ウォード汽船会社の「シティ・オブ・ワシントン」号に移ろうとしていた。

一時間後、私はシグスビー艦長から海軍大臣とキーウェストの提督に宛てた公式文書を手渡され、打電を依頼された。彼は私に、その夜に陸に上がっている将校や部下は誰も信用できないと言ったのだ。[17]

その後すぐに、米国による秘密裏の爆発原因調査が税関監視艇「マングローブ」の船上で行われた。

現場で船体調査作業を指揮した寡黙なベテラン海軍軍人のディック（リチャード）・ウェインライト大将が、新聞記者を誰一人難破船に近づけさせなかったため、結局私は警戒線を越えた唯一の記者となった。

スペイン独自の調査を指揮したハバナ港湾局の技師長は、私の古い知り合いで、同僚でもあったが、彼は私を単なる技師だと思っていた。

私は調査の間ずっと彼に付き添い、スペインのランチに乗って潜水夫が海面に上がってきて報告することをそのまま記録した。スペインのボートに乗っている私を見て、米海軍の友人はひどく驚き、彼らは私を遠ざけようとしたが、それでも事件についてあまり隠し立てはしなかった。[18]

当時の私は、技師としての能力は十分だったが、新聞記者としてはまだ駆け出しだった。外部から爆発させた証拠はなく、メイン号撃沈という明白な目的のために湾内に機雷を沈めたという証明もできなかった。

【17】チャールズ・D・シグスビー艦長による『メイン号、ハバナ湾での破壊について』（一八九九年、ニューヨーク、The Century Co.、七七頁）
【18】脚注17に同じ（一六六頁）

反対に爆発は艦内で起こった痕跡が多く見られたが、もっともその内部爆発は外からの何らかの衝撃によって引き起こされた可能性もあった。技師として私は事実が知りたかった。そうした私に『ニューヨーク・ワールド』紙から事実に則った記事を書くよう依頼があった。

だが私が集めることができたのは、意見と噂と推測、そして想像だけだった。編集者は、おそらく私のことを役立たずと思っただろう。しかし私は、彼らが欲した記事を裏付ける事実を発見できなかった。

私は独自の推論を立てていた。爆発の翌朝、まだ残骸が燃えている時間に私は写真撮影のために再び現場に向かった。

専門が電気技師の私は、甲板上の上構のひっくり返った裏側からむき出しになっているワイヤに興味を持った。記念にと思い、真鍮のヒューズ箱四つをこじ開けたところ、そのうちの二つが標準ヒューズ箱と違って太い銅線で取り付けられていたことを発見した。

もしこの銅線のどちらかがショートし、大電流であれば発電機のヒューズが飛ぶか、そうでなくても過熱の原因となり、接続点で発火するだろう。また、もしこのワイヤが火薬庫近辺か外側を通っていれば、謎とされた爆発の原因を説明できる可能性があった。

一方でこれらのヒューズ箱が接続箱として使用されていたのなら、銅線の説明はつく。調査委員会に提出すれば、それは重大な不注意の証拠となっただろう。

友人のスペインの技師は、このヒューズ箱を大金で買い取りたいと言ったが、私はそれを断って手放さず、後に一つを製造元のゼネラル・エレクトリック社に提供した。銅線で取り付けられた真っ黒に焼け焦げたもう一つのヒューズ箱は、今も上海の私の事務所にある。

私がこの事件について公にするのは初めてだが、それは人間がいとも容易く間違いを犯すものだということを強調したいからである。

調査期間中、私はスペインの潜水夫のボートに乗り込み、夜はメイン号から救出された将校たちとホテル・イングラッテラでポーカーをしながら、日中見聞きしたことを話題にした。

遠回しに仮説を立てて情報を聞き出そうとしたが、将校たちは実際のところ何も知らないようだった。彼らとはただポーカーをしただけで終わり、結局『ニューヨーク・ワールド』紙の所有者のピュリッツァー氏は口外できないほどの大金を無駄にした。

米海軍審判所が出した結論は簡単なものだった。審判員は実直で誠実であり、その認定はその時点で入手できた証拠に基づく極めて妥当なものだった。

いずれかの個人や集団の責任を断定する証拠は見つからなかったという報告は、それだけで十分だったのだ。なぜなら判決は、すでに新聞各紙が下していたからだ。米国民から見れば、爆発を起こしたのはスペインであり、挙(こぞ)って声高に開戦を唱えた。

だが今でも思うのは、もし米国がスペインからの共同調査の提案を受け入れるか、この事件を利害関係のない仲裁法廷に委ねていれば、その裁定によって世論の高まりは収まり、おそらく戦争は回避されただろう。

最初から結論ありきの調査団

この内密に、かつ一方的に行われたメイン号調査を踏まえて、先だって国際連盟調査団に随行して満洲国各地を訪れた時の体験を話したい。

調査団には専門家、大学教授、連盟の顧問弁護士、そして熱烈な支那贔屓の人間も同行していた。

彼らは、各地でそれぞれの国の在留者や宣教師、新聞記者から聞き取りを行い、日本陸軍将校の審問速記録を再検討したが、私はそうした現場に立ち会って一つのことを確信した。

今回の連盟調査団と同じ方法と態度でメイン号事件の調査が行われ、米国海軍の高官がスペインの調査団か国際審問委員会に呼び出されていたとしたら、おそらく審問が終わらないうちに宣戦布告もなく戦闘が勃発しただろう。

日本軍の将校たちは、調査団から厳しい追及を受け、支那支持派の外国人記者や宣教師、商人たちの証言とすり合わせがなされ、食い違う日本人の証言は削除された（解説：結果として、支那側〈蔣介石軍閥側〉の勝手な虚偽の言い分が全て通ってしまった）。

非常に繊細で几帳面な誇り高い日本のサムライ集団が、そうした状況では自信たっぷりに振る舞う西洋のやり方も知らず、半分も理解できない言語で執拗な尋問を受け、考えられるありとあらゆる不利益にもかかわらず手続きを踏んだのは、彼らが真実を世界に知らせたいと切に願っていたという重要な証拠である。

連盟の調査団は、予め結論を出した他のあらゆる調査機関と同様に、偏見や政治上の言質にとらわれ、最初から結論ありきで証拠を積み重ねた。日本の訴えは、調査が始まる前から退けられていたのだ。英国人なら、日本を打ち負かした方法は明らかに「紳士的で
はない」と断定しただろう。

一九三一年（昭和六年）九月十八日夜、南満洲鉄道の線路の一部を損壊した爆発は、日本軍による大胆な軍事行動のきっかけとしては十分ではなかったという説もあり、それは当たっているかもしれない。

だがいずれであっても日本は条約上、そうした事件を自ら解決することを許されていたのではないだろうか。

メイン号事件では米国は独自の調査を行い、独自の結果を公表し、戦争に訴え、世界地図を塗り替え、自らの裁決によってその紛争を足掛かりに世界の一等国となった。スペインが米国の要求を全て呑んだにもかかわらず、米国は宣戦布告し、マッキンリー大統領は議会に教書を送り、紛争の唯一の解決策として武力干渉を提議したのだ。

翌年一月、上院議会で米西間の和平条約が審議されている最中、マニラ付近のサンタアナ橋頭で二発の銃声が上がり、米国は再び三年間フィリピン征服戦争を続けた。

フィリピンのアギナルド将軍（注：フィリピンの革命家でフィリピン共和国の初代大統領）は、発砲は全くの偶発であり、命令されたものではないと遺憾を表明したが、米国のオティス将軍は戦闘行為の開始とみなすよう強く主張した。

フィリピンの愛国者たちの訴えを聞き、公平な審問を行える国際裁判所は存在しなかったのだ。スペインとの条約は一票の差で可決批准されたが、米国は新たな戦争に突入し、一万の兵隊の命を犠牲にし、何千人もが終生身体障害者となり、六億ドルの戦費が費やされ、ようやく「フィリピン人の反乱」を鎮圧したのである。

フィリピンの各州は荒廃し、町は壊滅され、「ヘル・ロアリング・ジェイク（地獄で吠えるジェイク）」という異名を取ったジェイコブ・スミス将軍は、スペインのウェイラー将軍がキューバで行ったのと同様に反乱者を集中して収容した。

スミス将軍は、サマール島においてクラーグライフル一丁で彼らを「文明化」と称して実際は虐殺し、最後アギナルドがファンストン将軍に捕らえられてようやく征服戦争は終結した。

「（フィリピン人は）キューバの先住民と比べればもっと知的で有能だ」「我々が承認したリオグランデの南側の諸国より自治政府に適している。対スペイン戦争中に我々が進めたフィリピン人に対する伝道と、我が司令官の声明によって、我々はフィリピンを同盟国として承認した」

しかし米国は、その同盟国を無理やり従属国にしたのだ。独立宣言を信じている時代遅れの米国人少数を除いて、米国がフィリピン戦争を仕掛けた動機の誠実性を疑う者もいなければ、米国は「十分な挑発も受けずに」戦争を始めたとする反米世論に対抗する者もいない。

米国上院議会は、十年後のフィリピンの独立を可決したものの、今後さらに領土拡張や門戸開放の推進派が台頭してくれば、十年の経過を待たずに、国家としての誓約を反故にする何らかの口実を見つけ出すだろう。

モンロー主義が定めた法

調査団に随行していた米国人専門家の一人は、日本が一九三一年（昭和六年）九月十八日夜の爆発を軍事行動の法的根拠にしたことは賢明な選択ではなく、そのため調査結果は日本を支持するものとはならなかったと述べたが、それは的外れである。

日本は支那に対して、支那が日本に対するのと同様に大いに不平、不満を抱えていた。（フィリピン人と米国人との間の摩擦や衝突が疑念と敵意を生み出したのと同様に）立て続けに発生した事件のどれを取っても、日本が自国の利益保護のために武力を正当に行使するもっともらしい口実となり得たのだ。

そして日本は口実を自ら作り出す必要はなかった。極度に緊迫した状況であれば、暗闇で一発銃声が聞こえるだけで爆発を引き起こしただろう。

日本が九月十八日夜の「出来事」を法的根拠としたのは、もはや選択肢がなかったからである。その夜と続く二日間の行動によって、日本の実質的な政権は陸軍（関東軍）に移った。

非常に名誉を重んじる日本陸軍が、九月十八日の夜の出来事は全て嘘の塊であり、爆発は侵略計画を覆い隠すために仕組まれたものだという説明をあれこれ聞かされれば、どういう行動に出るか自明だろう。

自分たちの駐屯地に這い戻り、そこからジュネーブの代表団に連盟脱退を指示し、連盟による有罪判決とスティムソンの不承認主義が暗示する決戦に向けて必死に準備をしているのは当然ではないか。

米国はモンロー主義を一種の自衛とする解釈を堅持し、自衛権行使の時機と場所を決める権利があると主張するが、その行使を余儀なくした原因について外部からの干渉も調査も拒むのであれば、アジアの国が同じような行為の妥当性に同じ抗弁を用いても、あれこれ詮索する立場にないのではないだろうか？

同様の事件に対する裁定は同一であり、同様の事件に関する論拠は法律上有効である。米国は自国の行為を正当化する法において、他国が同様の行為を行う権利を否認することはできない。

我々が、モンロー主義は外部の審問や審議、勧告を受けるような政策ではないという姿勢を崩さないのであれば、米国は誠意を持って不戦条約に調印したわけではないことになる。審問や調査に耐えられない政策なら、米国はモンロー主義などお払い箱にすべきだ。

日本には認められない自衛権

米国が過去カリブ海諸国で行った武力介入が妥当とされ、将来防衛の目的で類似の措置を取る権利を和平条約に基づいて留保し、米国の行為に対してはいかなる干渉も調査も許さないのだとしたら、日本もその利益と安全が脅かされる場合、同様に同じ法の適用を受ける権利があるのではないか。

同じように支那権益を絶対縮小できない他国にとっても、その防御は最大の国家義務であり、我々は紛争を避ける唯一安全な方法として、そうした権益の根拠となるものを検討し、承認し、受け入れるべきである。

日本を不戦条約侵犯国として責める前に、米国はまず不戦条約調印に至るまでの外交文書を精査すべきだろう。そうすれば、日本は、単に米国が自国の特殊権益を維持推進するために解釈した法に従っただけである、という結論に達するはずだ。

私は、一九三一年（昭和六年）九月十八日夜に満洲で指揮を取っていた当時の日本陸軍（関東軍）司令官の高潔な人となりを個人的に知っており、彼と部下たちの証言が事実と一致していたことに安堵している。

だが裁決は、はるかに本庄大将（本庄繁陸軍大将）に不利なものだった。連盟から指名された事実認定のための調査団は、言語や教養の面で東洋特有の状況を考慮する能力を欠いており、司令官の誠実さに疑問を投げかけ、統率力不足を責め、日本を倫理に反する国として世界から仲間外れにした。

それが西洋諸国の決めたルールに従ってゲームをした日本に対する報いだったのだ。

日本は、自らの行為について隅々まで洗いざらいの調査を要求したが、立場が逆であれば、他のどの一流国もそうした調査は許さなかっただろう。日本は知らず知らずのうちに名誉を傷つけられ、全世界を敵に回しているが、それでもその敵に対して自国を防衛する権利をまだ持っている。

領土主権を国際裁判に掛けたことの罪

国家の自衛が第一の自然法であり、国際法であるなら、一つの主張が成り立つ。もしどこかの主権国家が法廷に引き出されることを短慮にも受け入れ、結局法の玉座の前にひれ伏さざるを得ないとすれば、この先も同様の扱いを受けることを恐れるのは当たり前だろう。

日本はこれまで講和会議、軍縮会議と二度国際会議に出席したが、支那とその友好国によっていずれの会議も対日批判の法廷にされた。

それにもかかわらず、日本の統治者は、自国の無実を確信するあまり、軽率にも三度国際審問の場に立ったのだ。問題の性質上、その事実認定と裁定の結果は最初からわかり切っていた。

三度も裁判に掛けられた日本が、欧米列国の牛耳る国際法廷や会議では決して公平に扱われないと思い知り、さらなる紛争解決は当事者となる列強国との個別交渉に委ねられるべきであると主張したことは当然であり、何も不思議ではない。日本は二度とジュネーブへは行かないのだ。

第二十九章　九カ国条約と決議

無視された「十三件の決議」

米国民にとっては、日本が国際連盟規約に違反したという訴えなど関係なく、また不戦条約に違反したか否かについても実際のところ意見の相違がある。

だがあと一つ、一九二二年（大正十年）にワシントンで日本が調印した九カ国条約の問題は残っている。少なくともこの条約は米国伝統の極東政策を具体化し、恒久化するものであり、日本が違反したとすれば、米国には確かな法的根拠に基づいて訴える権利があり、それこそが米国が日本に対して真に抗議すべき点なのだ。

しかし日本以外の署名国八カ国が完全に一致し、違反国に対して協調して圧力を加える準備と意思がなければ、米国が単独で条約の擁護者を名乗ることはできない。

九カ国条約において調印国は、「支那の主権と独立、領土的及び行政的保全を尊重すること」「支那が自ら有力かつ安定した政府を確立維持するため、最も完全にして最も障害なき機会をこれに供与すること」を誓約した。

条約に調印した列強国はさらにこれらの原則を侵害し、損なう可能性のあるいかなる条約、契約、取り決め、合意書も、締約国同士のみならず、単独か集団かを問わず、いかなる列強国とも結ばないことを約束した。加えて討議が望ましい事態が発生した場合は「何時にても関係締約国間で十分にして隔意なき交渉を為すべきこと」が合意された。

これらの三条項は九カ国条約の柱であり、日本の誓約違反を示す根拠として常に引用されている。しかしこの条約の一部であり、締約国が順守の義務を負っているにもかかわらず、具体的に明記されていないワシントン会議での「十三件の決議」[19]の存在は、ほとんどの場合、都合よく無視されているのだ。

ここで全ての決議を検討する必要はなく、二つで十分だろう。まず第四号決議では、極東問題に関する検討委員会を支那に設置し、条約に関係する問題は全て調査、報告を行うことが決議された。しかし支那がこの決議を承認しなかったために、条約は主たる目的と価値を失い、支那は問題が起これば自らが判断することになった。

スティムソンがボラー上院議員に宛てた書簡の中で主張しているように、もしワシントン会議が本質的に軍縮会議であったとすれば、条約の核心は、支那が軍備及び軍事費の削減に同意した第十号決議にある。

一九二一年（大正十年）当時、支那の兵力は推定約百万人[20]であり、その維持費は国の財政を著しく逼迫させ、長引く政情不安の要因となっていた。

ではこの決議はどのように順守されたのだろうか？　支那の兵力はその後も年々増強され、現在で

【19】「海軍軍縮会議」（一九二二年、ワシントンD.C.政府印刷局）条約の項（一六四〇～一六五九頁）
【20】脚注19に同じ

は二百五十万人から三百万人に上っている。

一九三二年（昭和七年）の『支那年鑑』[21]によれば、非正規軍を除く支那軍は二百二十四万五千五百三十六人となっており、さらに南京政権の軍事独裁者である蔣介石の私兵だけでも百万人と推定されている。承認政府の正規軍や軍閥の賊軍の兵力に加え、武装した匪賊や共産主義者たちが二百万はいると見られ、全てを合わせると支那ではざっと五百万人が銃を携えている計算になる。

彼らは民衆を餌食にし、勢力争いを繰り広げ、支配権を握って外国の承認を勝ち取り、外国監視の下に徴収される租税収入を手に入れようとしているのだ。

条約侵犯者は誰か？

こうした軍事費は支那の財源を大幅に食い潰しており、金額の推定は不可能である。なぜなら政府予算の歳入歳出は、うまく帳尻が合うよう作られているからだ。『支那年鑑』でウッドヘッドが示した一九二九年（昭和四年）から一九三〇年（昭和五年）の年間予算を見てみよう。

南京の国民党政権下の兵力は約百万人だが、軍事費予算は銀兌換二億四千五百万ドル、つまり一兵士あたり二百四十五ドルと設定されている。これでは月額二十ドルの計算となる。

当時銀兌換ドルは金兌換二十セントに相当しており、換算すれば兵士一人あたりの衣食住と武器装備費用は月額わずか四ドルである。

この非常識な数字をそのまま正規の省軍や非正規軍、共産主義者や匪賊などありとあらゆる兵士に当てはめると、五百万人の兵を維持する総費用は何と十二億二千五百万ドルになる。

この金額には、ライフルや、装備、自動拳銃、戦闘機、機関銃、戦車、輸送車、重砲、大砲、ライフル銃用実包や火薬など軍隊に必要なありとあらゆる装備品の購入費は明らかに含まれていない。だが、こうした兵器や軍装品は海外から輸入するか、各地に散在する二十三の兵器廠で輸入原料や半製品から製造しなければならないのだ。

このように予算を巧妙にごまかす術を支那人も知らないわけではないだろうが、支那の大蔵省が常時収支の合った予算を公表できたのは、会計を巧みに操る外国人顧問の助言があったからである。

しかし会計簿記でどのような奇策を講じても、普通なら支那人の兵隊一人を月四ドルで維持できるとはとても信じられない。そんなことが可能なら、現在の混沌とした状態から強大な支那が出現するかもしれないと世界各国が震えあがるのも納得だろう。

さらにこの予算の数字には、国内の課税収入、阿片の売り上げやその他本当の軍事費を賄っている巨額の収入が含まれていない。南京政権の経常収入は、外国の小型砲艦（沿岸警備隊）の監視下の開港場で、交易品に課される関税、塩、煙草、石油、印紙、小麦その他に課される税金や負担金が九割を占めているのだ。

また南京政権は、すでに二十三回国内債券を発行しており、額面金額は九億七千二百万ドルに達しているが、そのうち七億六百万ドルは、一九三二年（昭和七年）二月二十八日時点で未償還となっている。

これらの公債の大半は、関税の増収分を担保としており、米国が率先して関税自主権を譲歩したこ

【21】H・G・W・ウッドヘッド『支那年鑑　一九三二～一九三三年』（上海、The North China Daily News & Herald, Ld.）

とで、南京政権は外国貿易によって軍事費を調達しているのだ。

現在、交易品は商売として成り立つぎりぎりのところまで課税され、卸しの利幅を縮小する規則が適用されるようになっている。異論を覚悟の上であえて言わせてもらうなら、過去七年間の支那の内乱を賄っているのは外国人なのだ。

このように数字を見てくると、残り四百万の兵隊の維持費用は、承認政府（蔣介石軍閥）が予算に入れた収入源以外から調達しなければならなくなる。

満洲を掌握した張親子は、七十億ドルもの不換紙幣を発行し、人民に銃剣を突き付けてその紙幣と交換に彼らが汗水たらして作った生産物を取り上げた。

他の省では土地税を二十年から五十年分も前納させ、阿片の栽培や売買によって省軍の維持費を稼ぎ出すなど、圧政者を支えるために人民が様々な方法で搾り取られた苛斂誅求（かれんちゅうきゅう）を思い起こせば、予算の数字が何を意味しているか理解できるだろう。

私は、この五百万の兵を維持するための食費、衣服代、住居、武器、弾薬、その他必需品の実際の費用は、公表数字の二倍か三倍と見積もっており、予算はあくまでも外国向けに粉飾されたものだと考える。

軍事費を合計すれば、海外から輸入する軍需品の対価も含め、おおよそ年間二十億から三十億ドルになるはずだ。こうした巨額の軍事費によって、支那の財政再建や貿易再生は不可能となり、さらに支那そのものが世界平和に対する大きな脅威となっている。

九カ国条約とそれに組み込まれた第十号決議に話を戻そう。九カ国条約の本文の定めを根拠として、世界は日本を条約侵犯国として責めている。無論支那は条約に違反はしていないが、それは支那が勝手気ままに振る舞うことが認められているからだ。

米国政府と世論を生み出す諸団体は、日本が海軍軍縮条約を現行通りの比率で更新しようとしないことを取り上げ、厳しく批判している。

日本が英米と同等の扱いを受けられるなら、二対二対二の比率で海軍を縮小すると米国に確約しているにもかかわらず、米国人が見ているのは、日本が極東を征服し、米国に門戸を閉ざす準備をしているという点だけであり、交戦論者たちは米国民に、対支貿易の機会均等確保には大規模な海軍が必要だと訴えている。これが問題の一つの側面である。

もう一方の側面は、表側だけを見ている者にもはっきりわかるはずだ。対外貿易は支那の政権にとって最大の歳入源であり、その権利を保持するために、過去七年間に二千五百万から三千万もの人命を犠牲にしてきた。

税関で徴収する関税は一セントに至るまで軍の維持費に充てられ、その軍隊は民衆を食い物にし、彼らが輸入品を買う購買力を根こそぎ奪っている。さらに武器取引による儲けも小さくない。

これは外国が法律を定めたり、米国上院が決議をしても干渉できる問題ではなく、また支那と交易をするあらゆる列強国が忌まわしい商売から分け前を得ようとしている。

強国の「死の商人」は、その特殊製品を売るために外交上の支援や政府の支持を得る一方で、関税の増収分を担保とした長期信用取引を成立させている。支那は対外貿易によって武器の代金を支払っているのだ。

世界は、日本を九カ国条約侵犯国だと糾弾している。その非難は非難として認めよう。しかし支那を除く他の七カ国はどうなのだ。

支那による条約違反には目をつむっているではないか。列強国が対支貿易とその利益のために支那に譲った関税自主権によって、支那は正規軍を百万から三百万に増強する資金を獲得し、第一次世界大戦の戦死者の五倍に達する内戦の犠牲者を生んだのではないか。

日本は自衛という点で条約に違反したのかもしれないが、日本を批判する者たちは、わずかな貿易利益を得るために支那の条約違反を容認したことで、世論の裁きの前に有罪宣告を受けるのだ。

第三十章　公認された放蕩者

支那からはぎ取られた蒙古

ワシントン会議（一九二一～一九二二年）に話を戻そう。支那に利害関係を持つ主要列強国は、ソビエト＝ロシアのみを除いて全て出席を要請された。ロシアは当時無法状態にあり、何もかもが崩壊し、混乱し、国は破綻し、何の力もなく、十年間は立ち上がれないだろうと考えられていた。

そこで列強八カ国は、支那の領土的及び行政的保全を尊重する条約に粛々と調印する一方で、どの国も政策を知っているロシアに対しては、アジアで自由にやってもよいという一種の許可を与えた。

そのロシアが会議の期間中に堂々と外蒙古を傘下に入れ、条約の調印が乾かないうちに外蒙古に独立した一共和国を樹立し、新国家を自らの社会主義共和国体制に組み入れたのだ。

蒙古は、アジア中心部に位置する面積百三十七万平方マイルの高原の国である。経済発展の可能性を秘め、豊富な資源を有し、二百万の半遊牧民は人類の主要人種の一つ蒙古人種として知られている。部族単位で生活し、それぞれの王によって統治されている蒙古は支那の北西に位置し、外国にとって対支戦略上の鍵となる。

蒙古を掌握すれば支那本土へ北西側から進入する経路を確保できるため、かつては中央アジアの民族がその道を通って大挙して漢民族の土地に流れ込み、長年支那を征服していた。

一方、蒙古は独立を維持しながらも、領域が大清帝国の一部にされていたことから、満洲の統治を引き継いだ支那共和国（蔣介石軍閥）の固有の領土になったと考えられていた。

だが蒙古の状況は実質的に満洲と同じであり、蒙古の王は支那征服のために満洲民族と手を組んだものの領土主権は保持していたのである。ここで蒙古の立場と支那、満洲との関係をさらに詳しく述べる必要はないだろう。

もし我々が、蒙古は「支那共和国」の固有の領土であるという支那の主張を認めるのであれば、モスクワが傘下に置いた新しい蒙古の独立国家樹立は、八大列強国が定めた原則に対するあからさまな違反になる。満洲の二倍の面積を持つ蒙古が列強国からの何ら抗議の通告なしに、支那本体からはぎ取られたのだ。

今日、蒙古共和国は鎖国状態に置かれ、外国人は訪問や居住どころか、取引も認められていない。ソ連の軍事顧問による過酷な訓練によって鍛えられ、統制の取れた七万五千の蒙古軍によって門戸は全て閉ざされている。

そうした蒙古に外国人が入るには、モスクワでソ連の役人から査証の発行を受けてシベリアを経由して行くしかないのだ。

広東政権とソ連の謀略

蒙古を吸収した後、何年も経たない間にソ連は広東国民政権（蔣介石）と手を組んだ。我々が気付いた時には、支那全土で国民党支配が強引に推し進められていた。

ソ連の政治顧問や軍事指導者、宣伝工作員、応援団長らは現政体を崩し、共産主義体制を確立すべく国民革命軍を組織し、彼らを勝たせることで支那の内政に直接介入していたのだ。

広東国民政権とソ連間の秘密同盟の内容は全く公表されなかったが、両者間でなされた合意は様々な出来事を通してはっきり見えてくる。

後述のように、ソ連は支那を世界革命の踏み台として利用していたが、列強諸国は極めて重大な影響を受けるにもかかわらず、何の手出しもできなかった。

何か行動を起こせば支那の内政干渉となり、「支那が自ら有力かつ安定した政府」の形態、構想を作り出す権利を阻むことになるからだ。九カ国条約は締約国の手足を縛りながら、ロシアには支那を思い通りにできる無条件の自由を与えたのである。

赤の脅威

国民党の「連ソ容共」方針により撒かれた共産主義の種は支那の大地に根付き、外国が気付かないまま密かに成長を続け、長江以南のあちこちに中央政権に対抗して大規模な兵力を抱えるソビエト政権が樹立されるまでになった。

広大な支那の内陸部に多くの国が出現したことを世界は最近まで知らなかった。だがここへ来てようやく、支那におけるソビエト化進行の現実が情報統制の壁を越えて認識されるようになった。

一九三四年（昭和九年）夏、支那の共産主義や兵力の実体、将来に向けた計画、方向性などを論じた二冊の本[22]が出版された。

長々と説明するよりも、支那ソビエト共和国の勢力分布を示した地図を見れば、共産化の運動がい

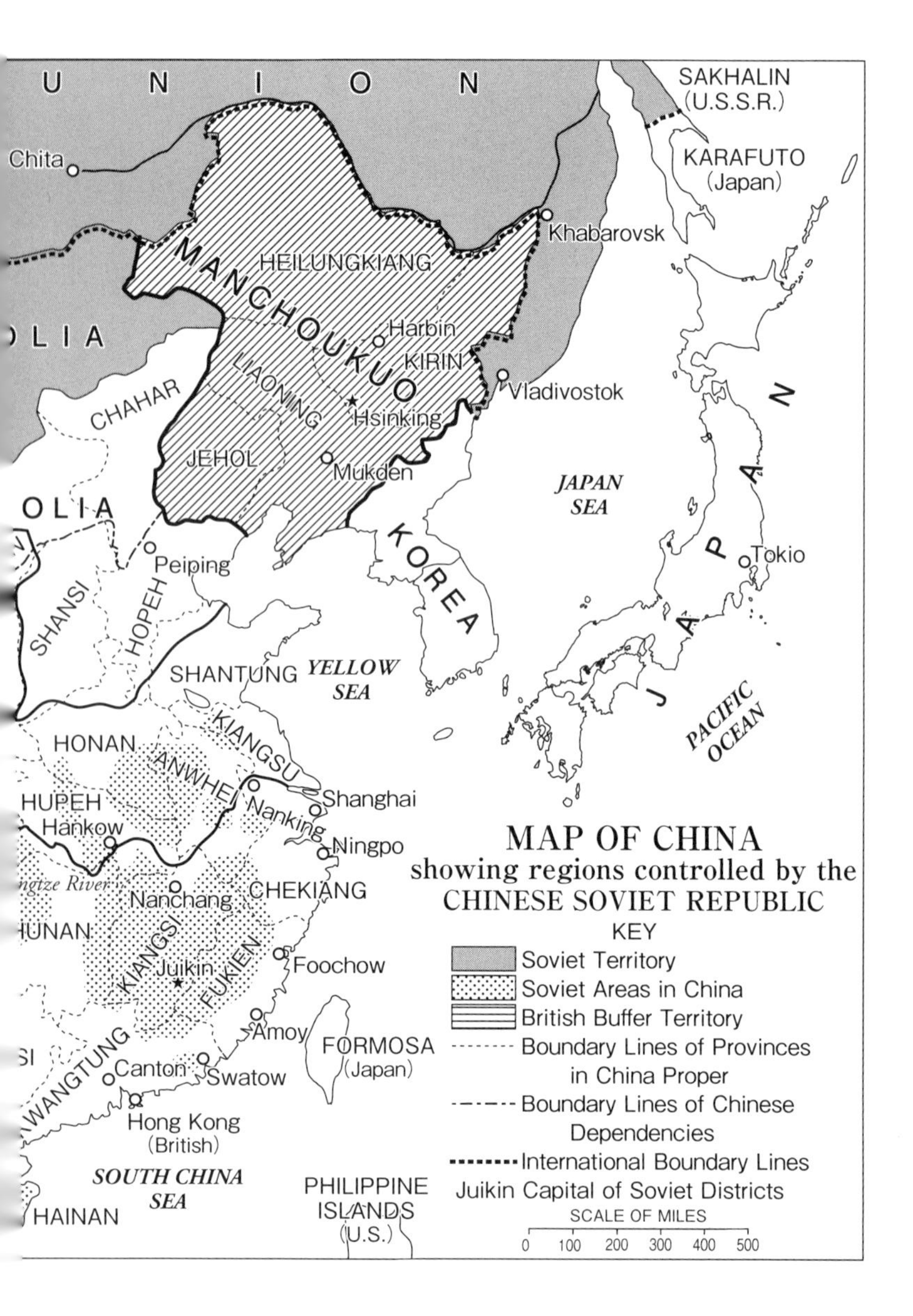
U N I O N
SAKHALIN
(U.S.S.R.)
KARAFUTO
(Japan)
Chita
Khabarovsk
MANCHOUKUO
HEILUNGKIANG
Harbin
KIRIN
LIAONING
Hsinking
JEHOL
Mukden
Vladivostok
CHAHAR
JAPAN SEA
KOREA
JAPAN
Tokio
Peiping
SHANSI
HOPEH
SHANTUNG
YELLOW SEA
PACIFIC OCEAN
HONAN
KIANGSU
ANWHEI
HUPEH
Hankow
Shanghai
Nanking
Ningpo
Nanchang
CHEKIANG
KIANGSI
Juikin
FUKIEN
Foochow
Amoy
FORMOSA
(Japan)
Canton
Swatow
KWANGTUNG
Hong Kong
(British)
SOUTH CHINA SEA
HAINAN
PHILIPPINE ISLANDS
(U.S.)
MAP OF CHINA
showing regions controlled by the
CHINESE SOVIET REPUBLIC
KEY
Soviet Territory
Soviet Areas in China
British Buffer Territory
Boundary Lines of Provinces in China Proper
Boundary Lines of Chinese Dependencies
International Boundary Lines
Juikin Capital of Soviet Districts
SCALE OF MILES
0 100 200 300 400 500

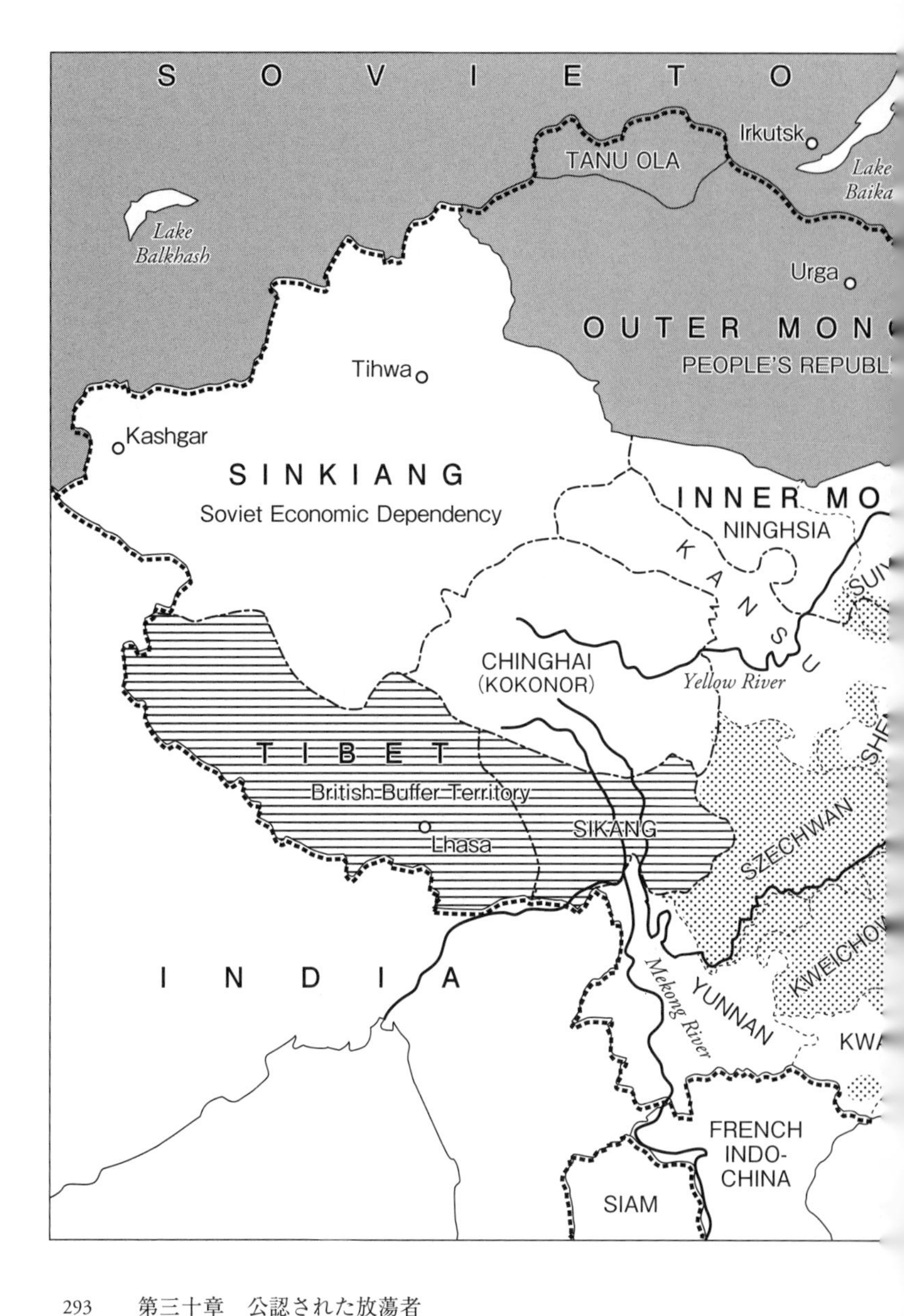
S O V I E T
Irkutsk
TANU OLA
Lake Balkhash
Urga
OUTER MON
PEOPLE'S REPUBL
Tihwa
Kashgar
SINKIANG
Soviet Economic Dependency
INNER MO
NINGHSIA
KANSU
CHINGHAI (KOKONOR)
Yellow River
TIBET
British Buffer Territory
Lhasa
SIKANG
SZECHWAN
KWEICHOW
INDIA
YUNNAN
Mekong River
FRENCH INDO-CHINA
SIAM

かに広範囲に行われ、すでに武力制圧は困難であることが一目瞭然だろう。

支那内陸部には兵隊を素早く地域間で移動させる鉄道も道路もなく、反乱軍が防衛のみに徹すれば延々と戦闘を続けられる。一カ所から追い出しても、別の地域に合流し、勢力圏を周辺に拡大していく。

「相手が舐めさせようとしなければ、舐めることはできない」という古い格言があるが、彼らは真っ向から戦うことを避け、形勢と地形が自分たちに有利に働く場所まで逃げ続け、敵がくたびれ果てるのを待っているのだ。

スペイン軍は、二十万を超える軍隊を送り込んで一万八千に満たないキューバを制圧しようとしたが、キューバ軍は五年間国中を逃げ回り、スペイン軍はひたすら追いかけただけだった。

それと同じようなことが支那ではもっと広範囲で起きている。蔣介石総統は、ドイツの軍事顧問が訓練・指揮する大軍をもってしても、神出鬼没の共産党軍に太刀打ちできない。

米国人ジャーナリスト、アグネス・スメドレー著書の『チャイナズ・レッド・アーミー・マーチ（支那紅軍の行進）』[23]によれば、現在一億人以上、つまり総人口の四分の一近くが共産主義勢力下にあり、現役兵、志願兵を含む兵隊の数は百万近くに上っている（注：アグネス・スメドレーは米国人女性ジャーナリストで、毛沢東を支持し支那共産党の宣伝活動に尽力した）。

それが本当の数字か単なる宣伝か定かではないが、実際、前後六回の大規模な共産党排除（清党）を行ったにもかかわらず、蔣介石は共産主義の拡大を封じ込めることができず、追い詰められ、自らの政権の生き残りをかけて必死で戦っている。

蔣介石が共産主義の脅威を抑えきれなければ、支那は赤化し、また一つ新たな「ソビエト共和国」がモスクワの傘下に入ることになる。

本書が印刷所に回されようという現時点（一九三五年〈昭和十年〉）の支那の報道によれば、蔣介石総統は、紅軍をようやくその拠点である江西から撤退させ、南京や広東、広西などの省軍によってその退路を断とうとしたものの、敵軍はすでに貴州西部に逃げ込んでいる。

広西軍が南京軍に協力せず、紅軍の西部への退却を阻止しなかったのは、紅軍と広東の間で「不可侵協定」が締結されていたからである。

広西省よりさらに西方の四川省、雲南省、貴州省は現在も国共間の主戦場となっており、「四川を制する者は支那を制す」として勢力争いが続いている。

江西省では国民軍が勝利したが、何ら大局は変わらず、勢力圏と作戦の中心が近代的軍隊の入り込めない場所に移っただけであり、そうした地域に権益を持つ英仏は、それぞれ防衛手段を取らざるを得なくなるだろう。

もし一、二年内に国民党左派が南京政権の主導権を握れば、華北部、満洲国へも勢力を広げようとするだろう。二百万以上の兵力を持つ長江以南の紅軍が北へと移動し、ソビエト極東軍と蒙古軍が紅軍に合流すれば、満洲国は共産主義者たちの挟み撃ちに遭う。

支那が対日抗戦の準備を始め、満洲国人民を再び残忍な軍閥に隷属させようとしていることは間違いない。

戦争に向けた兵器廠や製鉄所、飛行機工場、軍需品の製造施設などの計画が進められており、資金

【22】Victor A. Yakhontoff "The Chinese Soviets"（一九三四年、ニューヨーク、Coward McCann, Inc.）
【23】Agnes Smedley "China's Red Army Marches"（一九三四年、ニューヨーク、Vanguard）。邦訳：『中国紅軍は前進する』一九六五年、東方出版社）

さえ調達できれば建設請負契約が締結されるだろう。支那がかき集める資金は、全て最新鋭の殺人兵器の購入に充てられるのだ。

一九三四年（昭和九年）半ば、支那が過去海外に派遣した中で最も重要な「支那政府軍事視察団」が、最新鋭の武器と輸送機械を求めて欧米各国を回った。支那は急速に世界最大の武器市場となっている。

米国上院の委員会は武器製造会社の取引状況を調査し、戦争に対する不安を搔き立て、準備を進めている責任を彼らに押し付けようとしているが、戦争を推進しようとする最大要因は、同じく上院が批准し、米国の成文法とした九カ国条約そのものなのだ。

第三十一章　合法的殺人

支那の内戦の合法性とは何か

今の時代、内戦はほとんどの場合違法とされる。ところが九カ国条約の下、各省の独立権が否認された支那の内戦だけは依然として合法だと西洋諸国は考えている。

世界平和維持機構の根底にある国家間の戦争に対する恐怖は、条約によって合法化された派閥争いには当てはまらない。

それぞれの省や派閥が中央政権と衝突し、争っている範囲では合法とみなされても、ひとたび戦闘から撤退し、決然と独立を宣言（満洲国のように）すれば反乱となり、列強国は条約侵犯として外交手段を発動させるのだ。

反乱軍に対する武器の禁輸措置が取られる一方で、列強が承認した一派へは巨額の信用供与枠と借款が与えられ、彼らはその資金によって最新兵器を購入し、権力を磐石にする。

国際政治において真の人道主義的精神を貫き、絶望の淵にある虐げられた支那人民の権利と苦悩を現実のこととして真摯に向き合い、本当に戦争放棄を目指すのであれば、国際連盟と列強九カ国の各政府は、支那の諸軍閥に対して、六カ月以内に軍を解体し、中央政権なり連邦管轄政府の下で手を結び、それぞれの統治下にある人々、ひいては世界に対して、国としての基本的義務を果たすよう通告すべきだろう。

猶予期間を過ぎてもそうした統一が達成できないのであれば、その事実を踏まえて、列強はそれぞれを独立国、国の主体として承認するしかない。支那人は、温厚で勤勉で人懐っこく抵抗する術を何ら持ち合わせていない。

そうした無辜の民衆が年何百万も延々と殺され続けている現状を黙認して、死刑執行人に最新鋭の殺人機器を供給することは、正義を愚弄し、近代文明に挑戦するものであり、どのような政治的な修正液を使っても消せない歴史の汚点である。

列強諸国の責任と告発

こうした支那の悲惨な現状に間接的に責任を負っている列強諸国を、どれほどの激しい言葉をもって非難し、問い詰め、告発すれば足りるのだろうか。

自国の利益を追求する欧米の政治家たちは、勘違いの上に恒久的な九カ国条約を作り上げ、無辜な五億以上の民衆を、無責任で品位のかけらもなく腐りきった（蔣介石のような）軍閥の成り上がり者に委ねたのだ。

人々の苦しみどころか、政治の第一義すら理解できない彼らは、すでに三千万もの無抵抗の人命を犠牲にした自らの過ちを、自分たちの神の前で説明する責任を負っているはずだ。

全能の神はこうした不法行為を正す術を持っている。見捨てられた小作農や労働者が手に武器を持ち、我が国の空想家や感傷主義者たちが出現を願っている「偉大な姉妹共和国」ではなく「反キリスト」の旗を掲げて集結すれば、新たな「赤色テロ」となるだろう。

その時に責めを負うべきは我々米国民である。今それが起きているのだ。米国が諸条約にしがみついて現在享受し、これからも獲得しようとしている貿易利益、太平洋上の政治的権益、力の均衡は、数えきれない無辜の人々の血によってもたらされている。

そうした利益を未来永劫に得続けることなどできないのだ。他人を誰かの奴隷にする行為を助けている我々は、いつか我々自身がその軛を掛けられるだろう。

米国からアジア破壊の許可を与えられた共産主義勢力は、今や米国の門戸の内側に足を踏み入れている。支那で我々が目撃していることが米国で繰り返されるのは当然だろう。

共産主義は、残虐で情け容赦ない純然たるテロ行為によって、反対する者をことごとく排除することによってのみ勝利する。

従って支那で終わることなく続いている殺戮を止めさせる唯一の方法は、独裁支配を支持する条約を無効とし、一定期間を与えて全ての派閥に手を結ばせるか、各民族の分離独立を認めるしかない。

だが過ちを正すにはすでに時遅しかもしれない。共産主義の勢力圏はとっくに支那内陸部まで広がっているが、条約締約国（九カ国）は蔣介石率いる擬制国家を支援しなければならず、その結果、無抵抗の民がまた何百万と犠牲にならなければならないのだ。

支那人民は、内政に干渉してくる者たちにどこまでも対抗するだろう。西欧諸国は、少なくとも現在進行している状況を理解するためには十分知恵を絞るべきである。

フィリピンの利他主義と支那の利己主義

米国の政府も国民も、米西戦争までは、その国の政権がどんなに最悪でも、外国から押し付けられた最高の政権に勝り、後進国への内政干渉は先進国と被干渉国のどちらにとっても不利益であるという主義を堅持していた。

建国当初の政策を方向付けていたこの教義は、我々が「マニフェスト・デスティニー（明白な使命）」という毒虫に嚙まれるや否や、大きく方向転換され、米国は一年のうちにフィリピン征服を合法化し、反対に支那においては列強国が米国同様に行動することを禁じたのである。「明白なる使命」によって我々は「白人の責務」を負うはめになった。米国は、フィリピン住民のマレー人の生活を米国と同一水準にまで引き上げる事業に着手する一方、アジア大陸では我々の旧来の理想を復活させて五億の民衆を一政権の下に集め、他のあらゆる国との機会均等の原則を根拠に、対支貿易の促進を狙っている。

人道主義を唱えながらも、わずかな貿易利益を失うまいと何百万もの命を犠牲にして門戸開放にしがみついているのだ。フィリピンではもっともらしい利他主義を掲げ、支那では冷徹に自国の利益の計算をしているという訳だ。

スティムソン国務長官は、ボラー上院議員宛の公開書簡において、米国がフィリピンを領有しなければならないのは、現実問題として、フィリピンを事実上、門戸開放、つまり支那の領土保全を見張る拠点として維持するためだと述べている。

フィリピン人が自由を得る権利よりも、机上の空論に過ぎない支那五億人の恒久的独立の保障を優先させて、支那との取引を常に有利に運ぼうと考えていたのだ。弱者（フィリピン人）を押さえつけておいて、別の民族（支那人）に自由を与えるというのは、通商政策としては優れているかもしれないが、何と愚劣な主義であろうか。

現ルーズベルト大統領は、ようやくフィリピンにおいて米国の根本原則を復活させたが（一九三四年に議会で十年後のフィリピンの独立を認める法律を可決）、支那にも同じ原則を拡大適用すべきである。

我が国の民族主義と主権の概念の根幹にあるジェファーソンの法則に基づいて、支那の人々に独立する権利を認めれば良いのだ。残忍極まる蔣介石軍閥や支那共産党軍閥に対する援助は止めるべきである。

第三十二章　内政干渉の歴史

覇権は再び東洋に戻る

宗教迫害や民衆弾圧といった人道主義に反した事態を食い止めるための干渉であっても、倫理上の理由だけでは十分に正当化されず、違法と判断される。

しかし一部の識者は、特殊な状況下で内戦のどちらか一方の当事者の要請があれば、外国が他国の内政に介入する権利を持っていると主張する。

現実には武力介入はめったに行われず、大概の場合は外交政策や資金、武器、弾薬、顧問の提供によるか、密かに戦闘部隊を送り込んで援助するが、どこまでが「外交や財政の支援」で、どこからが実際の軍事介入なのか、その線引きは時によって難しい。外交や財政支援を隠れ蓑に部隊を送り込み、一体化することは容易なのだ。

支那の近年の歴史は、外国による干渉の記録である。承認された傀儡政権に加勢するかと思えば、時には「反抗的な独立各省」の支援に回った。

一九一三年（大正二年）、英仏独露日の五カ国は北洋軍閥の袁世凱に二千五百万ポンドの善後借款を供与し、樹立後間もない孫文の支那共和国臨時政府を倒壊させた。日本から段祺瑞率いる安徽派

（皖系）への二億四千万円の西原借款は、北洋軍閥による南征の間接的支援だった。

孫文の広東政権は、秘密同盟を結んだソ連から資金、武器、政治顧問、軍事専門家の提供を受け、国民政府は北伐を進め、列強の承認の下、支那最大勢力を装うことができた。

外国から一部生産品の関税前払いの形で提供された資金によって、蔣介石は漢口で反ソビエト政権を立ち上げ、米国の救済借款は、軍需品の購入に充当されたのだ。

また米国の綿麦借款（注：国民政府が五千万ドルの借款供与を受け、米国から綿と麦を買い入れる取り決め）は、日本人から見れば抗日のために支那を強化しようという姿勢の表れであり、ロシアの共産主義者から見れば、米国政府と南京政権間で支那中央部の共産主義者排除のために結ばれた、有難くない同盟関係を示すものだった。

諸外国が支那に提供した借款の担保を確保するために、各国の軍艦は絶えず承認政府側に立って監視の目を光らせ、時には紅軍が占拠した長江沿いの都市や町、要塞を砲撃し、沿岸に散在する海賊の根拠地を爆撃している。

支那は、法律上は主権国家であるにもかかわらず、財政的には列強諸国の独占的な銀行団の支配下に置かれ、銀行団の活動、またはむしろ何もしないこと（無為）によって、支那の安定、進化、繁栄をもたらすはずの開発が滞っているのだ。

どのような方法であれ、内政干渉は支那にとって日常であり、列強各国は入れ替わり立ち替わり、公然と、時には不正な方法で自国の特殊権益を守っている。擬制国家を立ち上げ、主権国家として承認しても、列強同士が戦っている間にどこかが抜け駆けして利益を得ることはできない。

そこで彼らはそれぞれ勝手な判断で、支那の主権を侵害し、傀儡政権が万民周知の人道主義という法に違反するのを黙認している。

それでいて日本の行動については、たとえそれが地球上の他の地域であれば決して容認されない悲惨な状況に終止符を打つものであっても、列強は主権国家の内政に不干渉という大義を掲げ、自らが無視した支那の主権を守れと日本に迫っている。

彼らは決して自分たちの誤りを認めず、欧米において民族を定め平和を維持しようとした行動の根本原則（民族主義）を支那に適用しようとはしない。

その原則を当てはめれば、どこか一国が微々たる貿易利益を得るのではないかと恐れ、妬み、海軍の比率や軍備や、擬制国家を恒久化する諸条約の些細なことで論争を続け、いつか互いに摑み合い、先進文明国家がバラバラに引き裂かれる日が来ようとも全く気にかけない。

その間、彼らが作った傀儡国家は、列強同士の殺戮を平然と眺めながら、「洋鬼たち」が自滅すれば東洋は再び自分のものになると確信しているのだ。

西洋が火薬を戦争に持ち込んで東洋から奪い取った覇権は、再び東洋に戻るだろう。圧倒的な数の兵隊に殺人機械を与えることで覇権が決まるのであれば、それは永遠に東洋のものである。

眠っている犬を起こすな

工業化が進んだ欧米各国は、過剰となった大量生産品の捌け口として、さらに大きな市場を獲得する必要に迫られているが、「眠っている犬は起こさない」という教えを学ぼうとはしない。

八十年前、米国は通商のために可愛いブルドックの子犬を突いて起こし、自分たちと遊ばせようとした。それが日本だった。子犬はどんどん成長し、まだ成犬とは言えないが、堂々と立ち上がって牙をむき出しうなり声を上げ、くわえた骨を取れるものなら取ってみろと挑んでいる。

我々は、この闘争心むき出しの日本のブルドックとどこまで仲良くやっていけるのか自信がなく、今度は一見柔和な支那のチャウチャウ犬を突いて起こそうとしている。

そっちの方がおそらく隣の犬よりも大人しく、十分な餌さえ与えれば子犬をたくさん産んで、ブルドックに劣る闘争心を数と粘り強さで補うだろうと考えているのだ。

米国は、日本に対して行った同じことを支那に対しても行うだろう。機械や特許権を売り、支店や工場を建て、優れた技術者を貸与し、大きな事業機会を見抜いた先見の明を自画自賛するのだ。

二十年もすれば、彼らは世界市場で米国より安く製品を売るようになり、安い労働力による製品が米国市場にも流れ込み、あらゆる兆候が示しているように、彼らが共産主義の傘下に入り、国が輸入を規制するようになれば、米国は存立を賭けて戦うか、破綻するか選ばざるを得なくなる。

儲けるのは武器商人

この想像は決して大げさではない。全て事実の裏付けがある。世界で最も優れた法律家たちが法学の観点からどれだけ議論を重ねても、その事実を覆し、当然の帰結をひっくり返すことはできない。

支那の民衆は、他国民と同様、殺し合いを望んでいないが、支配者によって徴兵され、軍服を着せられ、手に銃を持たされ、同胞と戦うべく進軍させられている。

彼らは、民は必ず一国家に属し、一人の権力者に服従しなければならないという政治上の教義を実行しているのだ。

支那の内戦を引き起こしたのは民衆ではなく、権威を笠に着た軍人たちであり、彼らは、支那全人民を一つの中央政権の下に結合させようとする九カ国条約を根拠に、民衆を殺す許可証を与えられている。その政権は、条約によって外国政府からの承認と財政支援を受け、武器の輸入を独占し、強制的に支配しているのだ。

支那の共産軍は、現在実動部隊三十五万人、志願部隊六十万人と推定されるが、彼らはライフル一丁、弾丸一発も海外から輸入していないと自慢している。

彼らの武器や軍需品は、全て国民軍の脱走兵や、同胞を殺せという命令に従うよりも同胞と共に戦おうと集団で投降した師団、旅団、連隊から供給されたものだ。

これからも承認政権の兵器廠に外国から兵器が何の規制もなく運び込まれ、外国が監視する税関での関税収入によって担保された外国借款や信用供与によってその代金が支払われている限り、それら武器は支那内部へと流れ込み、外国の庇護下にある中央政権からの独立を死守しようとする共産主義者や匪賊などの軍備増強に使われる。

支那による武器輸入は、武器製造業者とは無関係に、国際的な不法取引となっており、これを助長しているのは恒久的な条約の存在である。しかし、どの締約国もその実態を批判する勇気も良識も持ち合わせていないのだ。

第三十三章　自存権の法

日本の自衛手段を禁ずる条約

一九二六年（昭和元年）、広東政権（蔣介石軍閥）はソ連と同盟を組み、北伐を開始、長江地域を制覇して漢口を首都と定めた。

しかし国民革命軍を指揮していた蔣介石総司令は、同志と袂を分かち、反共産政権を南京に樹立した。広東人、左派の指導者、共産主義者たち、そしてソ連は、ようやく列強国を追い払い、全支那を掌握する寸前での彼の裏切りを決して忘れず絶対に許さない。

列強諸国の承認を勝ち取った蔣介石は、今度は共産主義者と戦う羽目になり、さもなければ自滅するしかない。

国民党左派と共産党は、蔣介石に反共運動（清党）を断念させ、その銃を日本に向けさせようと圧力をかけているが、共産党指導者たちが唱える抗日聖戦は、もし彼らが権力を握ったらどういう行動に出るかを暗示している。

一方ロシアはすでに蒙古に入り込み、戦略的に重要な鉄道路線が西の国境とトルキスタンを取り囲んでいる。共産主義勢力は支那中央部で圧倒的に優勢となり、南京政権を倒す可能性も否定できない。

そうなれば、共産軍の次の矛先は満洲国と日本に向けられるだろう。そうした事態を回避するために、列強国はまず九カ国条約を廃棄しなければならないが、支那も米国政府も絶対に同意しない。条約は、日本には順守を強要しながら、ソビエト＝ロシア、そして今やソビエト化した支那に対しては、日本の条約侵犯に備える十分な時間を与えている。

実質的に日本と支那を除く列強七カ国の同盟協約である九カ国条約は、日本が差し迫る自国の存立危機に対して自衛手段を取ることを禁ずるものなのだ。

ロシアに与えられた白紙委任状

九カ国条約の締約国間では、条約の目的に違反しこれを阻害する協定や取り決め、合意を結べないことになっているが、署名していない列強国（米国・ソ連）との協定締結は、たとえそれが相手国にとって条約の原則を侵害する可能性があったとしても、これを禁止していない。

事実、全ての締約国は、ソビエト＝ロシアが条約の原則に反しているにもかかわらず、関係を結んだ。ロシアは支那で好き勝手が許されるいわば白紙委任状を与えられたが、他の列強国は自国の権益を脅かされても、抗議することも、一致して行動を取ることも許されないという訳である。

ロシアは、国家としての構想の展開を阻まれることなく、五カ年計画、十カ年計画の通りにアルタイ地方に製鋼所、シベリア横断鉄道沿いの各地に軍需工場を持つようになれば、東アジア全体を支配できる確固たる位置に就くだろう。

日本は、自国の安全保障上恐るべき脅威に直面し、いったい何ができたのだろう？　ロシアが次の一歩を押し進め、内蒙古にまで入り込み、南満洲の日本を挟み撃ちにするのを待つべきだったのか？それとも（例え許される可能性が全くないとしても）自衛の許可を得るべく列強国に訴えるべきだったのだろうか？

自存権の法

自ら自衛権を放棄して、他の列強国の判断に委ねるような国家は存在しない。いかなる国も、条約上の義務履行のために自国の存立を犠牲にすることを要求されないというのがあらゆる条約に黙示的に含まれる前提条件である。

国際法の権威である英国の弁護士のウィリアム・エドワード・ホールはこう述べている。

「条約は、国家の存立を脅かすか、独立と相容れない場合は直ちに無効となる。ただし、条約締結時点でいずれの締約国もそうした有害な影響を意図していないことが前提である。

この法則の論理的根拠となるのは、明確な文言で放棄しない限り、どの国も国際社会において国家本来に備わっている国家としての権利を、一部たりとも手放したとはみなされないという一般原則であり、この原則自体、最も重要である自存権から導かれる。そのためどのように状況が変化しようとも、条約は決してそうした影響を与えてはいけないという黙示的条件がどの条約にも含まれる。

国際法の根本原則に反する取り決めは（チャールズ・チェイニー・ハイドが言うように）、その範囲で国際的に無効とみなされなければならない。例え締約国にそうした無効を訴える意図がない場合であっても、真理であることに変わりない」

自存権は、自然の第一法則である本能に基づき、全ての法の根底にある原則とされている。この権利を守ることは不可侵の行為であり、主権国家は、極めて緊急の場合には、通常であれば国際法違反となり、他国の領土主権や国際法上の権利を損ない得る行為であってもこれを行うことができるのだ。リヴィエールは述べる。

「一国の自存権とその国が他国の権利を尊重する義務が対立した場合、自存権が義務より優先される。Primum vivere（まず生きること）。一個人であれば自己を犠牲にするのは自由だが、政府は国を犠牲にすることは許されない。

なぜなら政府は国の運命を委ねられているからだ。政府は他国の権利を侵す権限を与えられ、状況によっては侵さざるを得ない場合がある。さもなければ自国の安全を損なうことになるからだ。これが緊急事態における釈明であり、国家存立理由（the reason of State）という法理の適用である。これは正当な釈明なのだ」

国際法上、条約を順守することが一締約国にとって自滅につながる場合は自存権がその義務に優先すると明言されており、英国の法学者であるラサ・オッペンハイムも次のように述べている。

「例えば、国家の存立または国家として必要な発展が、その国の条約上の義務と不可避的に対立する場合は、義務をあきらめなくてはならない。国家の自存と成長による発展、そして国家としての必要条件を守ることは、あらゆる国の最も重要な義務だからである」

プロイセン王国の宰相ビスマルクは次のような言葉を用いて説明している。

「大国同士の全ての協定は、国の存立に関わる紛争が起これば、無条件に拘束力を失う。二者択一を迫られれば、どの国も自国の存立を犠牲にしてまで協定を尊重しようとはしない。

条約にどんな文言が盛り込まれようと、ラテン語の格言『ultra posse nemo obligatur（できないことをする義務はない）』は有効である。

そしてどの国であれ、条約に調印したとしても、根底にある自国の利益が条約の文言や当初の解釈にたとえ合致しなくなっても、熱意を持って条約上の義務を履行すると約束するわけではない」

また英国の政治家クラレンドン卿は、ロシアがオスマン帝国のドナウ河沿岸地域に侵入し、コンスタンティノープルのキリスト教徒が重大な危機に晒された一八五四年にこう書いている。

「英国国民の生命及び財産が重大な危機に瀕しているにもかかわらず、オスマン帝国政府がその危険を回避できないと認めれば、我が国はもはや条約には拘束されず、緊急性がその定めを超越することは明白である」

さらに、米国陸軍の法務官代理であったエドウィン・エフ・グレン大尉は、その著書『ハンドブック・オブ・インターナショナル・ロー（国際法手引き）』において次のように述べている。

「一政府がその国際的な義務を履行できないか、履行しようとしない場合、かつその結果として、隣国の臣民に対する実際の攻撃、革命の教唆もしくは国家に対する脅迫によって、その国の平穏が脅かされる場合、隣国はその治安維持のために必要な措置を取ることができ、そうした場合、戦争に訴えるか、戦争に至らないとしても、それに代わって同じ結果を確保できる手段を取ることができる」

フロリダと満洲国

グレン大尉は、その論拠としてスペイン領のアメリア島における米国の行動を取り上げている。フロリダのセント・メアリーズ川の河口に位置するアメリア島は、米国とスペインの交易品を無差別に狙った海賊の一集団によって占拠されていた。

スペイン政府は彼らを追放する意思も能力もなく、米国はその迷惑行為に対して緊急の措置を取る必要があった。

そこで一八一八年一月、米国のモンロー大統領は、軍艦一隻を派遣し、海賊を追い払い、海賊船や建造物を破壊したのである。

この先例を満洲国に適用しようではないか。この海賊と満洲国の匪賊に何ら違いはなく、むしろ満洲国ではもっと大規模に同様の状況が生み出されている。

実際、満洲では無法者の首領が、傭兵の大軍を意のままに操って政権を作ったにもかかわらず、諸外国が承認した南京政権（蔣介石軍閥）は国際的な義務を遂行する能力も意思もなかった。日本は陸軍によって、米国が海軍で行ったことを再現しただけである。

さらに米国はその後スペインとフロリダ購入交渉を進めながら、フロリダを占領し、制圧したが、日本は匪賊の兵隊を追い払った後、治安維持と対外的義務履行の能力を備えた政権の樹立を可能にしたのだ。

フロリダと満洲国には他にも多くの類似点がある。米国国務長官のジョン・クウィンシー・アダムズとスペインのオニス外務大臣が面談した際、大臣がいつまでアメリア島を占領するのか米国の意向を尋ねた。

アダムズは、占領は単なる自衛手段だが、米軍が撤退した場合、海賊が再び合法的交易品を略奪することのないようスペインは保証できるのかと大臣に詰め寄った。

オニスは、ハバナの総督に軍を送るよう書状を書くと約束する以外、保証はできないと答え、もし十分な武力を確保できない場合でも、スペインから軍隊をアメリア島に送るには六～七カ月かかることを認めた。結果、米国によるフロリダ占領継続はやむを得ないものとされたのである。

満洲でも同様に、日本が鉄道（南満洲鉄道）付属地内の軍隊を撤退させた場合、賊軍が満洲一帯の日本の臣民や財産の略奪、攻撃を止めるという保証はない。

そうした保証を与えられる支那の政権は存在せず、南京から統率がとれ、信頼に足り、治安を回復できる支那軍を派遣できるはずもない。

従って日本は、問題が何らかの形で解決するまで、その戦略的重要地点を占拠し続けるしか選択肢がないのだ。

米国は結局スペインとの外交交渉を待たずに、彼らのいつものやり方を通した。同じ年の七月、ジャクソン将軍は奇襲戦によってペンサコーラを奪取した。

彼の作戦は軍の指令範囲を超えていただけでなく、違反していた。彼がスペインに戦争を仕掛けたことは、正当化されるものではなかった。

しかしアダムズ長官だけは緊急性があり、フロリダにおけるスペインの司令官の行動が間違っていたとして、ジャクソンの行為を擁護した。

アダムズは、敵対行為に対する防衛措置は間違いなく軍幹部によって承認されるはずであり、それを根拠として、ジャクソンは対立住民を追ってスペインとの国境線を越える権限を持っていたと主張した。

満洲での行動を正当化するために日本政府が用いた同じ論拠を、アダムズはすでにここでジャクソンの擁護のために使っていたのである。

つまり事態が疑わしい場合は、敵側よりも自国の士官、そして正しくて弱いよりも間違っていても強い方がまだましだったのだ。

フロリダと満洲国の事例には面白い類似点がまだあるが、ともかく米国は欲していたものを獲得し、フロリダを手に入れた。反対に日本は満洲国の独立を承認した。日本は満洲国を手に入れることはしなかった。

第三十四章　自己犠牲の法

阻止された改定

カーネギー国際平和財団の国際法務理事であったジェームス・ブラウン・スコット博士は、年次報告の中で次のように述べている。

「国際条約は自然法に基づく義務を伴い、その自然法は常に存在し、あらゆるところに行き渡り、世界のいかなる国も法律上、倫理上それを侵す権限は持っていない。

……何人もまたいかなる国もそれに触れることも、破棄することもできないものがある。一つは法律上の義務であり、もう一つは倫理上の義務である。

条約や協定、法律は、適法か倫理的かその両方かにかかわらず、文字通りその精神に則って、一点の曇りもない誠意を持って履行されなければならない」

このようにいずれの列強国も、友好的な取り決めによって他の締約国から同意を得ない限り、条約上の誓約を逃れることも、その定めを変更することもできないのが、国際法の重要原則だと認識されている。

これこそが米国政府が順守し、ハル国務長官が極東の現状変更に関する見解の中で言及した原則である。日本は、この原則の拘束力には異を唱えておらず、国際法上特異な九カ国条約の改定を求める理由はないように見える。

九カ国条約からロシアを除外し、支那を加えたことで、日本にとっては条約の順守が難しくなった。条約を守るには自衛の権利と権限を犠牲にせざるを得なくなったからだ。

会議を招集し、条約の改定または廃止について関係国の同意を得るのは、容易ではないのは明らかである。条約によって一番恩恵を受けている締約国は、条約変更のいかなる動きも阻止する力を持ち、実際に阻止するだろう。

調印した列強国間で十分かつ率直な意見交換を必要とするような事態が生じても、そうした容認し得ない緊張状態を条約によって軽減することなどできない。

話し合いを行えば当然支那の知るところとなり、支那は直ちに伝統的な手法に出て、公開の国際会議の招集を求め、その会議は再び日本を裁く法廷となり、支那が再度世界に向けて自国の主張を宣伝する機会となり得るからだ。

ソビエト＝ロシアは、協議への参加を要求し、米国は支那とロシアを支持し、その影響力を駆使して他の列強国にも同調を迫るだろう。

日本はそこでも、抜き差しならない状況から自らを解放する権利を否認され、支那とロシアは再び不可避の決戦に備えて準備を進める十分な時間を与えられるのだ。

我々は、この「素晴らしい」九カ国条約が国際法に組み入れられ、仮想国家の地位と領土上の権利を定め、明確にし、締約国を恒久的に拘束するものとなり、民族主義と領土主権という誰もが認める原則が侵されている状況を目の当たりにしている。

実際問題として条約の改定も廃止もできず、そのためのあらゆる交渉の道まで断たれているという事実を見ても、九カ国条約は法、倫理、常識のいずれの点からも望ましいものではない。

一回限りとして決議されるものは、十分に審議を尽くし、あらゆる事態を考慮して決定されなければならないが、九カ国条約においてその点が欠けていたことは誰の目にも明らかである。

優先されるべき常識

条約の効力が継続しているか、無効かの判断について国際法の権威の意見が分かれ、法として未確定であれば、条理と衡平に基づいて判断すべきである。

常識で考えれば、九カ国条約調印に至った状況はすでに変化し、今や偽善的な希望の表明に過ぎず、到底達成不可能であり、とっくの昔に廃止なり改定なりされて当然だったのだ。

アジア情勢が変化する中で、国として最重要の自存権を日本に認めない条約は、日本にとって著しく不公平である。

一方、他の締約国は、自ら戦争への準備を進め、自衛能力がない弱小国を戦略的に侵略し、仮想敵国との緩衝地帯とすることを自存権の名の下に正当化しているのだ。

弱体化していたロシアはこの十年で復活し、欧州最大の軍事国家になっている。情勢は一変した。ソビエト＝ロシア、そしてソビエト化した支那が打倒日本のために兵力を結集するよう奨励され、認められている現状では、九カ国条約を廃止しない限り、日本をもはや条約に縛り付けておくことはできない。

これが、条理に反しあらゆるゲームの規則に反して、欧州というチェス盤上で繰り広げられている国際政治というゲームなのだ。

第三十五章　国家ではない支那

省の独立

九カ国条約の根本的錯誤は、国境を明確にすることなく、大清帝国への忠誠を誓っていた蒙古族、満洲族、チベット族、そしてイスラム教徒、トルキスタン人などの独立した民族または準独立民族が、その独立権を支那共和国（蔣介石軍閥）に譲渡したと無理やり推定して、支那の領土保全を認めたことにある。

支那は国家ではない。一民族であり文明であり、欧州と同じように明らかに異なる相容れない多くの集団に分かれている。彼らは互いにいがみ合い、他を支配する権利を言い張っている。

列強国は、九カ国条約によって単なる一派を中央政権として承認し、その一派が他のあらゆる派閥や省と支配権を巡って争うのを支援し、この擬制国家が実際に存在しているかのように見せかけているのだ。

いかなる政治連合も、互いに敵対している集団同士を結び付けることはできない。北京の紫禁城にいる支那共和国総統やソビエト化した南京政権の主席は、それぞれの省が彼らを支配できないのと同様に、各省を支配する権限を持っていない。

これらの省やいわば属領は、実際には中央政権と対等の国だが、列強諸国の猜疑心によってやむを得ず貼り合わされて一個の主体としての形を取っているに過ぎない。

だが、そうした体制は、列強各国が自国の問題処理に際して民族を定義するために決めた全ての原則を無視している。彼らを一体化しているただ一つの接着剤は極度の排外思想であり、「青い目をした野蛮人」に対する根深い嫌悪感である。

こうした各省や属領がそれぞれを対等で独立した存在とし、外国から強要された民族主義の理論を拒絶していることは、次の国際連盟の調査報告書ではっきりと説明されている。

「彼らは、中央政権との争いは反逆行為ではないという立場を取っている。彼らとしては、中央政権をたまたま首都に拠点を置いている相手と見ており、海外列強から中央政権として承認を得る勢力争いとしか捉えていない」

まさにその通りだ。しかしこうした現状は、西欧諸国の対支外交政策の前提条件を揺るがさないために歪曲され、対立し合っている省は一つの国家を構成している単位だという結論が導かれた。それでいながら、各省や属領がそれぞれ自らの権利を握って離さず、独立を渇望し、外国から強要された中央政権の恒久化を受け入れない現状をも認めているのだ。

支那は不分割であるという原則を崩さず、反発し合う全ての構成単位を一つの中央政権の下に無理やり従属させれば、いずれかの軍閥が他者を完全制圧するまで、殺し合いが延々と続くだけである。その後いったい支那はどうなるのだ？

人道主義に対する犯罪

歴史的に見ても、五億もの民を（仮に存在したとして）一つの独裁政権の下で統一することは不可能である。

世界から認められる近代的な政権が存在せず、力ずくで樹立せざるを得ない政権は、歴史を摸倣し、正義を騙った紛い物となり、人道主義に対する犯罪、文明への裏切りにしかならない。

事実、武力によって築かれた帝国や国家はどれも短命で終わり、昔話となっている。過去に不可能であったことは、現在においても不可能である。まして支那人は政権維持の才能を持ち合わせていない。

全く異なり相反した人々の集団を束ねるには、純然たる征服と大規模な占領軍によるしかないのだ。彼らは決して一つの国に溶け合わない。

九カ国条約の原則を無理に押し通そうとする中で、すでに第一次世界大戦中に殺害された人数を上回る人々が殺され、大戦によって死亡した市民の数を上回る市民が亡くなり、依然として虐殺が続いている。

自分たちに都合の良い一軍人（蔣介石）に刃を振るわせ、支那全土を完全掌握する時間を与え、砲艦や借款、信用供与枠を提供し、外国監視下にある関税収入と塩税を引き渡す。

外国が考える民族国家の概念を実現するために、一つの中央政権の下に支那を統一しようとする試みは、無抵抗な民に対する最も野蛮で許されない犯罪として、歴史に刻まれるだろう。

支那では力ずくで政権の手綱を握る男の出現が必要なのかもしれないが、それは、西欧の人道主義の根幹であるキリスト教と同義の、あらゆる理念を裏切ることでしか達成できないと、私は強く言いたい。

それは野蛮な未開の時代、ローマの帝国主義への逆戻りである。権力を掌握した征服者は、その力を永遠に保持するために、競争相手を葬り、支那全域を惨禍に陥れ、地獄絵、修羅場に変えるだろう。

彼ら軍閥に希望を与える九カ国条約を拠り所にして、征服者は、彼を称賛する世界各国の前で自分の行為を正当化するのだ。西洋人は支那人にも愛国精神があるだろうと信じているが、それは誤りだ。

彼（蔣介石）は文字通りの典型的征服者だろう。先見の明があり、見識があるかもしれないし、キリスト教徒かもしれないが、だからと言って国家のために戦うとは限らない。彼はアジア人であり、元々の高邁な思想から、もしかすると、いや恐らくその考えを変えて、自分の権力強化のために戦うかもしれない。

アジア人にとって征服とはただ一つ「略奪」という意味しかない。支那の国富は、特定の軍人とその一族の金庫へ確実に吸い込まれている。

高度に文明の進んだスイス連邦の住民でさえ、原始同盟から、形だけであれ中央集権国家を作り上げるのに（つまり一二九一年の永久同盟から一八一五年の同盟規約まで）少なくとも五百二十四年を要した。それを考えれば、自由が何たるかも知らない支那の民衆が、同じように中央集権制の下で強大で安定した政権を発達させるのにいったいどれだけの期間を必要とするのか想像もつかない。

自由と自治の理念が血となっているスイス人、オランダ人、ドイツ人、アングロサクソン人、そして米国人は、民衆の力を結集させて、国全体をまとめ上げる強力な政権を作り出した。

支那のように大きな集団の統治は、連邦制に基づく自治制度を採るしかないが、大前提として自治に対する人々の原始的欲求がなければならない。

この真理を踏まえ、各省に憲法と立法機関、裁判所、裁判官、軍隊等を与え、一体性を確保するために権限の一部を中央政権に委譲させ、さらに最高裁判所を設けて委譲される権限を明確にすれば、支那においても国家が生まれ、全体性を保持できるだろう。

九カ国条約を厳密に適用して作ろうとしている国家は、例え成功したとしても、アジア全域を征服するまで軍事力による独裁支配の手を緩めることなく、最後は自由の墓場の記念碑となるのだ（解説：まさに現在の中華人民共和国がそうなっている）。

何が国家を作るのか？

では、いったい何が国家を作るのだろうか？　ローマ帝国が崩壊した時、それぞれの地域は状況や必要性に応じて別々の国を作った。旧スペイン帝国は、おおよそ大清帝国に似ており、どちらも総督制度の下で各地方を独立国、独立人民と認めて統合していた。

中南米の人々は同じ民族に属していたが、スペイン帝国を形作った接着剤が溶けて流れると団結して一つの国家を作ることはせず、自然にそれぞれの地域、民族ごとに分裂した。

存在している擬制国家を擁護する反対意見もあるだろうが、過去同じことが支那でも起こった。清朝政府が崩壊した時、閩浙（びんせつ）総督（福建省、浙江省、台湾省）、両江総督（江南省、江西省）、陝甘（せんかん）総督（陝西省・甘粛省）、両広総督（広東省、広西省）、雲貴総督（雲南省、貴州省）、湖広総督（湖広省）、そして直隷省、山東省、河南省及び山西省の巡撫（長官）は、それぞれ独立した状態に戻った。

外部の征服者が各独立国家を無理やり支配することはできても、彼らは決して同じ支那の他の国には支配されない（清国は満洲族という外部の征服者であった）。圧倒的な軍事力と恒久占領によらなければ、これら独立した国々を一つの国家主体に統一することはできない。

もし世界の中心が支那にあったとして、支那の皇帝が欧州人と米国人を区別せず、彼らを束ねて一つの国とし、一方を全体の代表として承認したとしたら、欧米も今の支那と同じように外国の干渉と捉えただろう。

自衛のために対立する欧米の部族同士でも、単独で外国の介入に対抗できなければ、違いを超えて団結し共通の敵に立ち向かおうとするはずだ。今日の支那において、各部族は、権力者と外国との関係においてのみ強烈な排外思想の下に結束し、外国による介入の口実を作らせないようにしているが、それでも主導権争いは止めない。

こうした内戦を通じて、支那の人々が国民的意識を形成しつつあると考えるのは誤りであり、危険である。

そんなことには絶対にならない。明らかに前提が間違っており、人間性に反している。民族同士の争いは深い恨みや復讐心を生むだけで、条約や協約によって終結した戦争によって生まれる負の感情よりも根深く、敵を決して認めない。

こうした独立諸国をその中の一国が征服しても、西欧列強が、殺戮からやがて生まれるはずだと考えるような国家の創造は不可能である。

実際、米国のヒューイ・ロング上院議員は、ルイジアナ州の財政力強化と人口増加を実現する唯一の方法として完全独立を説いている。

もし地域間競争と経済的な必要性によって、別の州からも分離独立の要求が高まり、合衆国が解体したら、果たしてどこかの州が無謀にも力ずくで他の州を支配しようとするのだろうか？

もし米国が著しく発展し過ぎ、現在の政治制度の維持が難しくなれば、各州は完全な独立と主権を主張して分離するのではないだろうか？

米国には政府が超えられない限界があり、それを超えれば大問題を招くだろう。

第三十六章　国家の分解

人道的解決

四億七千五百万の人口を擁する欧州は、三十五の主権国家に分かれ、今も分離が進んでいる。人々の犠牲と経済的利益によって辛うじて結合していた大英帝国は、植民地からの自治権、自治領（ドミニオン）の地位、または完全独立の要求によって構成単位に分解されつつある。

アイルランド自由国は、ジョージ王に対する忠誠の誓いすら拒絶しており、ビルマはインドからの独立を要求し、マレー連邦は自治を叫んでいる。

さらに広大な王冠植民地は内政に関して今以上の自由を求めている。明らかに世界のどの国よりも統治能力と経験を持つ英国でさえ、この有様なのだ。

スペインでは共和国の中に共和国がある。何十年もの政治闘争を経て、カタロニアはようやく中央政権から自由になった。アンダルシアやビスカヤも同様の権利を求めている。欧州の他の国民も自分たちの政治的立場に満足していない。

フィリピン人は三十年に及ぶ独立運動に遂に勝利したばかりであり、プエルトリコで国民投票を行えば、人々は米国からの離脱に賛成票を投じるだろう。

今日、人道主義を重んじる政治家は、人々の不満を抑え込むために軍隊を派遣するのではなく、和解と譲歩による解決を目指して問題に対応しようとしている。

アイルランドの中立性が英国の安全保障戦略上不可欠だからといって、英国陸軍はアイルランドに侵攻し、英国に対する忠誠をつなぎ止めようとアイルランド人を殺害し、国土を荒廃させ、破壊するだろうか？

スペイン政権はカタロニアに軍隊を送り、独立を叫ぶ人々を殺戮し、沈黙させるだろうか？

譲歩と和解という新しい精神が、西洋の最も先進的な国々の政治家を導くのであれば、同じ原則がなぜアジアに適用されないのだろうか？

然るべき正当な理由を持って、満洲の民衆が支那という混乱から逃れ、自らの政権樹立を望んでいるにもかかわらず、なぜ彼らはよそ者の支那軍人の耐え難い支配を受け続け、外国が強要する条約や政策を受け入れ、恒久化しなければならないのだろうか？

英国がアイルランドを従属させるために軍隊を使用しないというのなら、なぜ同じ政府が、支那の軍閥を支援する政策を承認し、満洲国の民衆を支那軍閥の支配下に縛り付けなければならないのか？

雑誌『スペクテーター』の社主エヴェリン・レンチ卿は、最近次のように問いかけている。

「我々（英国民）は、アイルランド自由国が英国連邦から分離したいと望むのであれば、そのままその権利を認めて、（アイルランド独立運動の指導者）エイモン・デ・ヴァレラに会うべきではないのだろうか？　良識ある英国民は（我々の大半は実際良識があるのだが）、誰もアイルランドを武力でつなぎ止めることを望んでいない」

民族主義の原則

いかなる国民もその意思に反して永久に強制抑圧されることはない。人々は受動的であれ、能動的であれ、何らかの方法を見つけて民族自決主義（ナショナリズム）を唱えるだろう。

欧州が三十五の主権国家に分裂したのは、まさにそのためである。その中で九カ国は人口が百万未満、十六カ国は一千万未満であり、四千万以上の人口を擁するのはロシアを含むわずか五カ国である。

だが、スイスやオランダ、デンマークといった小国の住民ほど幸せな国民が他にいるだろうか？　なぜ同じ民族主義の原則が支那住民に適用されないのか？　なぜ支那の一省、一軍閥、一派閥が支配勢力として承認され、国際法によって正当とされ、他の全てを統治しようとするのか？　なぜ外国は浙江省出身の将軍（蔣介石）が他の地域の住民まで支配しようという動きを支持するのか？

さらになぜ外国は、広東人が同じ民族で同じ人種でありながら、自分たちの言葉を理解できず、話すことすらできない人々をも支配しようという計画を支援するのか？

支那の人々が皆同じ民族に属し、同じような服装をし、同じ慣習に従い、同じ宗教を信じ、緊密な経済関係にあるからと言って、必ずしも一つの国を構成することにはならない。全員同じ言葉を話したとしても、彼らは一つの国にはならない。

我々は、民族と領土を明確に分け、和平を維持する原則を世界の他の地域に適用しているのに、なぜ支那に当てはめようとしないのか？

実際、なぜ広東は独立国ではないのか？　なぜ蔣介石はその権限を直接支配が及ぶ省だけに限定しないのか？　なぜ今のまま、山東、華北、四川、その他の地域の独立国としての地位を承認できないのか？　なぜ上海とその周辺地域を自由貿易圏とするか独立国家にできないのか？

それと同じように、なぜ満洲国の人民は、争いを続ける暴徒集団から分離し、その政権を確立することが許されないのか？

第三十七章　妄信が導く戦争

武力統制で秩序を保つインド

アフリカのあらゆる黒人部族は同じ肌の色をしているから、当然一つの国を形成すべきであり、交渉に一番都合の良いアビシニア（エチオピア）皇帝の統治下に入るべきだと真面目に主張する者がいるだろうか？

北アフリカのアラブ人たちは皆よく似た風貌で、服装や風習、文化、伝統、宗教、そして言語も同じだが、なぜモロッコ、アルジェリア、チュニス、トリポリ、キレナイカ（リビア）は、アラブ国家に統一されないのだろうか？

中南米の上流階級を見分けるのも同様に難しい。見た目、立ち振る舞い、衣服、言語、宗教もよく似ており、同一の文化、伝統を持ち、先祖は同じだ。

しかし彼らは二十もの主権国家にはっきり分かれ、おおよそ旧スペイン植民地の境界線に沿って国境を決めている。

欧州民族と同様に、支那人もアジア民族の中の異なる部族の集まりに過ぎない。彼らの風俗、慣習、習慣、法、宗教、道徳的価値観、（もし、持っているなら）政治理念、目標や基本的文化は、全く同じである。

しかし支那人の名前や支那人の言語、支那人の慣習、支那人の文化、そしてよく似た経済活動は、そのまま支那という国を表すわけではない。

それはイングランド人の名前や言語、特徴、慣習が英国という国を表すものではなく、フランス人の文明がフランスの国を表すわけではないのと同じである。

仮に世界の中心がアジアに移り、アジア人の総督五名からなる調査団が儒教学者の一団と共に欧州を訪問し、国際連盟調査団が極東各地を足早に回ったのと同じやり方で、欧州の現状を調査し報告したとしたら、その結論はどのようなものになるだろうか？

リヨンとジュネーブ、リール（ベルギーとの国境の町）、ブリュッセルを訪れれば、ジュネーブとブリュッセルは紛れもなく仏領だという結論を出すかもしれない。

フランスのルシヨンはスペインのカタロニアに属し、新しいバルト諸国は、間違いなくロシアだと判断され、三カ国語を公用語とするスイス共和国の存在理由は否定されるだろう。

アジア人の調査団はまた、欧州で繰り広げられた数多くの征服戦争や締結された条約、同盟、また勢力の均衡や自決主義の適用、その他複雑な国家同士の調整から、奇妙な自己矛盾が生じていることを発見するだろう。

だがアジア人たちは、これら全ての意味を理解できるわけがなく、対立する集団同士の区別もつかない。

結論として「洋鬼」は皆正気ではなく、欧州全土は変容の過渡期にあり、強力な中央政府が作られ、それによって欧州大陸が友好的な一集団に統一されるまで猶予を与えるべきだと報告書に書くだろう。

おそらくアジアにとって関心があるのは貿易であり、誰か有力者一人が他の者全てについて責任を持ってくれれば好都合だと主張するだろう。

そして二千年の歴史を振り返り、ローマ帝国の相続人であるイタリア人がその権利を持っており、統治者として承認、支持するならムッソリーニが適任であるとして、彼をその地位に据えるだろう。さらにムッソリーニに欧州の開放した門戸を警備させ、派遣した艦隊の援護の下で、輸入関税を全額徴収させるかもしれない。それこそが西欧列強が今支那に対して行っていることの理屈と原理なのだ。

こうした判断が欧州の独立国同士の衝突を激化するだけだとすれば、列強が支那に対して下した恣意的判断もまた勢力争いを泥沼化させるだけで、決して終わらせることはできない。彼らは国境線、そして強者が弱者を隷属させる権利を巡って、永遠に戦いを続けるだけだ。

インドにおいて英国の支配がなければ、支那と同じである。インドを一つの国と見る者がいるが、それは欧州を一つの国と捉えるのと同じだ。

三億五千万のインド住民は皆褐色の肌をしているが、パンジャブ人とタミール人は、明らかにロシア人とイングランド人よりも異なり、マラータ族とシーク教徒の違いに比べれば、米国人はトルコ人に近い。

インドの言葉、慣習、宗教、人種は、欧州のそれよりもはるかに多種多様だが、我々米国人は全員をヒンズー人として分類している。

インドと支那はよく似ている。インドに完全独立が許されれば、国は構成単位に分裂し、英国の力によって救い出された腐敗の泥沼と野蛮な戦いの時代に逆戻りをするだろう。

今日、インドにおいて法と秩序らしきものが整い、関係のない集団同士が連邦制という緩やかな政治形態の下でまとまり、一国家の外見を保ち、国際連盟に参加できるのは、もっぱら治安の混乱を許さない英国陸軍による平定の効果による。

この武力統制がなくなれば、支那で目の当たりにしているのと同様に、独立国同士の征服戦争が繰り広げられ、その残忍性、野蛮性が支那の十倍になるだけである。

さらに賢明なトルコ人

トルコ革命指導者のムスタファ・ケマルでさえ、トルコという国を単にトルコ人という民族学上の区分をもって樹立することは不可能だと認めている。

彼が今その使命を達成しつつあり、トルコが国際社会においてこれまで以上に重要な一員になってきているのは、彼が一九二七年（昭和二年）の「大国民議会」(Grand National Assembly) で行った有名な六日間の大演説で公言した目標を堅持しているからである（注：資料によれば一九二四年にケマルは共和人民党を結成し、この演説を行ったのは共和人民党大会とされている）。

「世界中の全てのトルコ人を（彼が宣言した）一国家にまとめることは不可能である。我々はそのことを何世紀にもわたる血塗られた苦い歴史から学んでいる。

歴史上、汎イスラム主義や汎テュルク主義が成功した事例は見当たらない。歴史と公理が示す方針こそ国策である。それは第一に国家の真の幸福と繁栄であり、非現実的な目標を掲げて国民を疲弊させることではない」

こうした目標を掲げて、トルコはわずか十年で半封建的な東洋の国家から、尊敬される近代国家へと変貌を遂げ、国際連盟の一員となり、現在全ての近隣国と政治的かつ通商的に極めて良好な関係にある。

支那もトルコの事例に倣うことができるが、それを可能にするためには、まず列強国が九カ国条約を廃止し、支那を構成単位に分解し、蔣介石の権限を実質的に統治している省に限定し、広東や西南、四川、華北、山東などの独立を承認し、軍閥らに対して現段階での支配領域を超えた勢力拡張はもはや許されないと通告するしかない。

汎米国、汎トルコといった超国家を樹立できないのと同様に、汎支那国家は樹立できない。九カ国条約支持派が早くこれを理解し、行動を起こせば、支那も速やかに平和になり、改革が実行され、民衆に仕事と食糧が与えられ、幸福と繁栄がもたらされるだろう。

さもなければ数百万もの兵士は、共産革命軍と合流するなどして今後も世界平和への脅威となり、どのような形態であれ安定した政権を作ることなど全く不可能となるのだ。

近代において最も野蛮な戦争に匹敵する支那の残虐な権力争いは、無意味な九カ国条約を廃止し、外部介入によって和平を強制しない限り終わりようがない。

列強諸国は支那の軍閥に対して、即時に休戦し、帝国同盟（ライヒ）や連合など何らかの形によって国を一体化し、その安定を確保するための外部機関を設置するよう最後通牒を送ればよいのだ。ウェストファリア条約の先例に倣い、各省や地域の独立と主権を認め、相互に尊重し合う、拘束力ある条約を結ぶこともできるだろう。それでも支那の内戦状態は収束しないかもしれず、逆に一層の対立が起きるかもしれない。

だが少なくとも、残忍な殺し合いを一部に留め、縮小し、列強国は和平と人道主義の目的で干渉できるだろう。つまるところ国は小さいほど幸福であり、危険が少ないのだ。

新生トルコは、シリアとメソポタミア、パレスチナ、アラビアを奪われたことで、かえって統一民族による小型の国家になれた。新生支那も広東と広西、福建、西南、四川、山東、華北を切り離せば逆に得るところがあるだろう。

こうした地域を独立国とすることで南京政権は主権争いを続ける必要がなくなり、実行不能な責任や義務を放棄して、国としての信頼と自負心、権威を高めることができるはずだ。

そして七年間、支配権を巡って戦ってきた地域の即時和平と発展のために持てる力の全てを傾注できるようになるだろう。

それが適法な自らの権限の限界なのだ。各独立国に、現在境界線内で徴収し、南京政権に支払っている関税、塩税その他収入に関する権利を委譲すれば、彼らは外国が承認した一派と主権争いを続ける口実を失い、もし他国の領土内に軍を進めれば、自動的に武力侵攻、侵略、征服とみなされるだろう。

加えて、新しい国が関税と塩税で担保されている対外借款について応分の負担をすることを条件にすれば、列強国もその解決策に何ら異論はないはずだ。

こうした主権と民族主義の原則は、我々米国が定め、自国の問題処理の指針として推進してきたものであり、そもそもウィルソン大統領とその顧問が、欧州のいくつかの国の野望を満たし、欧州大陸の和平を維持するために躊躇なく適用したものだった。

それにもかかわらず同じ原則が東アジアに適用されないのは、我々自身が、肌の色や特徴が同じ東アジア人同士の違いを、認識も区別もできないために、彼らは絶対一つの国を構成すべきだと思い込んでいるからである。

我々は「支那の領土的、行政的独立」という標語を妄信的に唱え、「支那」の意味も境界線も確認することなく、厳粛なる条約や誓約に仕立て上げた。

この擬制国家の維持が米国外交の柱となり、極東政策の重要な基盤として据えられているために、我々米国民はその擁護のために海軍軍備の縮小や基地の場所、増強等に関する条約、誓約に巻き込まれ、ゆっくりと、だが間違いなく戦争に引きずり込まれようとしている。

一度決めた政策に頑ななまでに執着することは、米国の際立った特徴である。我々がこれまで利他主義のために多額の対価を支払うことなく、何もわからないまま自国に無関係な事柄に口を出す癖を封印していれば、称賛されただろう。

米国は勝手にバルカン半島に国境線を引いて自画自賛したが、今日の大混乱を見るがいい。支那共和国という擬制国家を条約の前提とし、その「擬制」支持の約束を守ろうとする限り、米国が戦争に突入しないという保証はないのだ。

将来の平和を考えるなら、我々米国民は、この「擬制」を条約から抹消し、西欧の民族主義の根本概念と同じ原則を、米国政府が支那にも順守することを要求する。支那は分割不能であるという前提を捨てない限り、支那の内戦は終わらない。

そうした戦いが続くよう、外部が焚き付けている限り、米国はどのような事態に追い込まれても仕方がない。条約上の権利を死守するためにやむなく支那に武力介入することになるかもしれず、自衛権を行使した条約侵犯国に対する共同国際行動に加わるよう要請されるかもしれないのだ。

大清帝国が支那を掌握した四年後の一六四八年、ウェストファリア条約において国際法の諸原則が定められ、多種多様な三百五十五カ国の独立と主権が確認された。

それが欧州の人口を激減させ、貧困をもたらす絶え間ない戦争の時代を終わらせる唯一の方法だったのだ。

二百七十三年後の今日、支那も同じ状況になっている。我々は蒙古民族の見分けがつかなかったばかりに、近代国際法となったウェストファリア条約の原点を覆して支那に一つの超国家を作り、利害が反する数多くの国を統制する能力がないことも考慮せず、その地位を合法化した。

その結果、支那と呼ばれる一帯は中世欧州の状態に逆戻りしてしまったのだ。

英国とオスマン帝国

英国政府は、五十年以上ロシアを黒海で食い止め、インドへの通り道を防ぐためにオスマン帝国の保全は非常に重要な戦略であるとしてきた。

だが今日では、英国が他国と協力してオスマン帝国を徐々に解体した方が、例え傍から侵略的と見られる可能性があったとしても、世界全体にとって望ましかったと考える者が大多数である。

過去に繰り返されてきたように、そのうち時が解決してくれるだろうと、問題の解決を先送りしている間に、バルカン半島では立て続けに戦争が起こり、「欧州トルコ」から新しい国々が分離し、ついに一九一四年（大正三年）の大惨事、第一次世界大戦につながった。

トルコやアルメニアでは虐殺が相次いだが、英国はそれでも自国の方針を固守した。トルコが「欧州の瀕死の病人」と呼ばれた四半世紀前、列強諸国の猜疑心によってずるずると延命されることなく最期を迎えていれば、中央同盟国にオスマン帝国が加わることもなく、世界大戦も起こらなかったかもしれない。

通商権益を守り太平洋上の勢力均衡を図ろうとする主義や方針のために、我々は再び大惨事を招こうというのだろうか?

支那には適用されない人道主義

オスマン帝国に隷属させられた人々や無辜の少数民族は、非人道的で極めて残忍な扱いを受けた。支那においても何百万もの貧しい農民が飢えに苦しみ、何百万も軍閥に殺され、さらに何百万もが屈辱を受け、自由を奪われ、奴隷にされ、都市も町も村も略奪され、焦土となり、人々は虐殺され、若い女は暴行され、死ぬよりひどい環境に突き落とされ、若い男は徴兵され家畜同様の扱いをされている。

国土全体が荒廃し、絶望の淵にある無数の民の叫びも塞いだ耳には届かない。人道主義の原則は支那には適用されないのだ。

我々は自国の主義、政策、条約を神の法、条理の命ずるものよりも優先させている。キューバ独立戦争時、軍事上の理由からスペインの総督が集合令を発令し、数十万の農民が隔離収容され、そこで飢餓と疫病で命を落とした際に、米国は軍事介入という形で人道の原則を迅速に遂行した。米国民は「人道」の精神を掻き立てられ、我々の善行を見守って下さいと神に祈りを捧げたのである。

しかし日本が国として耐えられる限界を超え、いわば挑発された形で自衛手段を取り、その結果、三千万の虐げられた民(満洲国民)が苦難から解放される機会を作った際には、人道の原則はもはや実行されなかった。米国が固守する実行不能な条約が人道より上位法となり、日本は侵略者にされたのである。

しかし私はあえて、支那の将来、そして絶望している支那の民の希望は、その侵略者とされる日本の成功にかかっていると言いたい。

満洲国を独立国家として樹立した点に、支那の問題解決の鍵がある。支那の他の民衆も生き延びるためにこの先例に倣うべきだ。

第三十八章　列強の利益優先

比較優位を保つ米国

ワシントン条約の草案を作るに際して、締約国はそれぞれの国の利益を最優先し、支那の人々の権利は後回しにした。その点はスティムソン国務長官がボラー上院議員に宛てた書簡の中で明確に述べている。

「九カ国条約は、慎重に計画、熟慮された国際政策であり、その意図は全締約国の支那に対する権利と利益を確保することと、支那の人民が、世界中の人々に支持される近代的かつ先進的な基準に従って、何ら妨害を受けることなく主権と独立を確立できる十分な機会を確保することにある。

この条約が署名された当時、支那は専制的な体制下での革命（辛亥革命）を終えて、自治共和制の自由な体制を樹立しようと計画を進めていたが、その達成には長い年月にわたる財政的、政治的努力が必要であり、よって成長が緩やかであることは明白であった。

そのため条約は、調印した列強国が支那の発展を妨げ得るいかなる侵略的行為も自制し、放棄することを誓約したものである。

列強国は、この方法、この合意に基づく支那の保護によってのみ、支那だけでなく支那と交易のある全ての国にとって最大限の利益が得られると確信しており、その信念は、門戸開放政策を推進してきた歴史からも明らかである」

ワシントン条約を作成した西欧の外交官は、自国の利益のみにとらわれ、支那がどのような状況にあり、自国の対支権益を無傷で保持するためにはいったい何百万の人民が犠牲になるのか全く考慮していなかった。

主たる目的は門戸開放にあり、支那の領土的、行政的独立の保全は単にそれに付随する目的に過ぎない。

これまでの門戸開放の歴史を振り返れば、支那という国がどれだけ多くの独立国に分離しても、米国は対支貿易で収益を確保できることがわかる。

長年、米国の対支輸出の五割以上は、石油、煙草、綿花といった他国に奪われることのない自然独占品が占めている。

これらに自動車など競争力のある製品を加えると対支貿易の少なくとも七割五分は、実際他国と競合するものではない。

つまり支那政権が共産化して、米国産品に差別的関税を課さない限り、支那市場において米国は比較優位を保つことができ、言い換えれば九カ国条約を堅持したからと言って特段の通商上の利益が得られるわけではないのだ。

独立と中立性を保障する新たな条約によって支那を構成単位に分割し、無意味な主導権争いに終止符を打てば、もうとっくの昔に有効性、重要性そして正当性も失った前時代的な主義に無駄にしがみつくことはなく、米国製品の市場をもっと拡大できるだろう。

後に述べるが、この九カ国条約は支那のソビエト（共産評議会制）国家への転向を促進しているだけである。

太平洋に面した正面の門戸に閂（かんぬき）がかけられ、堅く閉じられれば、交易の入り口はソビエト＝ロシアにつながる数多くの細い脇道か裏道沿いに見つけるしかない。

ソビエト＝ロシアとの同盟によって支那が共産化し、日本がその緊張と恐怖に耐えられず自滅するか、さもなければ自暴自棄となって自ら隣人の共産主義者たちと地域経済・安全保障のために協定を結んだとしたら、我々は、支那に入る門戸をいったいどこに見つけるというのだろうか？

全ての港が日本海軍によって完全封鎖され、ソ連の領域を通る以外入り口がないとすれば、存在理由を失った一世紀もの昔の教義を、興奮して叫んでも何の役にも立たない。

支那の門戸が開放されるも、閉鎖されるも日本との友好関係次第であるにもかかわらず、なぜ日本をチクチク突いてその行動を非難し、誠意を疑い、米国内のみならず世界の反日世論を煽るのだろうか？

突き詰めれば、日本は米国通商が支那に入り込める唯一の門を守っている真の門番なのだ。米国がカムチャツカ半島からルソン島に至る島々を抜ける海路を確保するために日本と交戦すること自体は可能であり、多分その方向で準備をしているようだが、その戦争には長い年月と膨大な費用を伴うだろう。

戦争に勝利したとしても、得るものよりも失うものの方が多いだろう。我々が日本を破れば、結局全アジアを共産主義の天下にするからだ。スティムソンは、ボラー上院議員への書簡でさらにこう述べている。

「この（九カ国）条約は、ワシントン会議で調印された一連の条約や協定の中の一つであり、全ては相互依存の関係にあることを覚えておく必要がある。

どれか一つの条約でも軽視すれば、一体として締結された諸条約が達成、実行しようとした共通の理解と均衡を損なうことになる。

ワシントン会議は基本的に軍備縮小会議であり、海軍軍備拡張競争の終止だけでなく、世界、特に極東の平和を脅かしている様々な厄介な問題の解決を通して、世界平和の可能性を広げることを目的としている。

こうした問題は全て相互に関係している。米国政府が主力艦建造における指導的地位を放棄し、グアムとフィリピンの防衛を強化せず現状を維持しようという考えは、とりわけ九カ国条約に含まれる自制的な誓約を前提としている。

九カ国条約は、各国の極東貿易の機会均等を確保するだけでなく、支那を犠牲にしていずれかの列強一国が軍事的に拡大することを阻止するものである。こうした九カ国条約の変更や廃止の可能性を考えるなら、同時に締約国が真に拠り所としている他の約束も検討しなくてはならない」

追い詰められた日本

日本は、おそらく自国の平和と安全を脅かしている問題が解決されるだろうと期待して、こうした相互依存関係にある条約、決議に調印したのだろう。ではその期待は実現されただろうか？

一九二一年（大正十年）時点で百万だった支那の軍隊は、すでに三百万近くに膨れ上がり、ソビエト＝ロシアも百万以上の軍を抱え、そのうちの二十五万を一九二六年（昭和元年）に国民党軍を勝利に導いた最高司令官（蔣介石）の下で、極東に駐留させている。

彼は、ハバロフスクの司令本部から絶えず支那の同志である共産党軍と連絡を取り、今や、三十五万の正規兵と六十万の志願兵からなるソビエト＝支那の軍隊を指揮している。

支那にはさらに百万の武装匪賊がいる。七万五千の蒙古紅軍はこうした遊撃軍から生まれ、ソ連の軍事顧問の指揮、指導を受けている。

世界の軍縮を狙ったワシントン条約の調印後、アジアでは合計すれば五百万から六百万の軍隊が新たに作られている。

日本はその常備軍を二十三万にまで減らしながら、アジア大陸においてバラバラだった百万前後の支那軍が五百万近い正規軍へと組織化され、着実に強化され、さらに賊軍百万が発令と共に直ちに正規軍になる状況を見ているのだ。

こうした大軍の存在は、その活動地域から大陸を挟み、または五千マイルもの海を隔てた締約国（欧米列強）にとっては何ら脅威ではないが、日本は隣国である。

日本は支那との密接な地理的関係から逃れることはできず、アジアで今起きていることに目をつむることもできない。

九カ国条約は、「一列強国が支那を犠牲にして軍事的拡張をすることに反対することを世界各国に確約する」ために作成されながら、支那とロシアの軍隊が、日本軍の二十倍という圧倒的規模にまで増強されることを許したのだ。

この点を詳細に論じる必要はないが、反駁不能の事実から推論できるものは何だろうか？

スティムソンが結論付けているように、我々は「こうした九カ国条約の変更や廃止の可能性を考えるなら、同時に締約国が真に拠り所としている他の約束（十三の決議を含む）も検討しなくてはならない」。

そして、九カ国条約が日本をその定めに縛り付ける一方で、支那とロシアに対しては日本征服の準備期間を与えていることを認めなければならない。これが九カ国条約によってもたらされた現実である。

日本が今、壁を背にして追い詰められ、目にしているのは、全世界の軍を合わせてもその半分にしかならない圧倒的大軍隊をアジアに誕生させたワシントン軍縮条約の結果である。

第三十九章　共産主義への道

もう一つの共産主義国家による支配

ここで、もう一つの観点から考察してみよう。米国による承認を受けた後、ソ連内では「世界平和」希求の新たな機運が高まり、外相のリトヴィノフは、米国と連盟が反日路線に相乗りすれば、見返りに、それまでのモスクワ政府の外交方針（善隣外交と革命の輸出）を転換する用意があると宣言した。

駐米大使のトロヤノフスキーがフィラデルフィアで演説したソ連政府の新たな方針は、次のようなものだった。

「ロシアは支那の独立を断固として支持し、これを侵害するいかなるものにも反対しなければならない。支那は、自らを救済し、政治体制を作り上げるために必要な時間を与えられなければならない」

つまり、ソ連は、自国が正式調印していない九カ国条約の原則をその外交方針として掲げたのだ。

雑誌『アジア』の一九三四年五月号で、チャールズ・ホッジズは、「南京政権（蔣介石軍閥）のあらゆる指導者たちは、自分たちが生き残るためには紅軍を壊滅させなければならないという点で大筋意見が一致している」と書いている。

しかし蔣介石本人が六度も共産党討伐（清党）を行ったにもかかわらず、共産主義勢力の拡大を抑えることはできなかった。

「支那全土の六分の一」を掌握した支那ソビエト共和国は、明らかに地図上に存在している。九カ国条約の原則は、支那人民に、何の妨害もなく主権と独立を確保させる最善の機会を与え、最も近代的かつ先進的な基準に則って、支那が誠意を持って自治共和制の自由な政体を確立すべく努力することが前提だった。

ところが条約は自治共和制の確立を急がせる代わりに、人民から略奪するために互いに争う膨大な数の私兵制度を合法化した。

そして支那のあらゆる政権が完全に倒壊してしまった結果、モスクワ政権と連帯し、指令を受けるもう一つの共産主義国家による支配へと道を開いたのである。

モスクワの真の目的

こう考えると、ここへ来てソビエト＝ロシアが、自国を支那にしっかりつなぎ止める九カ国条約の熱烈な支持者として登場したことは不思議ではない。

米国青年共産党連盟が、ニューヨークに最近帰港した米国艦隊の水夫に配ったチラシには、「ソビエト連邦とソビエト支那を守れ！」と両国の結び付きが一目瞭然の標語が書かれていた。

ソ連政府は平和、戦争反対と軍縮を唱えたが、アジア征服計画は着実に進行している。支那紅軍が港湾の占拠に成功すれば、外国の協調介入以外、華南地域がソビエト国家になるのを防ぐ術はない。華南を従属させ、日本人を満洲国から追い払う運動が始まるだろう。

その場合、自衛のために日本と満洲国が華北へ侵入することは正当化されるのだろうか？　そう考えると、リトヴィノフが「侵略者」を定義した意図が見えてくる。

もし彼の解釈が有効なら、世界は日本の「招かれざる支那への軍事介入」に対抗し、ソビエト＝ロシアを支持し、ソ連の極東局は支那の同志と手を組み、誰が東アジアを統治すべきかきっぱりと決めるだろう。

日本は自殺すべきなのか？

日本は、自国の存立を脅かす九カ国条約にこれからも倫理上、法律上縛られ続けなければならないのか、それとも条約は無効になったというくつかの根拠に基づいて、国際法の原則（自衛権）の行使が認められるのか？

この点こそが満洲に関する論争の核心である。主権国家は、その存立が脅かされていると自ら判断すれば自存権の基本法に訴えることができるのか、それとも例え存立が危うくなったとしても、いずれの国も法律上、倫理上条約に違反してはならないという解釈に従わなくてはならないのか？　ジョン・スチュアート・ミル（英国の政治哲学者）はこう説明している。

「条約の不可侵性と、必ずしもその条約の順守が相応しいとは思えないという神聖なる国民的信念をどうすれば調和させることができるのか？　弱小国に条約を押し付ける強国は、自国の力に自信があれば、弱小国が条約から離脱することを許すわけがない。

可能な限り調和を図ろうとすれば、各国は二つの決まりを守らなければならない。まず国家は人道の観点から、公平かつ合理的に考えて、順守の必要がない条件を押し付けてはならない。加えて、一般的な通商条約の締結と同様に、一定期間に限って締結すべきである」

日本は九カ国条約を強制されたわけではないが、ワシントン会議がそもそも日英同盟を解消させ、極東における日本の勢力圏拡大を抑え、支那に強力な対抗勢力を確立するために招集されたという事実は残っている。

少なくとも英国は、日英同盟解消の代わりに米国と緊密に協調し、アジアにおける自国の領有権と長年享受してきた対支貿易上の優遇措置を有効に守ろうとしていた。

英米の外交と政治手腕によって、ワシントンで国際外交というゲームの規則、つまり諸条約が決められ、日本は太平洋上の戦争を避けるための唯一の選択肢としてそれらを受け入れたのである。

こうしたあらゆる現実的な政治目的のためにワシントン会議は日本への最後通牒となり、日本はそれを無視すれば無事では済まないことをわかった上で諸条約に調印した。

だが今のところ、条約からの離脱を求めてはおらず、有効性に疑義を唱えてもいない。なぜなら日本の関心は、太平洋上の平和と何らかの強力な中央政権の下での支那の安定であり、だからこそ諸条約を迷いなく、何ら留保なく受諾したのだ。

唯一日本が要求したのは、山東省は日本から支那に返還するとして面目を保ち、満洲における日本の立場と権利を会議に委ねることを拒絶しただけである。

第四十章　支那が留保した権利

除外された日支間の意見対立

日本は、満洲における既存権益は議題にしないという前提でワシントン会議への参加要請を受け入れた。

ワシントン会議では九カ国条約の締結によって、列強国が納得する形で支那の将来が決定されたが、一九一五年（大正四年）の満洲に関する条約（注：いわゆる二十一カ条要求のうち十六カ条について日支間で合意された条約、満洲条約）から生じた、支那と日本との重大な意見の対立は未解決のまま残された。

支那は、この条約の有効性を認めないと主張し、「今後あらゆる適切な機会にこの解決を求める」という意思を議事録に残したのである。

以下は、ワシントンでの軍縮会議の公式報告書からの抜粋（一五六四頁）だが、満洲を巡る議論においては故意に隠されている。

「議長は、幣原男爵、王寵恵氏及び議長自らの発言を本会議に報告し、会議の議事録に記載すべきであると提案した。

顧維鈞氏は、（支那の）代表委員及び彼自身も、この極めて重要な問題に関する全ての発言を会議の議事録に記載すべきであるとの議長提案は受け入れるが、ただし、支那代表団としては、日本政府が未だ明白に放棄しない一九一五年の諸条約及び通牒に関する問題については、今後適当なあらゆる機会に解決を求める権利を留保すると述べた。

議長は、顧氏が言及した事項に関しては、もちろん全ての列強国が権利を留保していると理解していると述べた。

議長は、幣原男爵、王寵恵氏及び議長自身の発言を本会議に報告し、会議の議事録に記載すべきであるという提案について委員会として投票するかどうかを尋ね、米国政府も賛成していると付け加えた。

投票した他のいずれの国の代表も賛成し、よって議長は提案通りとすることを宣した。

施肇基氏の提案により、顧氏の発言を本会議に報告し、議事録に記載することに関して投票が行われた。各代表は賛成し、議長は提案通りとすることを宣した」

支那は自ら認めている通り、一九一五年の満洲条約を好機あれば直ちに破棄するつもりで締結した。

しかしワシントン会議において、その条約の無効性の訴えが支持されなかったことから、別の新たな条約に調印し、再度、都合の良い時機を見計らって前者の条約（一九一五年の満洲条約）を破棄する権利を留保したのである。

この留保は議事録に記載され、会議によって受諾、黙認された。留保した国のみが条約を変更できるのか、それとも全ての締約国にも適用されるのかは議論が残っているものの、常識で考えれば満洲を巡る日支間の更なる意見対立は、九カ国条約の範囲から明らかに除外されている。

しかし、列強国が、日本は第七条の「他の締約国との十分かつ隔意なき交渉を為すべきこととする」定めに従うべきだと主張する一方で、支那には、自国にとっての好機、端的に言えば自国の考え方を押し付けられるだけの強力な軍事力を備えた時点で、問題を提起しても構わないと認めているのだ。

支那の対日決戦の準備が整うまで日本をしっかり捕まえておくというのは不公平ではないだろうか。もしこの解釈が通るなら、公平性から見て留保は両方に有効でなければならない。

つまり日本に対しても、それ以上問題の先延ばしはできないと判断した時点で、自国の意見を尊重させる同様の権利を与えるべきである。

なぜ支那は連盟に訴えたのか？

ところで、満洲の事案について支那が日本と直接交渉しなかったことも検討すべき問題である。支那は、もし満洲条約が無効であるという主張が法的に認められれば、日本はその在満権益をポーツマス条約の定めによって明確にするだろうと考えている。

そうなれば日本は、一八九六年（明治二十九年）に日本を共通の敵として締結された露支秘密同盟（露清密約）の存在を秘匿したままで、ポーツマス講和会議では支那に騙されたとして、支那に賠償金を請求するだろうと危惧しているのだ。

なぜなら、その密約によって支那はロシアに満洲を引き渡し、ロシアの軍隊を日本軍撃退に戦略上有利な位置に付けたからである。

支那は、満洲条約は無効であるという主張に全てを賭け、一九二三年（大正十二年）、日本に対して遼東半島の租借地返還までも要求した。

そして、日本が遼東半島から撤退し、満洲から軍隊を引き揚げ、膨大な投資を支那の管掌下に置かない限り、新たな友好通商条約の交渉を行わないと拒絶している。

従って問題は単純明快である。支那はこの切羽詰まった状況から引き下がることはできない。引き下がればワシントンで露支秘密同盟（露清密約）の存在を暴露したことで浮上した、さらに深刻な問題に直面せざるを得ない。

秘密同盟を通じて支那は日露戦争に加担したことになり、日本から何らかの補償を要求されるかもしれないのだ。

こうした事情は、全ての関係列強国には周知の事実だったが、支那が頑なな態度を取ったため、賢明な観察者であれば誰の目にも明らかな、切迫した危機を回避できなかった。

ワシントン会議において支那が満洲条約について権利を留保したために、関係列強国は満洲の紛争解決に介入できなくなり、この問題は日支間の直接交渉か、九カ国条約以外の何らかの国際法廷に委ねるしか方法がなくなった。

だからこそ支那は満洲問題を連盟に提訴したのではないだろうか？　これらの事実と、支那自らが満洲には適用できないとした九カ国条約に日本が違反したという訴えをどう一致させればよいのだろうか？

第四部

真の問題は日本対共産主義

第四十一章　日本の存亡の危機

直面する真の極東問題

日本は、ワシントンの諸条約に違反したかもしれないが、していないかもしれない。双方の主張に合理的な相違があり、それぞれが自らの解釈に固執し、仲裁によって対立を解決できる望みがなければ、意見を押し通すためには武力に訴えるしかないのではないだろうか？

既存の国際法に関する見解の違いではなく、国同士の政策が衝突し、通常の外交交渉では膠着(こうちゃく)状態を打破できない域に達した時、平和に危機が訪れる。

今の極東はまさにその状態であり、政治理念の普及という宣伝活動(プロパガンダ)を隠れ蓑に征服計画が進められ、砲火と刀剣による制圧と同じ効果をもたらしている。

各国は、支那で共産主義が勝利し、数億もの民があふれるこの広大な国土が、ソ連の支配下に入って打倒日本の第一歩となることを認めるのか、それとも日本の国家制度や経済体系、さらにそれらを生活の基盤とする国民の生命をも脅かす共産主義の拡大に対抗すべく、日本が自衛策を取ることを認めるのか。

それこそが世界にとって真の極東問題である。日本は、増大する人口の捌け口を海外に求めることを阻止されれば、国民を内地に留め、彼らが飢え死にしないよう仕事と食糧を供給しなければならない。

日本が入念に築いてきた経済体系が共産主義勢力の支配によって壊され、取って代わられ、移民や通商の経路も閉ざされれば、それは日本国民に対する死刑宣告に等しい。

これは決して誇張ではなく、事実である。日本は、力の及ぶ限りあらゆる手段で東アジアにおける共産主義の更なる拡張に反対し、自国の存立のために戦っているのだ。

今のところ、「ソビエト社会主義共和国連邦政府」は、自ら直接世界に共産主義理念を広げているわけではなく、世界革命運動を目指す国際組織コミンテルンの活動も指揮していないというのは本当かもしれない。

だが共産主義があらゆる既存の政治体制の基礎を徐々に切り崩していることは確かである。ただ、この点を議論しても始まらない。思想や理念は国境を超えて伝播するものであり、ソ連政府は、赤軍を使って共産主義勢力を拡大させない限り侵略の罪で訴えられることはない、というのも自明の理である。

同様に、ロシアは一時的に世界革命計画を断念し、「一国社会主義」、つまり自国で成功した後に他国の政治体制を変えることにした、というのもその通りかもしれない。しかし、過ぎ去ったことであっても事実は消えない。

ソ連政府は、少なくとも一九二九年（昭和四年）までは、その指導方針として世界革命運動に全力を注ぎ、どこであろうと足掛かりが得られるなら、厚かましく強引にその方針を推し進めたのだ。仮に何らかの変化があったとしても、決してソ連が主たる狙いを放棄したからではない。

ソ連が新しい路線を取り、共産主義活動家らの関心と運動を、世界から国内に戻したのは、最終目的の達成にはその方が確実に前進すると考えたからなのだろう。

しかし、目標実現にはおそらく長い年月を要し、その間国土は混乱に陥り、戦争や内乱が頻発するだろう。比較的穏やかな時期もあるかもしれないが、期間の長短に関係なく、一切の反対勢力は情け容赦ない弾圧を受けるはずだ。

誤解を恐れずに言えば、ソ連の目的は議会で過半数を占めるといった平和的手段では達成不可能であり、資産階級や知識階級、上流中産階級、そして新秩序に反対する全ての国民を排除し、未来永劫に勝利するには武力によるしかないのだ。労働者階級が支配権を握れば、どの国でも再び赤色テロが起こるだろう。

ソ連は、世界を混乱させる新たな革命を強引に進めようとしており、そのソ連が全力を傾け、確固たる影響力を手中に収め、全世界を共産主義の炎で包むべく着火しようとしている場所が、まさに支那である。スターリンもコミンテルンも、支那ソビエト共和国樹立のためには、努力も資金も惜しまない。

ピョートル大帝の遺言書

こうした問題について最終判断を下す前に、一七二五年に遡り、ロシアのピョートル大帝の遺言書[24]を読んでみたい。

十四の条項からなるこの遺言書は、「このようにして欧州はロシアに支配され、かつ支配されるべきである」という言葉で締めくくられている。

偽物か否かにかかわらず、歴代の皇帝や後継者は、この文書をロシアによる強引な帝国主義的拡張の大義として掲げ、指針として軍を動かし、そのため大英帝国は警戒を緩めることができなかった。

ロシアの南下政策によって帝国解体の危機に直面した英国は様々な対策を講じた。詳細に説明する必要もないが、主なものをいくつか挙げておこう。

英国は、ボスポラス＝ダーダネルス海峡を封鎖し、キプロスを占領し、オスマン帝国の保全を図った。またスエズ運河の経営権を買収し、エジプトを領有し、ペルシャ湾岸を保護国とし、ロシアとの緩衝地帯となるアフガニスタン、ネパール、ブータン、シッキム（インド北部）、そしてイラクの独立維持を保障し、日英同盟を締結した。

一八九八年（明治三十一年）には支那がロシアの支配下に入るのを阻止すべく租借地獲得のために争った。これでも半分に過ぎない。

六十年前、ロシアが我が物顔でインド洋を目指して南下する途上、ヘラート（アフガニスタン）を攻撃したことで、中央アジアに世界中の目が集まった。

ロシアは、鉄道による征服（注：一八七九年に、シルクロードに沿うような形で建設が開始されたカスピ海横断鉄道を指す）と、刀剣による残忍な皆殺しによって、中央アジア全域をコサック兵の勢力下に置いたのである。

しかし皇帝軍がインドへの細い通路を突破できなかったため、ロシアはシベリア横断鉄道の建設を急ぎ、フランスとベルギーの助言を得て、外交上の重点を支那縦断路線の建設に置いた。ロシア軍を北東国境からインドに侵入させる狙いだった。

残忍とされるイスラム教徒も蒼ざめるような狂信的なまでの征服の実情、最低最悪の帝国主義の実

【24】巻末〈参考資料2〉を参照のこと

態を知りたいのであれば、ロシアによる中央アジア侵略の経緯、十九世紀で最も血塗られた記録を再読すれば十分である。

勲章をぶら下げた今時の素人のような新聞記者は、記事に署名やら写真やらを付けて送ってくるが、当時の先輩記者の著書を読んで勉強すべきだろう。

未だに誰も、従軍記者という職業に誇りを与えた彼らの偉業を引き継げない。マガハーンの『キャンペーン・オン・ザ・オクサス（オクサス川作戦）』[25]、オ・ドノヴァンの『メルブ・オアシス（メルブの泉）』[26]やバーナビーの『ライド・トゥ・ヒバ（ヒバへの騎行）』[27]といった本では、異民族の立ち入りが禁じられた地域での恐怖に満ちた作戦が語られているが、当時そこに足を踏み入れた外国人記者は、見つかれば必ず死の報いを受けたのだ。

従軍記者という新たな分野を切り開いた勇敢な先輩の時代から、状況は何も変わっておらず、後継者としてその地域に入った者は片手ほどもいない。

中央アジアは、依然として謎に包まれた地域であり、外国の旅行客はもちろん詮索好きな新聞記者にも扉を閉ざしている。

そこで何が起きているのか情報を収集することは危険な行為であり、唯一それが可能なのはインドの諜報部員と現地の助手だけである。そしてソ連は彼らが知っている唯一の方法、つまりスラブ民族伝統のやり方（武力）で各地を征服し、様々な部族を服従させているのだ。

独立を巡る日本の戦い

何百年もの間眠っていた東アジアのリップ・ヴァン・ウィンクル（注：アメリカ版浦島太郎）である

日本が、米国軍艦によって突き起こされて目にしたのが、ロシアがアジア征服に乗り出した頃の有様だった。

それが何を意味するのかもわからないまま、日本はすでに脅威に晒されていた。ロシアの巡洋艦が日本沿岸を回り、水や食料の補給基地、船員の遊興のための停泊地として長崎を選んだのである。

小柄な褐色の肌の日本人たちは、大慌てで必死に防護の準備を始めた。ロシアが四千マイルもの単線鉄道の先端に位置していなければ、日本列島はその後延々とロシアに隷属する羽目になり、威張り腐ったコサック兵が東京を取り締まっていただろう。

自国存立のために戦った日露戦争以来、日本はロシアが公言した復讐戦を絶えず警戒している。元々その戦争は一九一二年（明治四十五年）に起こるはずだった。[28]

一九一〇年（明治四十三年）に日本が大韓帝国（現韓国・北朝鮮）を併合したのは、そもそも当時のロシアの威嚇行動が直接の要因である。

ところが欧州の事情によって日露の対立が見送られ、世界大戦が勃発し、ロシアの帝政が崩壊したことで日本は一息つくことができた。

長年の仇敵が自滅し力を失ったことで、日本は和平と軍縮の諸条約に調印し、支那の領土的、行政的独立の尊重を約束し、陸軍を縮小し、軍事費を削減し、自由主義者の政府に政治を委ね、和解と協

【25】J.A. MacGahan "Campaigning on the Oxus"（一八七四年、ニューヨーク、Harper & Brothers）
【26】Edmund O'Donovan "The Merv Oasis"（一八八二年、ロンドン、Smith, Elder & Company）
【27】Fred Burnaby "A Ride to Khiva"（一八七七年、ニューヨーク、Harper & Brothers）
【28】"The Memoirs of Count Witte"（一九二一年、ニューヨーク、Doubleday, Page & Co. 一七七頁）

調の方針を採用し、平和の恩恵を受けることにしたのである。

ソ連のむき出しの帝国主義

ロシアでボルシェビストが権力を握り、帝政時代の旧方針は全て根本から否定されたが、近代ロシアの父であるピョートル大帝が全スラブ民族の未来のために定めた根源的な掟は例外だった。いかに曲解し、表裏を逆にし、上下をひっくり返し、勝手に解釈しようとも、レーニンの世界革命計画は、ピョートル大帝がかつて世界征服のために唱えた侵略と征服の主義そのままであり、変化した世界情勢と平和主義者の心理に適うよう言葉を変え、装いを新たにしてごまかしただけである。

この遺言書の文言は、レーニン、そして共産主義による世界支配のための闘争を引き継いだ者たちが発表した計画とほとんど同一である。

とりわけロシアのアジア征服に関する条文は、ピョートル大帝のあらゆる後継者によって、着実に実行されている。

歴代皇帝の政策とソ連の人民委員の政策との違いは、共産主義者たちが危険を隠して民主主義を装い、自決主義の旗を振りかざし、抑圧されたアジア民族を欧州の搾取者から救い出す救世主の振りをして政策を実行していることだけだ。最も醜悪なむき出しの帝国主義であるという点で両者はよく似ている。

他国の外交官を愚弄したロシア帝国の政治家と同じやり方で、クレムリンの後継者たちは、大戦に悲しむ世界の人々の目を欺き、自らの計画を中央アジア、太平洋地域、そして支那において確実に進め、日本の消滅とインド国内の反乱による大英帝国の凋落(ちょうらく)を望んでいる。

五十年前、三十年前そして二十年前に世界の外交を支配し、動かしていた同じ力が今日もまた働いているのだ。ロシアの政策は決して変わらない。

一時的に後退するかもしれないが、着実に徐々に前進している。まるで蒸気ローラーがあらゆる抵抗を押し潰し、ゆっくりと地面を平坦にしていくようだ。

脅威はどちら側からやってくるのか？

百年以上フランス軍はドイツ諸邦を制圧していたが、ナポレオン戦争の後、フランスから広がった新勢力（市民革命）に対して欧州の安全保障が必要となった。

それから百年後の今日、今度はドイツで新たな勢力として軍国主義が出現し、再び欧州の防衛が必要になっているようだ。

この十年間、世界はソビエト＝ロシアが宣言した征服計画に恐れ慄いてきた。欧州にはボルシェビズムの拡大に対して、緩衝地帯としていくつかの新国家が作られ、世界の敵を政治的に承認しないことを正当化すべく、新たに神聖なる原則が宣言された。

ところが状況は一変した。日本の軍国主義に対抗して自分たちを防衛すべく、世界の敵であったはずのソビエト＝ロシアを新たな国家集合体に両手を広げて迎え入れたのである。何百年もの間、日本は世界への扉を閉ざし、自国の文明に満足し平和だった。

しかし外国の捕鯨船が日本の港に入り込み、それに戦艦が続き、やがて日本と交易し、市場を開拓しようと大国間で競争が始まった。

そしてある晴れた日、米国の一少佐（ペリー）が東京湾に入り込み、隠れ住んでいた日本に銃口を突き付け、無理やり世界へと引っ張り出したのだ。これがちょうど八十年前の一八五四年（嘉永七年）の出来事であることを覚えておいていただきたい。

この二百年間、ロシアは三十三回の戦争を繰り広げたが、そのうちの二十二回は新たな領土獲得のための純然たる侵略戦争だった。

特に中央アジアへの侵略は凄惨を極め、人々がひれ伏し、命乞いをするまで何ら慈悲を与えず、寛大な扱いもせず、虐殺を続けたのである。

八十年前に開国した日本は、その後三度戦ったが、二度の戦争はロシアの帝国主義的侵略に対する自衛だった。後の一つは英国の同盟国としての義務を果たしただけであり、日本にとっては大した戦争ではなかった。

だが日本の三倍の人口を抱え、百万の兵士と世界最強の空軍を擁すると伝えられているソビエト＝ロシアは、「軍国日本」が世界平和の脅威であると見せかけ、図々しくも宣伝活動によって国際連盟と米国に自国の存立が日本によって脅かされていると信じ込ませた。

なぜなら、極東地域に覇権を確立しようとしている自国の計画を阻止したのが日本だったからである。

第四十二章　田中上奏文とされるもの

シオンの議定書と世界革命計画

数年前、田中義一男爵が日本国天皇に上奏したとされる文書が発表され、世界は驚愕した。そのいわゆる上奏文には、日本の全世界支配の第一段階として支那を侵略征服する方針と計画の概略が述べられていたからである。

全くの偽書であると証明されたものの、国際連盟理事会において、支那の代表は、これを日本の満洲侵攻の一連の計画と他国への侵略構想の証拠として提出した。

もし、その場で日本の代表団が立ち上がり、理事会に対して「シオン賢者の議定書」（注：ユダヤ人をパレスチナに帰還させようという秘密権力による世界征服計画でありロシア人による偽書と言われている）や数多くの文書を、ソビエト＝ロシアのユダヤ人統治者が世界革命構想の下に進めている恐るべき陰謀を示す証拠として提出し、連盟の記録に載せるよう要求したとすれば、彼らはどのような反応を見せただろうか？

日本の代表団は、さらにアフリカのナポレオンとされるセシル・ローズの遺言書（注：英国による世界連合を目指した文書）や、英国が世界支配計画をひそかに隠していることを証明するアンドリュー・カーネギーのEndowments（注：Carnegie Endowment for International Peace「国際平和カーネギー基金〈財団〉」の設立趣意書）を提出できたかもしれない。日本の代表はまた、米国議会のかび臭い議事録のファイルを精査すれば良かったのだ。

米国の代々の大統領や政策主導者の発言を集めれば、米国の「マニフェスト・デスティニー（明白な使命）」とは、宣教師と教育者を世界各地へ派遣し、共和制革命を説き広め、君主制国家を倒壊させ、人類を再生することを米国民の神聖な義務としたものだという説を裏付けることができただろう。

日本人はもっと自国に有利になる事柄を入念に調べるべきだったのだ。米国の帝国主義的政治家の威勢の良い発言を引用し、大手新聞から強硬的な論説を抜粋すれば、米国が南米において密かに構想を抱いていることを証明できただろう。

武力を用いるか否かにかかわらず、米国が長年にわたって南米の近隣小国の内政にことごとく干渉してきた事実を取り上げても良かった。実直な米国人であれば赤面し、うなだれるような主張を展開することもできたはずだ。

米国人にさらに恥ずかしい思いをさせるなら、南米の著名な政治家や法律家、政治評論家の著書の中から米国の行動に対する率直で洞察に富んだ意見を引用することもできただろう。

もしそれが可能なら、日本は米国に同調的な法廷でその米国をどんな罪で訴えただろうか？

米国の大衆は、シオンの議定書やユダヤ人が世界支配を目論んでいるとされる征服計画については何ら聞かされていない。

多少作り話めいているかもしれないが、ロシア革命の内実や共産主義者による世界革命計画の中身を知り、議定書の目指すところと照らし合わせれば、世界中に散らばるユダヤ人の罪を問うことも可能だろう。

しかし、この議定書が細部に至るまでどう実行されているかについて公に議論し、注意を促す聡明な編集者も評論家も存在しない。

彼らは偽の証拠で日本を責めたてることには何ら罪の意識を持たないが、ユダヤ人が企んでいるとされる計画については控えめな言及に留めるか、知らないふりをしているのだ。

今度、米国の論者が日本の侵略計画の証拠として田中上奏文を取り上げたら、彼にシオンの議定書と共産主義者による世界革命計画を見せて、どれが最初に考え出され、どれが極めて正確に遂行され、成就の可能性が最も高いのか言わせてみればよい。

過去十五年間の史実を踏まえ、私は、いかに公正な精神の持ち主であっても、急速に拡大する征服計画から国を守ろうとしている日本を非難する者に反論したい。そしていかに公平な判事に対しても、これらの一切の文書を読むよう要求する。

そうすれば、田中上奏文なるものは、モスクワのユダヤ人共産主義者による計画の単なる複製に過ぎないとわかるだろう。

その文章の書き手は、単にロシアの陰謀の登場人物を別の人物に置き換えただけであり、その概念と方法論がロシアの専売特許であることは、状況から見て明らかである。

スイスのユダヤ人共同体連合は、「シオン賢者の議定書」として知られる文書は捏造(ねつぞう)、偽造されたものであるとして裁判を起こし、その事案は現在スイス、ベルンの裁判所で審理中である。

一九二一年(大正十年)、『タイムズ』誌が、「議定書」は「オフラーナ」と称されるロシア帝国の秘密警察(内務省警察部警備局)の元局員が作成した稚拙な偽物であることを突き止めた。

スイスのユダヤ人指導者は、「議定書は、一八六四年にフランスの弁護士モーリス・ジョリーがナポレオン三世の独裁に反対して書いた『マキャベリとモンテスキューの地獄での対話』の盗作であり、ナポレオン三世の代わりとして登場するマキャベリをユダヤ人の賢者に置き換えたものだ」と非難している。

ピョートル大帝の遺言書、シオンの議定書、レーニンの世界革命行動計画、そして共産主義者によるアジア支配計画も、その思想と方法論を見れば、もっぱらロシアが作成したものだという証拠は明らかである。

従って赤化した支那の役人が北京で公表した「田中上奏文」が同じ思考過程の産物であるという説は十分に証明できるのだ。こうした計画を考え出すこと自体、日本人や支那人には無理である。

抵抗し難い勢力

しかし偽物かどうかにかかわらず、こうしたロシア人の作った文書を見れば、ロシアが、自分たちには自らの信念と政治体制を世界中の国に植え付ける義務があり、それはロシアに課せられたいわゆる自明の運命であるという考えで外交政策を推し進め、外交手腕を振るっていることが如実にわかる。

知識ある米国人は別にピョートル大帝の遺言書やレーニンの教義の存在を信じなくても構わない。正確な証拠を見つけたいなら、我が国が生んだ最も鋭く頭脳明晰で優秀な米国人の一人が一九〇四年（明治三十七年）に書いた本のページをめくれば良いのだ。

アルバート・ベバリッジ上院議員は、著書『ロシアン・アドヴァンス（ロシアの進展）』[29]の中でスラブ民族の真の本質を暴露しており、その先見性は「予言」と言っても過言ではなく、それ以降ロシアで起こったことを言い当てている。

「ロシア人の考えでは、支那もロシアのものとなり、ペルシャもロシアのものとなり、インドもロシアのものとなるべきであり、……アジアの支配こそがおそらくロシア人民の理想だと言えよう……これが、大英帝国外務省が英国領に関わる問題の中で最も頭を抱えている事実である……」

ロシアの目標は全く変わっていない。どんなに巧みな言葉で最終目標を隠し、世界の目を欺こうとしても、有史以来のロシア人の世界征服闘争はこれからも前進するだろう。

彼らは喉から手が出るほど不凍港を欲し、農民はさらに強い欲求に駆られて新しい大地を求め荒野へと進むのだ。帝政時代の皇帝も革命政府の人民委員もこの動きを止めることはできない。

これがモスクワの政策を決定づけているということは、モンロー主義が米国の外交方針を、またインドの防衛が大英帝国の外交方針を決定づけているのと同じであり、日本の政策が増大する人口問題への対応によって決まっているのと同じである。

アジアのチェス盤の上で繰り広げられる全てのコマの動きは、入念に計算され、決して万が一の機会はあり得ない。

支那はゲームの商品であり、ロシアの基本方針は、支那が自国防衛のために動こうとすればあらゆる障害物を配置することであり、実際これまでもそうだった。

しかしその基本政策は、後で述べるように、米国資本が支那を強化し、罠から逃れるのを助けて支那の構図を変えさせようとして初めて明らかになったのである。この点は強調しておかなければならない。

【29】Albert J. Beveridge “The Russian Advance”（一九〇四年、ニューヨーク、Harper & Brothers、三六八頁）

なぜならロシアの政策に関する二つの声明（注：古い訳文では「錦愛鉄道とシームス・カレー商会の内蒙古鉄道」とある）が我が国の国務省の公式文書として記録されているからだ。

数の重荷

この動きは誰にも止められない。土地を求める一億七千万のスラブ民族は毎年三百万ずつ増えている。一方、多子多産の支那人五億人は、自然災害に見舞われなければ、二、三十年で世界を覆い尽くすだろう。

さらに火山列島に閉じ込められ、年に百三十万ずつ増えている九千万の日本人を加えると、今の増加率なら二十年でアジアはさらに二億人が生活できる土地を見つけなければならなくなる。

この驚異的な自然力、人間の力はどうにも抑えられない。スラブ民族がこのままうねりを上げて東へ進み、中央アジアの平原に捌け口を求めて西に移動してきた蒙古民族と対峙すれば、二大民族の将来を決する戦闘が繰り広げられるだろう。

この衝突は条約や誓約、和平合意といった現状維持の仕組みによっては回避できない。世界の二大民族が今まさに中央アジアの平原に押し寄せ、睨み合っている状況を、ラジオのそばに座って情報通だと思い込んでいる西洋人はほとんど気付いていない。

外交によって個別の衝突の影響を抑え、全面対決を先延ばしできるかもしれないが、それでも最終決戦は避けられないだろう。

現在我々が目撃している抑えようのない本能的対立は、アジア全土の支配を国家方針として突進する勢力と、断固として黙したまま、生き残ろうという決意がぶつかり、一層激化している。

この問題を解決する唯一可能な方法がある。この先五十年間以上対立を食い止められる方法であるが、それは支那を機能的な単位に分割することである。しかし九カ国条約として定められた国際法は、現状へのいかなる干渉も禁止している。

ところがその支那の現状は、誤った通商原理、つまり門戸開放主義を恒久化するために作られ、維持されており、そもそも原理自体、実行不能で非倫理的で危険な国家概念という幕に覆われている。

世界の他の地域で適用されている民族国家の原則をアジア民族にも当てはめ、我々が「支那」と呼ぶ国を自然本来の形に分割すれば、長い堤防を張り巡らすことになり、アジアの爆発寸前の圧力を解消し、人口増加の問題がアジア大陸から拡散しないように完全に閉じ込めることができるだろう。

それをしなければソ連はアジアを征服するだろうし、さもなければ人口において圧倒的なアジア民族が世界にあふれるだろう。

先祖崇拝に基づく異教徒の文明は、集団維持のために可能な限り多くの男児を必要とし、一夫多妻や妾制度など多子多産を促すあらゆる仕組みを崩さず、人口増大の脅威を孕んでいる。

支那が最新式の強力な殺人破壊兵器を買い付ける資金を与えられ、外国の軍事顧問から兵器の扱い方を教えられ、その使用を促され、工業化や機械化が進めば、行き着くところ、圧倒的な人口を抱える勢力は自分たちの優越性を主張するようになるに違いない。

支那の五億人は、教科書や不買運動、激しい国家主義的宣伝によって、日本は支那の敵であり、日本と戦って地図の上からこの「小人」の国・日本を抹消しなければならないと教え込まれている。

偉大なキリスト教国家から精神的支持を受け、共産主義の積極的な介入によって推進されている動きは、やがてひとつの宗教のような勢力に発展し、日本にとってのみならず、西洋文明が幸福のために神聖かつ必要不可欠と考えている全ての仕組みにとっても、壊滅的な危機をもたらすに違いない。

こうした運動が支那のような軍事独裁国で成功すれば、いつ恐るべき支那版ナポレオンが登場して、アジア全土征服まで突き進んでも不思議はない。

支那人の平和主義は、彼らが日本人に勝利して心理的に変化するまでしか続かない。一旦勝利すれば地上のいかなる勢力も支那を阻止することはできないのだ。

日本は、こうした脅威に対して、ありとあらゆる潜在的国力を発揮し、何から何までかき集めて備えなければならない。

田中男爵が天皇に上奏したのは、そうした状況を踏まえ、国民を守り、スラブ民族の洪水が蒙古や満洲の堤防を越えて押し寄せてきても流されず、多子多産の隣人に数で圧倒されないようにする行動計画の概要が書かれた文書だと考えたい。

そしてその圧倒的な人口こそ、支那人が隣人を呑み込み、文化を押し付け、世界支配を望んでいる所以であることを付け加えたい。支那人は何世紀もの間そのことを考えているのだ。

現在の支那は悲惨な状況にあるが、もし彼らの古色蒼然とした伝統と慣習が再び重んじられ、神や宗教、家庭をも否定する共産主義者の教義によって多子多産が一層進めば、彼らは国家が子孫の生活に責任を持つ制度下で、何の制約もなく本能のまま無謀な子孫づくりに励むことができ、世界は当然、その文明の将来に恐れ慄くことになるだろう。

第四十三章　田中男爵の正当性

日本への嫌悪感を執拗に訴える

今、日本がピョートル大帝の遺言書、それに代わる共産主義者の世界革命行動計画を証拠として提出すれば、日本に対する有罪判決は覆されるのではないだろうか？　ロシアは、その目標達成の第一歩としてアジア支配に力を集中することを公然と宣言しているのだ。

歴史の記録に目を転じれば、長い年月にわたる一連の出来事は、この計画が仔細に至るまで実行されているという結論を証明できるだろう。

遠く一八九六年（明治二十九年）、当時の清国と旧ロシア間で日本に対抗する秘密同盟が締結され、その結果、日本は存立を賭けて戦うことになったが、一九二四年（大正十三年）には、再び孫文が同様の秘密同盟を新生ロシアと締結した。

しかしロシアは新しくなっても世界支配の野望を捨てず、ソビエト化した支那の政治派閥によって支那全土に支配権を確立させた。

その国民党紅軍連合が、自由主義的な日本から出された紛争の友好的和解案の一切をいかに拒んだのか注目すべきである。

支那共産主義運動の指導者たちは、日本との和解を進めるあらゆる試みに反対し、対日聖戦を説いて回り、とうとう一九三四年（昭和九年）八月一日、支那紅軍は日本の帝国主義に戦いを挑むことを宣言した。こうした一連の動きの重大性を読み解けば、多少なりとも日本の立場がわかってくるだろう。

米国自体がこの支那で実際に経験したことこそ、ロシアの政策を示す最も明らかな証拠である。一九〇九年（明治四十二年）、米国の銀行団は満洲を南北に縦断する錦愛鉄道（錦州―愛琿間）の敷設権を獲得し、一九一六年（大正五年）にはシームス・カレー商会が内蒙古の鉄道敷設契約を支那と締結した。

だがこれらの契約は、ロシアの抗議によって事実上無効となったのである。その論拠は多々あるが、最大の反論は、錦愛鉄道の終点であるアムール川（黒竜江）は、ロシアのその一帯における戦略重要地点であり、鉄道敷設は直接的な脅威となるというものだった[30]。

さらに内蒙古鉄道については、支那人の侵入と植民地化のために蒙古を開放するようないかなる路線の建設にも同意できず、この領域は緩衝地帯として残すべきだとロシアは主張した。

それは事実上、支那を軍事的、戦略的鉄道で囲む権利を留保しているのはロシアであり、支那は国防目的の鉄道を自国領土内に建設してはならないという一方的な言い分を押し付けるものだった。

日本はまた、ソビエト＝ロシアとして最初に行ったことが、蒙古を独立国家としてソビエト社会主義共和国連邦に組み入れ、全ての入り口に「入国厳禁」の看板を立て、旧来の帝政時代の計画を前進させたことだったという事実も証拠として提出できるだろう。

さらに挙げるなら、西部蒙古に並行するトルキスタン・シベリア鉄道の完成を急ぎ、他の鉄道も同じ国境沿いを終点とするよう設計し、年間百二十五万トンの生産能力を持つ製鉄所をアルタイ山脈中に建造し、トルキスタン・シベリア鉄道沿いに一夜にして小規模の軍事工場をいくつも建設し、この鉄道を大慌てで複線化していることも指摘できるはずだ。

この他にもロシアは、シベリアを横断する重要路線や軍事道路建設のための測量を行い、それらの建設予算を第二次五カ年計画に計上し、極東赤軍を二十五万以上に増やし、大規模な爆撃機隊を設置して戦力を増強し、黒竜江沿いを新たに要塞化し防御している。

日本からそう離れていない地点に空軍基地を置き、ウラジオストクでは秘密裏に潜水艦を造船し、これら巨大軍隊を指揮しているのは、一九二六年（昭和元年）に支那紅軍を勝利に導いた同じ将軍である。

支那中央部はソビエト共和国の集積となり、百万近い兵士を備え、支那共産主義者の指導者たちは、日本に対する嫌悪感を執拗に訴え、聖戦を唱え、支那紅軍の将軍は、米国各地を回って在米支那人から対日抗戦の資金を調達しているのだ。

我々が知っているのは主な出来事だけだが、こうした事実を洗いざらい公平な法廷に提出すれば、例え条約に反しているとしても、田中男爵がどのような手段に訴えようが全く正当だと全員一致で判断されるだろう。

もし男爵が何ら手段を取らなければ、逆に彼は高官には不適任者として、天皇の信頼と信任を得られないはずである。

【30】"Foreign Relations of the United States, 1910"（二四九～二五〇頁）

第四十四章　英米に追随する日本

予防手段に出た日本陸軍

史実を無視することはできない。共産主義思想を広める地下活動は、アジア全域で着実に進行し、社会と政府の根底を揺るがせている。

支那をはじめとするいくつかの地域では、すでに一大勢力となり、公然と武力蜂起し、政治の主導権争いを行っている。一方で、日本の土台にも穴を開けつつある国家転覆思想は、君主制と国家そのものを崩壊させる恐れがある。

こうした情勢下で、自由主義的な思想や政策、平和主義信仰にしがみつくことは美徳ではなく、日本のみならず、欧米の全ての国に対する犯罪であり国家への反逆である。

極東で唯一平和を強制できる責任政府（日本）を排除すれば、そうした国々の文明は危機に瀕するだろう。

自国の労働者や農民は賢明だろうと信じている先進国家は、共産主義の煽動者たちを醒めた目で見ていられるのかもしれないが、これまでの経験を踏まえれば、最初は街頭演説でもやがてストライキや暴徒による騒動、労働争議へと発展し、共産党が勢力を拡大すれば、政治的陰謀を張り巡らし、最終的に赤色テロを引き起こすことは明らかである。

国は転覆し、主権は狡猾な国際主義者の手に渡り、彼らは元ロシア皇帝の住まいだったクレムリン宮殿から世界支配を始めるつもりなのだ。

この地面に穴をぐいぐいと開けていくような共産化の動きは、驚くべき段階まで進み、日本の国家概念は侵食され崩れそうになっている。

そこで日本軍首脳部は、帝国という枠組みに国家社会主義体制を取り入れることを提唱し、階級闘争の拡大を防ごうとしているのだ。なぜなら現在の強力な共産主義の教宣活動が続けば、その結果はただ一つ（国家転覆）だからである。

最近日本軍が発表したこの見解は、外国からは軍部による完全な政治支配権奪還の企てに過ぎないと見られている。

だが、現実に敵に門の内側まで入り込まれた軍部は、内乱が起きて自分たちの親兄弟を撃ち殺すはめになるなら、国家の崩壊を阻止するために国家社会主義体制に至る経済改革を実行し、むしろ人道的に解決しようと考えたのだ。

しかし諸外国は、日本国内のこうした動きを軍国主義の害悪、つまり日本軍による帝国支配の決意を示す新たな証拠としてのみ捉えようとしている。だが、赤色革命を食い止めるために大英帝国が失業手当の制度を設け、米国がニューディール政策を打ち出したのは、（日本と同様に）人道主義の原則を適用したに過ぎない。

日本陸軍は、兵力を無駄に浪費し、避けられない事態に手をこまねくのではなく、先手を打って、一つの予防手段であり自らを守る保証として今回の行動に出たのであり、そうした防衛によって大日本帝国の存立が支えられているのだ。

大英帝国の防衛方針

こうした事実を我々は一笑に付すことはできない。もし、ピョートル大帝の遺言書を引用したり、共産主義者の世界革命計画や日本の自衛行動の根拠となる支那の共産化に言及するのは馬鹿げているというなら、英国政府が地中海や中近東、ペルシャ湾そして極東における防衛方針の裏付けとして、何十年にもわたって日本と同じ主張をしていた点を指摘したい。

違うのは、さしあたり日本が大英帝国の代わりを務めている点だけである。その英国も少しでも油断をすれば、因縁の場所であるトルコのスタンボウル（イスタンブール）と南アジアのカイバル峠（パキスタンとアフガニスタンの間）を結ぶ線上で、宿敵の北洋熊（ロシア）と再び対峙しなければならなくなる。

過去七十年以上、英国の対アジア、対極東政策は、時に公然と現れ、時に隠れるロシアの動きに呼応して変化しており、英国が繰り返し直面した危機的状況の半分以上は、欧州の西側ではなく東側で起こっている。

なぜなら英国は、スエズ運河からビルマに至る自国の戦略的防護壁を突破しようとするロシアから、インドとインドへ通じる道を守る必要があったからである。

大英帝国が今日、ロシアの国際連盟加盟に賛成しているのは、ドイツを包囲して欧州の現状維持を確保しようという自己防衛本能から、考えられるあらゆる方策を取る、切迫した必要性があったからである。

だが、英国はアジアにおけるロシアの帝国主義を決して支持するわけではない。望むと望まざるとにかかわらず、英国は古くからの同盟国である日本の味方でなければならない。

もし日本がソ連に倒されるようなことになれば、支那のみならずインド、インドシナそしてマレーシアまでもが自動的にソ連の傘下に入るからである。

アジアに権益を持つ列強はどの国も、ソ連がどこかの時点で再び大きな脅威となる危険性を忘れてはならない。スターリンは明日死ぬかもしれないが、そうなればトロツキーが再び権力を握るかもしれないのだ。

ロシアがいつ軍事侵略を再開するのか、軍縮と平和を望むという今のロシアを信用せざるを得ない隣国に、いつまた侵略される運命が降りかかってくるのか誰も予測できない。

これまでのロシアを平然と無視できる余裕など誰にもない。過去の経験は欧州に警告を与え、日本には万一に備える義務を課している。

もしドイツが厳粛な誓約をしても、フランスにとって十分でないとすれば、日本もまた、ソビエト＝ロシアが急に今態度を改めても、本当だと信じることなどできないだろう。ソ連を国際連盟に迎え入れる喝采が止むのも待たず、共産主義インターナショナル結成の運動は再燃している。

そして言うまでもなく、ソ連は支那共産党にあらゆる支援を注ぎ、その地位を盤石にしようとしている。今まさに、極東における戦争の火ぶたが切られようとしているのだ。

ロシアの西部国境に接しているフィンランドやバルト海沿岸国の独立が、欧州の平和と安全にとって唯一の拠り所であるように、極東におけるロシア帝国主義の更なる拡大に対抗する上で、まだ国として未熟な満洲国の独立が日本の安全保障には不可欠である。

今後、日本の基本方針は、大英帝国が自国防衛のために何世紀にもわたって辿ってきた道筋に寄り添ったものとならざるを得ない。

大英帝国の安全を常に支えてきたのは、海軍による周辺海域の制圧だけでなく、英仏海峡と北海の対岸はいかなる大国の軍隊にも占拠させず、オランダとベルギーの恒久的独立が危うくなれば、英国陸海軍の全兵力をもって直ちに武力介入を行うという、一貫した不変の決意である。

英国は、これまでの経験から、差し迫る危険を回避するために速やかにそうした措置を取らなければ、戦争に巻き込まれることを知っている。手遅れにならないうちに防衛しなければ、見通しが甘かったことの代償を払わなくてはならないのである。

それでも英国が海峡を挟んだ小国（オランダ・ベルギー）に影響を与え続けていることがこれまで何十年もの間、問題視されたことはないのだ。

自国より豊富な国力と人口を備え、造船や制海能力に勝る国が海峡の対岸に現れることを、英国は決して許さない。

だとすれば日本も当然、自国の存立上、支那や極東ロシアに海軍大国が出現するのを許すはずがない。それを認めれば、日本と支那大陸間の輸送路は遮断され、日本は孤立して食糧の輸入ができなくなり、降伏せざるを得ないからだ。

また支那の福建省沿岸が軍艦や潜水艦、空軍基地といった形で要塞化され、台湾海峡の支配権を奪われることも認めるわけにはいかない（注：この当時、台湾は日本領であった）。

日本の防御線の弱点のひとつである台湾海峡の絶対的支配権は、英国にとっての英仏海峡、米国にとってのパナマ運河と同様に、国の死活問題である。従って海軍軍縮によって、千島列島から台湾海峡までの縦に長い海域を、いつ何時でも封鎖できる能力を削減することは、日本にとって自殺に等しい行為なのだ。

支那やソビエト＝ロシアがこうした海域に海軍建設を熱望することがいかに合法的であっても、日本としては、自国の海軍の優越性と安全性を損なう保有比率を受け入れよとの脅迫には、決して屈することができない。

今や世界は、国際社会の立派な一員となったソビエト＝ロシアと手を組み、日本は悪者としてはじき出され、そのうちソ連支那連合が出現する可能性が極めて高い。

そうした中で日本は、自国の安全と裏口にあたる日本海の制海権を守るためには、完全武装し、いつでも素早く、集中的に攻撃できるよう準備を整えるしか選択肢がない。さもなければ国は滅びてしまうのだ。だからこそ海軍軍備の縮小には、日本がそれ以上譲れない限度がある。

今のところ日本は、支配権が及ぶ島嶼内に仮想敵国を閉じ込めていることから、戦艦をある程度まで削減しても想定される非常事態に備えることは可能だろう。

だが、制限されていない潜水艦については建造を主張するはずだ。日本は、自国の勢力圏内で現在確保している安全を、今後もどんな危険を冒そうと保持しなければならないのだ。

国際法は日本には適用されるのか？

現在米国の航空会社は、支那の国民政府と合弁で支那大陸各地における航空業務を行っている。報道によればその会社は、アラスカ、アリューシャン列島からカムチャツカ半島、オホーツク、ニコラエフスク、さらに支那に接続するハバロフスクまでの民用航空路の開設を目指して試験飛行も実施している。

この計画の実現には、ソ連領域内の飛行場、格納庫、給油所など様々な施設を使用するためのソ連政府との取り決めが必須であり、その内容によっては、日本の太平洋からオホーツク海、また日本海に至る海路近辺に飛行場が設けられ、日本の戦略的制海権が無力化される可能性もある。

米支合弁の航空路の一つである杭州と広東を結ぶ路線は、日本の安全保障上重要な台湾海峡を掌握できる福建省沿岸に何カ所かの飛行場が設置されることになっている。

さらには上海と青島の中間に位置する江蘇省連雲港に一大飛行場が建設されている。そこは黄海に面し、日本と満洲国の輸送路を監視すべく戦略的に選ばれた地点なのだ。

こうした事業はいずれも完全に合法的だが、日本は米ソ、米支双方の飛行場に挟まれることになる。戦争状態に入れば、米ソ支三国間の航空協定に発展し、日本としては重要な制海権の防御が極めて困難になるだろう。

太平洋で戦争が勃発すれば、日本か台湾（日本領）の沿岸から数百マイルも離れていない地点に停泊した航空母艦から米国の戦闘機が飛び立つだろう。

日本を爆撃した戦闘機は、そのままソ連か支那の領土内の飛行場か給油場まで無事に飛行を続け、復路で再び日本に爆弾を落とし、航空母艦に収容されるのだ。これも全て条約の範囲内の行動である。

某日本企業が、カリフォルニアの南のマグダレナ湾をメキシコから事業目的で租借しようとした際、ロッジ上院議員から提出された決議案は、わずか三時間の審議の後、五十一対四で承認決議された。

「以下決議する。何ものかによって米国大陸内の港湾またはその他の場所が陸海軍上の目的で使用占有され、米国の輸送もしくは安全が脅かされる可能性がある場合、さらにかかる港湾や土地の所有会社や団体が、米国以外の政府に関係があり、その政府に対してその港湾などの実質的な支配権を与えるようなことがあれば、米国政府は重大な懸念を持ってそれを注視するものとする」

この決議は、提案者が説明したように、「モンロー主義よりも古い国際法の一般原則に則っている。あらゆる国は、自国の安全を守る権利を有し、外国が陸海軍上の目的のために、どこかの港湾なり場所なりを所有し、それが自国の安全に不利益をもたらすと感じるなら、これに介入することは国にとって義務であり、権利であるという原則である」。

新生国家の承認を拒む米国

決議が承認された一九一二年（大正元年）以降、飛行機もまた陸海軍の作戦に不可欠なものとなった。

実際、飛行機は優れた戦闘兵器であり、米国に近接した領域内で、外国政府と密接な関係にある会社が飛行場を管理していれば、それは我が国の輸送路及び安全にとって、陸海軍基地と同様の脅威となるだろう。

例えば日本の民間企業がメキシコ政府と提携し、メキシコ国内各地で、米国との国境にあるティフアナとマタモロス間の路線を含め商用航空路を運航するか、カナダ政府と契約してユーコン州からバンクーバー、さらに東端のハリファックスまでの路線を運航するか、あるいはまたカリブ海を回る航空路の経営権を獲得するか、どこか中南米の政府と運航契約を締結すれば、今の極東と同じような状況になるはずだ。実際、米国の航空会社は支那政府と協力し、ソ連とも手を組もうとしているではないか。

カナダや中南米の国々が日本の会社とその種の契約を締結しようとすれば、米国はモンロー主義を持ち出してそうした国には主権はないと言うのだろうか？

それともモンロー主義が今や妄想だとしたら、我々はモンロー主義より古く、その主義の有効性を導いた国際法の大原則に立ち戻り、米国の安全を守るためにそれらの契約の破棄を要求すべきなのだろうか？

ロッジ上院議員は、米国上院の支持を得て、日本の民間企業によるマグダレナ湾の事業目的での租借を阻止すべく、国際法の原則をその正当理由とした。もし米国にとって法であるなら、当然日本にとっても法でなければならない。

日本があらゆる条約に優先する国際法に訴えて、米国企業が支那やソ連の政府と協力して、軍事目的にも利用でき、日本の安全を脅かし得る航空機の飛行場や格納庫、給油場、修理工場を建設することに反対するとしたら、米国は、自国の上院議員が国防のために訴えた自衛の基本法よりも九カ国条約が優先されるべきだと主張するのだろうか？

米国企業が支那政府と提携し、航空路を開設することは米国の条約上の権利の範囲だが、しかし支那政府のスローガンが「航空による救国」である点を思い出すべきである。

支那の急進派の指導者は、日本滅亡のために戦う意思を公言し、特に激しい反日勢力である広東政権（蔣介石軍閥）は、独自の空軍の設立を計画し、ソビエト＝ロシアは世界に向けてどのようにすれば日本の都市を空から爆撃できるのかしきりと放送している。日本政府でなくても、こうした状況は無視できるものではない。

米国はアメリカ大陸のために法を定めた。だとすれば自国の存立が危険に晒されている日本が同じ法に訴えることを認めてもよいのではないだろうか？　日本の広田首相は、最近発表した外交政策の中で日本の立場を明確に述べたが、米国ではそれが理解されていない。

果たして米国人は理解したいと思っているのだろうか？　米国が自衛のために定めた同じ法を、もし日本が持ち出して、日本を脅かす米国企業とソ連や支那の政府との航空路運航契約を否認したとしたら、もし中南米の主権国家が日本の資本（企業）と手を組み、パナマ運河かニカラグアで計画されている運河付近で、航空路を運航しようとしたら、米国人の今の心理状態なら、すぐさま太平洋上で対日戦争に踏み切るのではないだろうか？

アラスカとシベリアを経由して米支間をつなぐ航空路が事業として成功するかどうかは、満洲国政府がその上空の飛行を許すかどうかにかかっている。

米国が新生国家の承認を公に拒み、支那の一部だと主張している以上、米国政府はどういう態度を取るのだろうか？　鉄道によって支那に交通網を発達させるあらゆる合法的事業機会を放棄して、我々はハリマンやノックスが二十年前に失敗したことを、今度は空中で行うために門戸開放や支那の主権を問題にするのだろうか？

新聞報道によれば、これまで散々宣伝されてきたアラスカとカムチャツカ半島を経由する米支間の官営航空輸送事業計画は、ホノルル、ミッドウェイ、グアム、マニラ、広東と海の上を結ぶ路線の方が望ましいとして白紙になったらしい。

この変更は、北航路は政治的に困難であるとわかったからではないだろうか？　マグダレナ湾問題に適用された法は、米国だけでなく日本にも当てはまり、その結果、我々が太平洋を渡って支那へ行くには、日本の委任統治領に沿った航空路を飛ばなくてはならなくなった。

そしてこの計画変更が発表されて二週間も経たない間に、日本は小笠原諸島やその他の島から委任統治領まで航空路を伸長することを発表した。片方が動けば、必ずもう一方も動くのだ。

第四十五章　いわゆる「広田原則」

至極当然な自国防衛宣言

日本が近頃発表した外交政策は、支那やロシアが日本の安全を脅かすような黄海や沿海州の港を基地として艦隊を建造できた時代の終焉を意味すると捉えるべきである。

従って九カ国条約上の権利に則って支那政府に間接的な借款や信用保証を提供し、そうした建造計画を進めさせようとしている列強は、日本の声明の真意を慎重に検討する必要がある。まず我々は事実を正面から見なくてはならない。

日本の不安の元凶は、英米の攻撃ではなく、強大化し、機械化された支那の軍隊の存在であり、場合によっては、ソ連の軍隊と組んで日本を崩壊させるのではないかと恐れているのだ。日本が、支那大陸との間の細長い海上での優越性を失えば、大陸からの侵略を防ぐことは無理である。

すでに航空機の発明は、海軍による安全保障を弱体化どころか完全に覆すものとなり、支那やロシアにおける大規模な空軍基地建設への資金提供は、日本にとって当然憂慮すべき問題である。

ロシアが調印せず、無責任な支那には遂行能力もない諸条約に拘束されている日本は、そうした条約を研究し、一方的な声明によって自国防衛の決意を発表せざるを得なかったのだ。

だがその声明は、米国の基本原則となったモンロー主義そのものであり、モンロー主義と同じく、法律でも定型化された政策の公式発表でもない。

米国もその安全保障政策の基本として採用し、堅持しようとする原則を表明しただけであり、未だ武力によってその主義を守る必要に迫られたことはない。当然日本も、状況に応じて自国を防衛するという目的を宣言したに過ぎず、それ以上の手段に出るはずもない。

米国がモンロー主義を明確に、かつ広く世界に発表したことは、戦争回避の一大要因となっており、日本の同様の主義が同じような意思と実行力によって支持されるのであれば、極東における重要な安定要因として効果を生むだろう。

この点について九カ国条約の締約国は、異論を唱えるかもしれない。しかし彼らは客観的な視点に立って自問自答しなければならない。

九カ国条約は日本に対して条約の極めて厳格な順守を強いる一方、支那には非常に幅の広い自由を認め、時にはその義務もないがしろにするよう焚き付けており、さらに調印もせず、つい最近まで国際連盟に参加もしていなかったロシアに対しては、アジアで従来の帝国主義的拡大計画を推し進める許可証同様のものを与えている。

このような条約は結果として何をもたらすのだろうか？　条約が日本を無力化する手段となっている以上、日本が自国防衛の意思を各国に知らせるのは至極当然ではないか。

米国民はこうした事実を掘り下げて考えなくてはならない。なぜなら米国が守ろうとしているのは、英国が何十年間も中近東コンスタンティノープルでロシアに対峙するオスマン帝国（トルコ）軍を支援した時と同じ方針なのだ。

対支貿易とそれに付随する「支那」という地域の領土的、行政的独立を前提としていた従来の方針が、今や抗日路線に走る支那とソビエト＝ロシアを支持するという固い決意表明になっている。

だが米国がロシアを支持すべき納得できる理由はなく、過去の事実を甚だしく軽視している。自国の見解を裏付けられなければ、米国はこの方針を維持しても最終的には必ず退却せざるを得ない状況に行き着き、かろうじて体裁と威厳を保つのが精一杯だろう。

英国外相のジョン・サイモン卿は、九カ国条約を明快に解釈し、条約を武力によって支持すべきか否かの判断を真っ向から米国に突き付けた。それに対する米国の回答は、新聞各紙を見れば明白であり、米国が取るべき行動には全く疑問の余地はない。

つまり米国は九カ国条約を強制するために戦うつもりはないのだ。自国の対支原則維持のために必要と見込まれる戦費は、米国の対支投資額をはるかに上回り、こんな不条理な戦争を仕掛けるにはあまりに負担が大きい。

支那の分割

極東を安定させている日本が力を失った場合、この一帯で何が起きるのかを考えようとした者はいるのだろうか?

日本の影響力が消えれば、ソビエト連邦による支那の吸収を阻止しようと列強国間で支那国土の分割競争となり、支那が壊滅状態になれば、米国も介入せざるを得なくなるだろう。

支那に権益を持つ列強国が速やかに危機回避策を取らなければ、日本は、自ら適切と信じる国防手段を取るか否かの判断に迫られる。

一方で支那の共産化運動が最終的に成功するか否かは、福建省沿岸の一港湾を占拠し、掌握できるか否かに大きくかかっているが、すでに二度の企てが失敗し、現在三度目の襲撃が行われようとしている。

英仏海峡の対岸の独立国は維持すべきとする英国の基本方針を日本が採用し、福建省の分離独立運動を応援し、新国家を承認し、その独立を保証したとしたら、それは日本の自存権の範囲だと言えるのではないだろうか?

英国が先例を作り、米国もパナマでその方針を適用したのだ。このアングロサクソンの二大国家が許された権利を、今日本にも同様に認めるのか、それとも支那の行政的保全のために戦争を起こし、門戸開放によって軍需品を売りつけ、最後は日本の国防を壊滅させようというのだろうか?

幻滅した日本

九カ国条約は、国境も未画定の「弱小国」の領土的保全を守るために考えられたものであり、状況に何らかの変化が起きた場合は想定されていない。

だとすれば、九カ国条約は和平合意のように「未来永劫に」続く恒久法なのか、それとも支那のどこかの軍閥が国土全体を掌握し、日本との最終決戦に臨む準備が整うまでの限定的な法なのだろうか?

「締約国は一定条件の下に相互に十分かつ隔意なき意見の交換をなすべきである」という約束以外に、条約には、脆弱で無責任な支那政権による不法行為に対して「強力な」隣人である日本を保護する定めは設けられていない。

条約の調印時点では、支那共和国が、まさかその支配下にある一派閥と、条約に調印しない強大な隣国ロシアが同盟を結び国土を支配することを許すとは考えられていなかった。

しかし、今まさにそれが起きている。北京に首都を置く「支那共和国」政府は、漢口に首都を置くソ連広東連合に倒され、さらにその連合政権は、南京を首都とするいわゆる国民党一派（蔣介石軍閥）によって倒された。

その国民党政権が、列強国から中央政権として承認されたため、左派勢力は生き残りのために次から次へと戦う羽目になり、今や南京政権と共産主義者間の必死の攻防戦となっている。

こうした状況で日本が九カ国条約の第七条を発動させて何の役に立つのだろうか？　国内革命を足掛かりにした世界支配計画を公言している国（ソ連）に対して、日本は最善の判断で時と場所を決めて自衛権に訴えたが、列強国はその日本を敵とした。

日本は、十分な根拠があって、東アジアにおける共産化運動の阻止のために、他の「資本主義国家」が味方となってくれると信じていた。だが日本は列強に幻滅することになった。

高邁な倫理上の原則を高く掲げてソ連承認に反対し、決して認めないと断言していた米国が、表向きは経済的理由で前言を翻したのだ。

そして列強諸国も本音はヒトラー包囲計画の一環として、ロシアを国際連盟に誘い入れ、常任理事国の椅子を与えた。

全ては公然とあからさまに行われた。自国の利益を守るために「資本主義諸国」は、日本を支持するよりもソ連を抱き込んだのである。彼らは極東を忘れたのだ。

第四十六章　ソ連外交の目標

日本への対抗を目的に加盟したソ連

モスクワがかつての世界革命計画を放棄したというのは本当かもしれないが、ではいつその判断がなされたのか、その証拠があるならぜひ確認してみたいし、確認できれば安心できるだろう。ただ三年や四年前でないことは確かである。

コミンテルンとして知られる世界的陰謀組織が、いわゆる資本主義国家に対する憎悪を忘れ、今が傀儡政権であるソ連政府を国際社会に迎え入れさせる好機だと判断したのは、何故なのか？

極東での日本の行動こそがきっかけとなり、リトヴィノフ外相は慌てふためいて欧州諸国と不可侵条約を交渉し、急遽ロンドンに飛んで、世界経済会議の席でソ連を承認すればその見返りに巨額の貿易利益を得られると餌をぶら下げたのではないか？

そして国際連盟への加盟を認められ、連盟の支持が確約されれば、対価としてソ連の従来の外交政策を放棄すると提案したのではないか？

リトヴィノフ外相が示した特定の行為を行う者を「侵略者」とする定義を国際連盟が採用すれば、モスクワが何を狙っているか明白にわかるのではないか？

仮にソビエト＝ロシアが今日の世界で最も平和で非侵略的国家であるとしよう。しかしそれはメダルの表側に過ぎず、裏側では依然として共産主義国家のままである。

アジアにおけるソ連の計画は支那紅軍によって急速に推し進められている。紅軍が勝てば、共産主義の勝利となり、支那ソビエトという新たなソビエト共和国がモスクワの庇護下に生まれる。そしてソビエト＝ロシアとソビエト＝支那は、東アジアを掌握し、大本営を太平洋沿岸に据えて資本主義国家打倒の新たな運動に着手するのだ。

日本と満洲国が、手遅れにならないうちに軍隊を長城以南に派遣し、こうした脅威に対抗して自衛措置を取れば、彼らはリトヴィノフの言う「侵略者」となり、国際連盟は行動を取らざるを得なくなる。そうなれば、法に守られ、道徳上、法律上申し分のない世界の承認を得て、モスクワ赤軍は、満洲国に堂々と進軍できるのだ。

今日の支那の状況は、十四世紀の欧州のそれに酷似する。当時欧州では黒死病（ペスト）によって全人口の半分が失われ、生き延びた者もその大半は重い税金と過酷な労働を強いられる封建制度の奴隷となり、小作農は耐え難い迫害を受け、一方強欲な君主たちは堅牢な要塞で宴会漬けの毎日を送っていた。

こうした苛酷な状況に耐えかねて、欧州の小作民たちは反乱を起こしたのだが、それは今の支那で飢えに苦しむ民衆が生きるために銃を手に取り、米を要求しているのと全く同じである。

中世の貧しい農民たちが、甲冑（かっちゅう）を纏った武装兵に太刀打ちできなかったように、わずかな武器しか持たない支那の労働者もまた、何不自由なくでっぷりと太った軍閥の戦車や爆撃機にはなす術がない。

この先、支那の民衆は元の虐げられた状況に戻され、然るべき罰を受けるのかもしれないし、そうならないかもしれない。彼らは今や新しい思想（共産主義）の下に結集し始めており、闘争の行き着く先は神にしかわからない。

小作民と労働者が勝利すれば「赤色テロ」が続き、それまで彼らから長年搾取してきた支配階級や資産家たちは恐ろしい報復を受けるだろう。失政への代償は、ロシアもそうだったように支那においても同様の犠牲を強いるのだ。

これは単なる空想だと言われるかもしれない。だが欧州諸国が新たな国際関係を作る羽目になった悪夢（第一次世界大戦）ほどではないだろう。

ワシントン条約は太平洋上の和平を確約したが、アジアへは何ら保証を与えようとしなかった。日本の手足を縛り、ソビエト＝ロシアには自国の企みをアジアで実行する自由と猶予を与えたのだ。そして日本がその罠から逃れるや否や、日本に自己否定の条約に調印するよう強く勧めた列強国は、日本を仲間うちから追放し、一方で日本を自衛行動へと走らせた無法国家（支那）を歓迎し、友愛の情を示したのである。

米国政府はおそらく純然たる経済的理由だけで、また英仏伊の三カ国はドイツ包囲のためにロシアを国際連盟に誘い入れたのだろう。

しかしロシアは、日本に対抗するためにこうした列強国の支援を得ることを唯一の目的として加盟したのだ。リトヴィノフ外相ほど駆け引きに長けた政治家が、何の見返りもなくロシアを欧州の問題に関与させるわけがない。

国際連盟は欧州のことを考え、リトヴィノフはアジアを考えていたのだ。今や世界は打倒日本でロシアと連帯を組んでいる。これが新国際関係に対するロシアの解釈であり、日本もこう解釈するほかないのだ。

迫りくる最終決戦

我々西洋文明の将来は、三年前までは自国の破壊に忙しかった政権（ソ連）に委ねられている。果たしてその政権は、自らの神を否定し、宗教を禁止し、家庭を廃止し、その主義を世界のあらゆる国に押し付けることを宣言している不敬な集団に牛耳られている。

一方日本は単独で、友軍もなく存立を賭けた戦いを目前にしている。西側諸国は日本を裏切ったのだ。海軍列強国は日本に軍縮条約への署名を強い、再び国際外交というゲームに誘い入れ、迫りくる戦争に向けた日本の兵力を失わせようとしている。その戦争もまた彼ら海軍列強国が日本に仕向けているのだ。

開戦自体は多少先送りにされるのかもしれないが、最終的にはこれ以上延ばせないという日が来るだろう。

目先の問題は南京政権（蔣介石軍閥）が存続できるかどうかである。この政権が倒れ、支那紅軍が政権を握れば、その先どうなるかは世界もわかっている。日本が生き残って東アジアの安定機能を果たせるか、それとも（その日本が）ソビエト化したアジアの傘下の三流小国に成り下がるかは、列強諸国がどこまでソ連支援を確約するかにかかっている。

保安官になった無法者

この十年以上、世界中にボルシェビスト（ソ連）の司令官たちの高笑いが響いている。だが、彼らが公言した世界文明破壊計画に列強諸国は立ち向かおうともせず、態度を変えていない。世界の赤軍が百万近くに膨れ上がり、空軍は他の全ての国に勝り、それを支える軍需品工場が予想以上の規模で建設されるのをただ見ているのだ。

赤軍はアジア全土に広がり、多くの独立国を占領し、無理やりソビエト社会主義共和国という制度に組み入れ、民衆を恐怖で服従させている。

征服されたアゼルバイジャン、北コーカサス、ジョージア、トルキスタン、ウクライナ、蒙古では海外貿易はおろか外国人の旅行も居住も全て禁止されている。何千人もの支那やその他極東の若者たちが、男女を問わずモスクワの共産党大学で教育を受け、故国に戻って政権打倒の陰謀を企てている。

華々しい宣伝の下、支那全土をモスクワの支配下に置こうという運動が公然と繰り広げられ、破壊分子たちが各地で既存の政権を倒している。

こうした証拠を突き付けられても、その脅威に対抗して国の仕組みと生存を守ろうとする日本を、世界は依然として、非難しているのだ。

クレムリンから発せられる激しく煽情的な敵意の砲弾に比べれば、ヒトラーの破壊的な演説は単調で控え目だが、それでも世界の平和を脅かす共産主義に対抗すべく諸国を一致団結させるには一年で十分だった。

彼らは、あえて自衛手段を取った日本を毛嫌いし国際社会から追い払ったが、ヒトラーの衝撃に恐れをなして、結局モスクワの支援を求めた。スイスだけは国際連盟理事会において、ソビエト＝ロシアの国際連盟加盟と常任理事国入りを認めるというとんでもない約束に、断固反対する気概を持ち、道義をわきまえていた。

「かつてレーニンが国際連盟を盗賊組織だと非難した。ソビエト＝ロシアがこの国際連盟に対する無礼な態度を急に改めたのだとすれば、その理由は極東の空に激烈な炎の文字で書かれている（反共主義者モッタの言葉で、極東征服の野望を表現）」

まさに中立公正なスイス人のジュゼッペ・モッタ（注：第一次世界大戦終結直後から第二次世界大戦開始直後までスイスの外務大臣）の言う通りである。

しかし、昨日までの無法者（ソ連）は今や国際社会の尊敬すべき一員となり、平和の守護者、国際社会の保安官となっている。

反対にこれまで機敏に機会を捉えて自衛行動を取ってきた勇気ある小男（日本）が今や無法者にされている。その日本を、生け捕りだろうが、死んでいようが関係なしに捕まえようとしているのが、改心したとして罪を許され、仲間を従えたかつてのならず者、ソビエト＝ロシアなのだ。

日本対共産主義

九カ国条約を見ればわかるように、列強国は自国の利益を最優先としており、アジアの民衆の幸福は、欧州の平和維持の犠牲にされている。

地球の四分の一に満たない欧州の文明を破滅から救うべく、我々は別の地域（極東）で大惨事を招いたのだ。

しかし過去を悔やんでもどうにもならない。世界が直面しているのは既成事実である。幕が上がろうとしている舞台におもむろに登場した主人公はリトヴィノフ外相であり、この芝居が終わる頃には、列強国は袋小路に追い込まれ、そこを出るには日本と戦争をするしかない。

勝どきを上げる共産主義者は、何者も支那への干渉を許さず、国の覇権を巡る流血の争いはこれからも続くだろう。

世界和平への望みは、南京の国民党軍を指揮する蔣介石司令官に託されている。だがその軍隊は頼りにできるほど強くはない。共産主義と資本主義との戦いは長江沿いで決せられるだろう。

国際連盟は、米国、そして日本と協力して、欧州の主権の原則を常識的に「支那」の省や国にも適用してこの問題を解決するか、さもなければ蔣介石を支援して「支那共和国」の国民党政権という架空に現実性を与えるのか、速やかに判断し、行動すべきである。

これは、国際連盟のみならず、米国そしてソビエト＝ロシアにとって真にその誠意が問われる問題である。

コミンテルンの支援を得ている支那の共産党は、武力以外の方法（注：共産制といった社会の仕組みを指すと思われる）によって、飢えに苦しみ絶望の底にいる大衆の生活を改善しようとしているが、勝ち取った地域は決して手放さない。

共産主義であろうが、民主主義であろうが、民族自決であろうが、はたまた単純な反乱であろうが、それは自己保存の本能が異なる形を取っているだけであり、責任ある人道主義的政権が疲弊した民に救済をもたらさない限り、闘争は続くだろう。

共産主義は民衆に恵みをもたらすのかもしれないが、そうなれば遅かれ早かれ満洲国と日本は自衛行動を起こさなくてはならない。

モスクワの外交方針は、まさにそうした緊急事態に備えているのだ。時機を逸しないうちにそうした事態を回避する措置を取らない限り、欧州で避けられた危機が極東では現実となるだろう。その時世界は反日で足並みを揃えるのだ。

日本の唯一の失敗は、学習能力が高かったために、他の強国が自衛のために宣言した法や原則をそのまま問題解決に適用してしまったことである。

米国はシベリアで何がしたいのか？

米国民は、こうした国同士の生存をかけた戦いの真っただ中に投げ出されている。そもそもの原因は、世界が共産主義勢力の登場に気付き、察知するはるか以前に米国が掲げた門戸開放主義にある。当時米国は、将来ロシアが膨張し、日本が著しく成長し、支那が目覚めることなど予想もしておらず、まして予知もできなかった。

そして今日米国は、混乱の真ん中で身動きが取れないまま、自国の通商方針とその拠り所となっている脆弱な民族主義を死守しようとしている。

気付けば米国は、アジアにおけるあらゆる政治的行動を通して支那、ロシアと連携し、日本に敵対し、今や「赤い脅威の白い代表」として前線に立ち、世界革命計画に隠されたロシア帝国の伝統的方針（世界支配）をモスクワ政府に遂行させる財政支援者となっている。

ロシアが、対アメリカ債務問題を解決するために要求している長期信用保証は、さらなる巨額の戦債に過ぎず、交渉が成立すれば、それを最終的に負担するのは米国民である。

米国がロシアの肩を持ち、こうした冒険に引きずり込まれたとすれば、我々はまさに墓穴を掘っているようなものだ。

米国と同盟を結ぶか財政援助を勝ち取った共産主義諸国が勝利すれば、新秩序が導入され、その結果、我々が戦争に訴えてまで堅守しようとした原則と政策は永久に消滅する。

第五部

選択を迫られる米国

第四十七章　共産主義のためにシベリアを救った米国

固い頭では到底理解できない

米国民は、国が直接、間接を問わず、いったいどこまでソビエト＝ロシア支持を約束したのか絶対に正確に知らなければならない。

米国のソ連支持路線は、行き着くところ極東の完全な共産化以外の何物でもないからだ。米国が対日姿勢を強めれば強めるほど、ロシアはアジアで自由を手に入れるだろう。

米国の行動は崇高な動機に基づくものだと国民に信じ込ませることはできても、日本人に米国は公平無私だと納得させることはできない。

米国人で一九一八年（大正七年）のシベリア出兵を記憶している者がいるだろうか。第一次世界大戦のさして重要ではない番外編のような形ではあったが、日本によるシベリア領土のわずか一部の領有を阻止すべく、米軍が太平洋を渡ってきたことを日本人は決して忘れない。

日本がそこを領有できていれば、本土の食糧問題を解決し、安全を強化できただろうし、その後日本人（シベリアの在留邦人）の安全な生活をかき乱した事件の多く（注：例えば尼港事件）は起こらなかったかもしれないのだ。

米国やその親交国と違って、小国日本には牛や羊を育てる広大な牧草地はなく、また肉類を食べる豊かさはない。彼らは主に魚と海産物で食生活を賄っているため、周辺海域は彼らの主要な食糧供給地である。

従ってオホーツク海の漁業権は、日本にとっては、他の連合同盟国が他の地域で領有する広大な土地よりもはるかに価値が大きい。日本各地の港から毎日漁船が漁に出て持ち帰る食糧によって、国民は生活を維持している。

だが今や近海の魚は捕りつくされ、蒸気トロール船は移動する魚群を追って沖へ出て、はるか遠い海域にまで食糧を探しに行かなくてはならないのだ。

オホーツク海沿岸のほんの一部を失っても、ロシアの人民には大した損失ではないが、日本にとってその獲得は、英国がアフリカのドイツ領の一つを獲得した以上に重要である。

しかし米国ウィルソン大統領の固い頭では、ロシアの民衆が国の存亡をかけて闘っている間に、彼らを犠牲にして領土を獲得することは、何であれ許される行為ではないという理屈しか思いつかなかった。

日本のために、シベリアの保全を損なうような連合同盟側のいかなる計画にも反対するのが米国の義務だと考えたのである。

そうしてウィルソン大統領は、米国軍にシベリア出兵を命じ、「日本への併合からシベリアを救った」のだ。米国は無論この事実を公式記録に留めなかったが、ソビエト＝ロシアを承認する予備会談の際に、リトヴィノフ外相にこの経緯に関する秘密文書を渡し、事実を明らかにした。

それによってリトヴィノフは、米国による武力介入に対する抗議として、一部を減額した上で、旧ロシアが抱えていた対米貿易上の債務をソビエト＝ロシア債務として認めたのである。

議論は何とでもできるが、この事実を記録から消去することはできない。ロシア人民が、米国民は元からの同盟国であり、この先日本と衝突する際は米国の支援と賛意を得られるだろうと信じているのは当然だろう。

しかしウィルソン大統領の行動には裏表があり、その理由はとても理解できない。一方では自らが目指す民族自決主義を実現すべく、ロシア西端の欧州との国境沿いの広大な領土を切り離し、ボルシェビズムの拡大に対抗して欧州の平和を維持しようとした。

同時に、連合同盟国最高軍事会議においては、日本によるウラジオストク占領とシベリア鉄道の開放維持の見返りに、シベリア領土の一部を日本に割譲しようという案に激しく抵抗した。

彼は、この仕事は連合軍にのみ委ねるのだと頑固に主張し、他の国はあきらめざるを得なかった。だがウィルソンは、議会の承認もなく、予算の割り当てもないまま、密令によって米国の遠征軍をシベリアに送り、二年間も駐留させた。

その費用は、議会が決議した一億ドルの資金の中から拠出し、その支出については何ら明細報告をしなかったのである。

欧州は、米国に中近東のアルメニア委任統治を引き継がせ、その地域に米軍を永久に駐留させてロシアのインド進軍再開に備えようとしたが、米国はその罠を避けるだけの賢明さは持ち合わせていた。

ところが、シベリアに関しては、大統領の最高軍事顧問だったブリス将軍とマーチ将軍が反対したが、大統領はその進言を退けた。

それが世界大戦中、大統領が顧問の進言を拒否した唯一の事案だった。米国は中近東では避けたことを、極東では行い、それによってロシアの進出を促し、日本を妨害したのである。

日本のシベリアでの単独行動が認められていれば、共産主義者のアジア支配計画は紙の上で終わっただろう。ソ連の人民委員は、あえてウラル山脈を越えてまで軍事行動を起こし、日英同盟の即時発動を招くつもりはなく、それがロシアを国境内に留め置く唯一有効な方法だった。

しかし親支那派の顧問集団に囲まれたウィルソンは、自分の方法を貫いた。米国軍のシベリア派遣によってアジアは共産主義にとって自由の地となり、二年後のワシントン会議で日英同盟が解消されると、ロシアの進攻を阻止する最後の砦は崩れ去った。

九カ国条約はロシアに自由な裁量を与え、その結果、日本は塀の隅まで追い詰められ、英国はどうすればインドを守れるか途方に暮れている。

逆行する歴史

歴史は、日英同盟が結ばれた三十年余り昔にまで逆行している。ロシアを再度阻止するつもりであれば、この同盟を地域限定条約として復活させるのが唯一効果的な方法だ。

一八九五年（明治二十八年）から一九一五年（大正四年）までの二十年にわたって、ロシアが支那経由でインドの北東国境に至る道を切り開く計画が、同盟国フランスの支援の下、時にはベルギー資本の名前を借りて着実に進められてきた。

この間、ロシアの動きは極東のあらゆる危機の直接要因となった。そのロシアと、いつでも最高入札者に国を売るつもりの腐敗した支那の高官が秘密同盟（露清密約）を結び、共謀したことで、英国はインド死守のために常に警戒体制を取る羽目になった。

そこで英国は、長江流域をいわゆる「商業権益範囲」と定めた。米国には、一帯の交易の扉を閉ざす企てに思われたが、それはロシアとその同胞が推し進める一連の策略に対して障壁を築きたいという戦略的計画の表明に過ぎなかった。

ロシアはアジア大陸の北西部で挫折した勢力拡大計画を、今度は支那共産党の力も借りて北東部で成し遂げようとしていたからである。

「ロシアが長江上流を支配下に収めれば、インドの東側で英国にとって第二の国境問題が起こり、それは西部国境よりもはるかに重大な意味を持つ。

なぜならロシアが支那の資源の多くを活用できれば、東側からインドに重く押しかかり、英国のインド支配の土台を揺さぶることができるのだ。

……英国が北東部の国境線でインドを守るためには、支那自体をロシアへの対抗勢力とするか、国土の資源の大半と半分の人口を擁する長江流域を発展させるか、ビルマからインドへと続く支那南西部を統治するしかない。

そうすれば英国は長江上流に適当な基地を構え、防御線を張ることができ、その海軍力と支那国土を横断する大河川（長江）の支配権によって英国本来の地位を維持できるのだ[31]」

一九〇〇年（明治三十三年）、英国領南ローデシアの元長官で探検家であったアーチボルド・R・カルフーンは、当時訪れた支那についてこのように書いている。

この間の支那における英国のあらゆる動きは、歴史学者や論者によって帝国主義と支那分割計画の証拠として解釈されているが、実際は、中近東において取らざるを得なかった防衛策をただ極東に移したに過ぎない。

つまり支那とチベットの後ろ側からインドに強引に押し入ろうとする敵（ロシア）に対して、大英帝国防衛のためには一インチも屈服しないという気難しい「ブルドック」（英国）の決意表明だったのだ。

長期にわたる戦いの結果、支那全土東西南北に張り巡らされた鉄道の敷設権は、ロシアとフランス、ベルギー連合が握り、ロシアの北洋熊は、長江の岸に座って対岸の上海で当惑している英国の獅子をほくそ笑みながら挑発した。その時もし第一次世界大戦が勃発していなければ、極東での衝突は不可避だったのだ。

専門家の多くは、支那におけるこうした鉄道を巡る陰謀の歴史や、近代極東史を書き換えざるを得ない事実の存在を認めない。米国政府が、今日戦争に訴えてまで貫こうとしている政策をどのように採用し、原則や主義をどう発表したか、誰も歴史上の事実として記録していないのだ。

歴史はヘンリー・フォード（自動車会社フォード・モーターの創設者）が言うように「全て虚言である」。しかしその虚言が国家の政策の基礎となり、優れた者の名誉が穢（けが）されることになれば、権力の地位にある者は、その過ちを隠すために無理やり国を戦争に向かわせ、虚言は決して訂正されないのだ。

もし米国民や米国政府が、国家の安全保障と通商拡大のために最良だという理由で、英国がインドを犠牲にするなどと単純に信じているとしたら、必ず失望するだろう。

外交によって問題の回避や修復ができないとなれば、英国と日本はそれぞれの存立を脅かす共通の

【31】 Archibald R. Colquhoun “Overland to Asia”（『アジアへの陸路』一九〇〇年、ニューヨーク、Harper & Brothers）

敵に対して再び全面的な同盟を結ぶはずだ。

英国は、決して中央アジアやチベットの国境沿いで眠りほうけることはない。作り物に過ぎない独立国支那が「世界の屋根」（インド北部国境ヒマラヤ地帯）におけるその国際的義務を履行できず、または履行しない時は、英国は自衛のためにこれまで通り自らが適切と思う手段を取り、自国の問題に対する国際連盟、九カ国条約と和平協定の締約国による干渉を拒むだろう。

世界から隔絶されたこの一帯については、あまり情報が得られず、ソ連の報告書は必ずしも信頼できないが、アグネス・スメドレーの著書『チャイナズ・レッド・アーミー・マーチ（支那紅軍の進軍）』の序文に、支那のはるか西の国境地帯の実態が書かれている。

「第四次紅軍団は、四川省のはるか西の奥地に退避した。そこでは数百万もの小作農と労働者が立ち上がり、最初の四川省ソビエト政府を樹立していた。

この新しいソビエト地区の誕生に外国人は慄き、駐支英国大使は急遽四川省に入り、二千万ポンドの借款を地方軍人の劉湘に与えて、彼に赤の脅威の撃退を要請した。

借款を受けた劉は、英国の傀儡軍であるチベット軍隊が四川省西部国境沿いを占領するのを喜んで見ていた（英国の傀儡軍が領土を占領しても抵抗しなかった）」

これは共産主義者の単なる宣伝かもしれないが、事実かもしれない。話に信憑性があるのだ。

過去の英国の政策を基準にすれば、ソ連による支那西部地域の掌握、インドへの北東方向からの進入路確保を阻止するためなら、英国政府なり英領インド政府は、二千万ポンドの十倍でも喜んで公金を支出するだろう。

長江流域を勢力圏とした英国の思惑

ここで今現在、一九三四年（昭和九年）十二月三十一日の支那情勢を見てみたい。南京政権の公式発表によれば、蔣介石は、江西省と福建省の本拠地から共産主義者たちを敗退させ、紅軍（支那共産党軍）は四川省を目指して西方へ一目散に逃走しているという。この情報は真実だろう。

最近の支那に関する本の一冊『ライディング・ザ・タイガー（虎の背にまたがって）』[32]の中で、著者である『ロサンゼルス・タイムズ』誌のハリー・カールは、第一次支那共産政権の外交部長を務めた陳友仁との会見内容を書いている。

陳友仁は急進的な共産主義者で、モスクワとも密接な関係にあった人物であり、彼は次のような内情に通じていた。

「日本がロシアと戦う可能性はない。ロシアは欧州での問題対応に忙しい。しかし日本がシベリアの沿岸地方を奪おうとすれば、ロシアは戦うはずだ。

ロシアは東方に顔を向けつつあるが、シベリアでは日本と戦う以外の良い方策を取るだろう。スラブ民族は支那のテキサスと呼ぶべき四川省に向かって突き進んでおり、やがて四川とモスクワの間に直通の道が開かれるだろう」

【32】Harry Carr "Riding the Tiger"（一九三四年、ボストン、Houghton Mifflin Co.）

この点を強調する必要はないだろう。陳友仁が明言した通りに事態が動いているからだ。共産軍は四川省に新たな拠点を築き、支那の中心にすべく勢力を集中させており、蔣介石の軍隊も四川までは手が届かない。

それを見越してモスクワは、外国の干渉や監視を受けない経路に沿って支那紅軍と結ぶ直行便の空路を開くつもりなのだ。

ここでアーチボルド・R・カルフーンが述べている英国が長江流域を勢力圏とした真の理由、そしてアグネス・スメドレーが暴露した四川の軍閥への英国の借款供与の事実に戻ろう。

支那紅軍（毛沢東軍）が沿岸地帯や中央部から追放され、四川、貴州、さらに西方の辺境の省に集中すれば、現在の支那問題に関与している列強陣営は体制を変えるか、解散しなければならなくなる。

英国は、ある程度までは対支政策において米国と歩調を合わせられるが、そうすると米国はインド防衛のために英国に協力するか、さもなければ英米連合から抜けるしかない。

こうした事実を長々述べても何ら新しいことはないが、日本は公にされた記録として熟読し、自らの結論を導く根拠とすればよいのだ。

とりわけ日本は、海軍軍縮を口実に招かれたはずのワシントン会議において訴えられ、その行動について裁判にかけられ、最終会議でヒューズ議長の厳しい追及を受けたことを思い出すべきである。

さらに日本は全ての審議が終了した後になって、『アメリカン・ブラック・チェンバー』[33]を読まされ、日本の秘密電報による訓令が解読され、いかに嘲笑されていたかを知ったのだ。日本が不当な扱いを受けたと感じ、疑念を抱いたのは至極当然である。

秘密外交がもたらしたもの

ウィルソン大統領は、米国一の軍事専門家の進言を無視し、閣僚はおろか自分自身が議会や国民に対して説明不能な海外出兵という危険な冒険に出た。

その動機について米国民ですら何も知らない状況を真正面から見据えれば、我々は、そうした行動が許される米国の政治制度に日本が不安を抱いたとしても何ら非難はできない。

ウィルソン政権の陸軍長官であったニュートン・ディール・ベイカーがグレーブス将軍著『アメリカズ・シベリア・アドベンチャー（米国のシベリア出兵）』[34]の序文に寄せた言葉が、米国民への唯一の説明だろう。

「民主主義国家の兵士であっても、戦略的情勢の背後にある理由を必ずしも理解できるものではない。政治的軍事的理由は、内閣で作り出されるものであり、一般幕僚や兵士は命令に従うのみである」

この説明の意味は単純明快である。民主主義が保障されている国家であっても、文官大統領が国防担当者の進言を退け、議会を無視し、憲法をないがしろにして国民を戦争に導きかねない大胆な行動

【33】Herbert Osborn Yardley "The American Black Chamber"（一九三一年、インディアナポリス、Bobbs-Merrill Company）

【34】William Sidney Graves "America's Siberian Adventure"（一九三一年、ニューヨーク、Jonathan Cape & Harrison Smith）

に出ることが許されるということだ。

しかも大統領は、自らの行為について国民に釈明責任を負っているにもかかわらず、何の説明もしなかった。殺人行為を犯すために送り出されようとしている国民は、その理由を知らなくても良いという訳だ。陸海軍の参謀でさえも、その緊急事態について何ら相談を受けなかったのである。

この言葉は、「民主主義のために世界を安全にし」、世界を戦争に陥れるようないかなる個人、集団の力も永遠に排除するために、若者を海外へと送り出した陸軍長官が書いたものである。

自国の大統領のためにはいかなる弁解でもし、国のために進んで犠牲になることも厭わない真面目で忠誠心と愛国心にあふれた米国民であったとしても、この矛盾には驚かざるを得ないだろう。

そんな国をどうやって他国民（日本人）に理解してもらおうというのだ。一国の政策がそれほど重要で秘密にすべきであり、一般人には理解ができず、議会にも陸海軍の参謀にも伝達できないとすれば、我々の政治体制は何かが間違っているのではないだろうか？

もしこうした政策が今も続いているなら、我々国民はいつ戦争に駆り出されるかわからない。

一九三二年（昭和七年）、まさしく米国はその寸前だった。スティムソン国務長官が日本非難の通牒文を書き、（自国が加盟していない）国際連盟と結託して太平洋上に艦隊を集めたのだ。

その間、彼の仲間たちは支那における日本製品不買運動を煽動し、世界世論を味方につけようとした。プラット提督だけがフーヴァー大統領と腹を割って話をし、辛うじて米海軍が準備もしていない戦争へとなだれ込もうとする情勢を食い止めたのだ。

こうした疑問点を書き並べるのは、何も米国政府のあら探しをするつもりではない。

米国の重大な利益が一つでも損なわれる可能性があり、国の安全が微（かす）かでも脅かされ、我々の望むものがそこにあり、アジアに頭の中だけに存在する抽象的存在の国家（支那）の領土的、行政的独立を維持することが、米国民の平和と安全、福祉に必要不可欠であり、「自明の運命」によって我々は太平洋を渡り、東アジアの土地に覇権を確立するよう招かれたのだとすれば、米国にはなお国旗の下に参集し、命ぜられればどこへでもその国旗を打ち立てようという勢いはある。

しかしこれまでずっと通商拡大と経済進出の第一線に身を置き、他の誰よりも支那における米国の利益拡大に尽くしながらも、自国政府に何ら明確な政策がないことでことごとくその努力が無駄になった者（私）にとっては、いったいどういう意味があるのかさっぱりわからない。

米国がこれらの問題のために戦争に突入するつもりがないなら、なぜ政策を説明しようとせず、今日まで秘密にしているのか？　日本政府の立場を我が国の新聞記者に説明する日本の政治家たちは、ほぼ全員が「米国はアジアで何がしたいのか」と質問をする。

米国民自身がそれを知らないのであれば（実際知らないのだが）、そしてそれが街を歩いている一般人が理解できないような国家の極秘事項であるとすれば、いったいどうやってそれを日本に理解させようというのだろうか？

第四十八章　立場を宣言した日本

公平な判断が下されると信じた日本

米国政府は、その政策として擬制国家「支那共和国」の存在の保障に加えて、ソビエト＝ロシアの領土的、行政的保全の義務を自らに課そうとしている。

太平洋上に米国にとって重大な戦略的事情があるのかもしれないが、そうであれば我々はまず前提条件として、太平洋を挟み、取り囲む環太平洋地域において米国が対峙すべき支配国家は、共産主義国家のロシアなのか、それとも日本なのか、その判断をしなければならない。

米国としては太平洋地域では非海軍国であるソ連を支持する方が最大の利益が得られ、かつその利益を守ることができるだろう。

ソ連と商用航空条約を結べば、ソ連領土の飛行場を使用でき、ソ連、支那と連携して日本を空から包囲できるからだ。

しかし日本が壊滅すれば、ロシアは再び勢力を広げるだろう。我々は、米国のモンロー主義は、欧州列強の侵略に対して脆弱な中南米の共和国を保護するためというより、むしろロシアに対して、太平洋沿岸への南下と併合を止めさせるための通告として発表したことを思い出すべきである。

米国民は、ロシアの戦艦がかつてはるかサンフランシスコ湾（サンフランシスコ北方）まで南下し、海岸にロシア国旗を立てて領有を宣言したことを忘れているようだ。

日本海軍が西太平洋上で優勢である限り、ロシアはその一帯で海軍勢力を築くことは許されないだろう。

しかし、日本海軍が一強国かその連合に負ければ、米国は、ソビエト＝支那とソビエト＝ロシアの各港を基地とするロシア海軍と再び対決しなければならない。

無数の東洋の民族を背後に従え、艦隊を率いる共産主義者の提督は、世界征服の目標に向かってその手を緩めることはない。太平洋沿岸の労働者階級の武装に必要な武器弾薬は、超ソビエト国家の支持者たちに次々と送り届けられるのだ。

環太平洋諸国にとって、共産主義の拡大をアジア大陸に留め置く保証を与えられるのは、強力な日本だけなのだ。

なぜルーズベルト大統領はソ連を承認したのか、その理由をボルシェビストの友人に尋ねられたトロヤノフスキー駐米ロシア大使は、「一つは、彼が日本を恐れ、東洋に同盟国が欲しかったからだ」と述べたと伝えられている。

さらに、もし日本と戦争になれば、米国はソ連側に立って参戦すると期待して良いかと聞かれた大使は、「その時になればわかる」と答えている。

米国民に関心があるのは、日ソ間の衝突に備えて、どの程度まで米国政府がソ連支持を約束しているのかという点である。

米国の政策は表面上すでにソ連と歩調を合わせているようだが、支那と国際連盟、欧州列強は、このあいまいな態度に付け入ろうとしている。

日本の敵（ソ連）を連盟に迎え入れ、日本の後継者とすることで、連盟は、米国もまたロシア支持を約束すると確信し、極東地域で戦争を引き起こそうとしているのは明らかだ。

日米間には経済的、社会的、政治的関係で戦争もやむなしとするような問題は見られず、また仏独間や日ソ間に存在しているような利害の衝突もない。

ところが米国のあらゆる行動は、我々国民を一歩また一歩と対日最終決戦へ向かわせているようにしか見えない。

米国民は再び騙され、欧州、支那またはソ連の利益を促進するために、命と財産を投げ出す羽目になるのだろうか？　我が国の若者は「条約の崇高性」とか、戦意高揚の標語のために喜んで再び行軍をするのだろうか？　そうした文言は、手際の悪い政治家や外交官の失敗を覆い隠すために作り出された、無意味で大仰な建前に過ぎないのだ。

日本は、いったい何度戦えば、さらなる戦争を回避するために緩衝地帯となる独立国を作り、自国を守る権利を世界各国に認めてもらえるのだろうか？

日本が望んでいる権利は、支那との最初の戦争で正当に獲得したもの（遼東半島）を奪還することでも、秘密外交によって騙された二度目の戦争の果実（賠償請求）を請求することでも、支那との合法的な条約によって再び与えられながら支那によって一方的に否認され無効化されたもの（山東半島、満洲権益）を確保することでもないのだ。

日本の自存権よりも自分たちの利益を優先する批評家たちに、日本はいったいどれだけチクチク刺され、押され、小突かれ、名誉を傷つけられ、品位がないと非難され、厳粛な約束まで疑われなければならないのか？

過去に三度も経験がありながら、日本はまだ愚直にも公平な判断が下されると信じ、再度国際法廷に満洲問題を委ねることを認め、結局これまでと同様に責められ、告発され、尋問され、有罪とされ、悪者として宣告を受けた。彼らが連盟に反旗を翻し、正義の茶番を許した法廷から堂々と退出したことの何が不思議なのだろうか?

松岡洋右がジュネーブで放った「日本は十字架に掛けられる覚悟である」という言葉は、世界に対して、捨て身の国民は、自殺を命ずる裁定に従うよりは、自存権のために戦う用意があるという宣言だった。

第四十九章　記録を調べるべし

日本の戦果を奪い去る米国

米国民は、この日本の宣言に注目すべきである。国際連盟、九カ国条約に調印した欧州列強七カ国、支那そして今や共産化したロシアまでが一致団結して大規模宣伝を繰り広げ、あたかも日本を十字架に張り付ける役割を米国に押し付けようとしているからだ。

この点を間違ってはいけない。米国が第一次世界大戦に簡単に引きずり込まれた時と同じ勢力が、他ならぬ太平洋上の危機に我々を突っ込ませようとしているのだ。だが米国は、ずっとその危機的状況を求めており、いや懇願していると言ってもいいだろう。

世界大戦の時と同様に、短絡的で過度に法律主義で、文書を書くだけの国務長官が一人出現すれば、米国はあっという間に戦わなくては引っ込みがつかない状況に陥る。彼の精神的視野は、条約や議定書、先例、各省の習わしや偏見によって狭くなっているからだ。

伝統ある民主主義の中から徐々に姿を現した独裁的な政治体制の下で、形式的に承認するだけの議会は、躊躇なく、議論もせずに国民を戦争へと突入させるだろう。

ニュートン・ディール・ベイカーは、ウィルソン体制下でそれがどのように行われていたかを平易な言葉で語っただけである。一九三二年（昭和七年）にプラット提督が口を挟まなければ、スティムソン国務長官は、議会も彼を支持せざるを得なくなるような状況に国民を追い込んだだろう。

結局、共和党政府がワシントン会議を開催したのも、ウィルソンとその親支那派の顧問団の犯した過ちを帳消しにし、太平洋上の戦争を回避するために必要だったからである。

しかし米国は、ワシントン会議においても過ちを犯し、その過ちを認めるどころか、文言通りに推し進めることを主張し、他国に対日宣伝を一層強化するよう公然と促している。

米国民は、世界情勢に関するニュースが情報源からいかに歪められているか、あらゆる重要な国際問題に関する米国世論の形成がどのように操作されているか、ほとんど何も知らない。

長い年月をかけて、日本を敵視するよう、自分たちがどのように巧みに教育されてきたか、そのいきさつを知れば国民は衝撃を受けるだろう。我々の誤解の責任を全て日本に押し付けるのは不当であり、理に適っていない。

日本が米国を理解できないまま、東アジアにおける日本の立場を保持しようと必死なのは、いったい誰のせいなのか？　我々は、日本の帝国主義があらゆる問題の根源だと信じ込まされているが、日本の「帝国主義」は米国の「帝国主義」の挑戦に呼応したものに過ぎないとわかれば驚くはずだ。米国人にこの説明を信じてもらえるだろうか？

事実は神聖である。意見を述べ、推論を導くことはできるが、しかし事実は残る。日露戦争の終結時点の一九〇五年（明治三十八年）に戻り、ハリマンが自分の世界一周交通路計画の一環として、南満洲鉄道の経営権を得ようとしたことを思い出してほしい。

彼は、日本の伊藤博文侯爵（注：実際覚書を交わしたのは桂首相である）から路線買収への同意を取り付けたが、その協定は小村寿太郎伯爵の大反対によって立ち消えとなった。ここから日米は離反し始めたのである。

南満洲鉄道を欲したのは、ワシントン政府に強大な影響力を持つ米国の鉄道王ハリマンであり、彼は自分が望む大抵のものは手に入れていた。南満洲鉄道を日本から正式に買収できなければ、目的達成のために別の方法を取るまでだった。

彼は代理人に命じて、南満洲鉄道に並行する鉄道の敷設権を支那から獲得し、それをきっかけとして日本が南満洲鉄道を売却せざるを得ない状況を作ろうとした[35]。

支那（袁世凱政権）は、自分たちの戦いに米国を利用できる絶好の機会だと飛びつき、ハリマンの代理人であり米国奉天領事となったウィラード・ストレイトに、錦愛鉄道の敷設権と満洲開発資金のための銀行設立の権利を与えた。

しかし「ドル外交」を主唱するノックス国務長官はこれに満足せず、さらに日本に圧力を掛けるべく、日本にもロシアにも相談なく、列強各国に対して満洲における全鉄道の国際共同運営を提案した。この二つの事実についてこれ以上述べる必要はないだろう。

日本にしてみれば、米国によって日露戦争で得たわずかな戦果を再び放棄させられるだけでなく、米国自らが満洲の主要資本となって居座る決意を示すものだった。

一点付け加えるとすれば、一総領事が持ち帰ったこうした契約を実行するために、国務長官自身が米国の銀行団設立を促し、政府の独占的な支持を与え、国策遂行の一手段としたことである。

日本は、日清戦争によって支那から永久に獲得した領土の完全な主権（遼東半島）を強大国の干渉によって無理やり返還させられたが、その領土は目の前でロシアに譲り渡された。

今やロシアはその一帯に戦略的鉄道を張り巡らし、要塞を築き、海軍基地を建設し、日本壊滅に有利な地位を得る準備をしている。

一方、国の存立を賭けてロシアと戦った日本は、ワシントン会議において補償金の代わりにあちこちで寸断破壊され、使い物にならない鉄道を与えられた。その鉄道を運行可能にするには、基礎から改修し、再敷設しなければならなかったのだ。

そこに現れたのが米国政府で、ロシアとその同盟国が力の脅威によって首尾よくやり遂げたことを、自らはドル外交によって遂行しようとした。日本は再び、それまでは満洲に何の興味も示していなかった国によって戦果を奪われることになった。

米国政府としては、国際法やポーツマス条約、門戸開放主義、そして支那の主権を根拠とし、他の崇高な原則に訴えてその介入を正当化することは理屈が通っていた。確かにその姿勢は、法律上は何の問題もなかった。

しかし実際のところは、日本が破綻寸前になるまで戦った結果、手に入れたわずかな果実を取り上げるべく、最も侵略的な手法であるドル外交を行ったことを単に覆い隠すための方便だったのだ。

米国は法律上、条約上の権利の範囲を逸脱してはいないが、その介入は、自国（日本）を満洲から排除するための謀略だと日本人が解釈するのは、人間なら当たり前だろう。

米国にとって最も危険な敵は米国自身

米国は、「二十一カ条要求」に基づく日支条約に関して、在満米国人の条約上の権利を損なうようないかなる合意も認められないとする通牒を日本と支那に送ることはできたはずだが、なぜウィルソ

【35】Herbert Croloy “Willard Straight”（一九二五年、ニューヨーク、The Macmillan Company、二九七頁）

ン大統領は、軍高官の助言にも耳を貸さず、シベリアに米陸軍を派遣したのだろうか？

さらに一九三一年（昭和六年）以降、国務省が満洲における日本の行動に、敵対的とまでは言えなくても、明らかに批判的で、抗議文を発し、連盟と協力して世界世論を引っ張って、スティムソンの不承認主義を宣伝してきたことを振り返れば、米国政府が東アジアについては、ある種確固とした方針を貫いているように見えないだろうか？

記録となって残され、無視もごまかしもできないこうした事実を踏まえれば、日本には米国に猜疑心を抱く理由などないはずだとどうして言えるだろうか？

我々が日本の立場だとすれば、自国だけが差別されていると確信するに留まらず、日本が今やろうとしていることと同じ行動を取るだろう。軍備を固め、その時に備えるのだ。

なぜなら米国がその政策を推し進めるために、次にどういう動きに出るのか知りようがないからである。

米国はいったい極東で何を求めているのか？　米国民自身がわからないのなら、なぜ日本を罠に陥れ、周囲に障壁を立て、天敵に対しても防御不能にするような政策を取ろうとするのだろうか？　米国中の通信社や新聞社はこうした誤解を終わらせるために、力を結集すべき時ではないだろうか？さもなければ我々は、他国から押し付けられている役割を引き受け、その結果、後戻りができなくなるのだ。

当然、米国と日本の間には意見の対立があるが、だからと言って日本が「米国の最も危険な敵」になるわけではない。我々の最も危険な敵は我々自身である。

自分たちに関係のない事柄にまで口を突っ込み、ドン・キホーテを演じ、ともすれば全能の神から、米国にとって最も都合がよく、望ましく、利益を生む方向に世界を再生する使命を与えられていると思い込む習癖こそが危険なのだ。

日本は米国の敵ではない。日本は反対の方角から存立を脅かされている。日本はその名誉、威厳、国家安全に適うのであればいかなる犠牲も払って我々の共感、理解、好意を得ようとするだろう。日本は米国との戦争は望んでいない。

日本の陸海軍は、別の仮想敵国（ソ連）に対する防衛のために備えられ、参謀本部は一度たりとも米国攻撃計画を立てたことはないのだ。

そんな日本が防衛計画を作成したとしても、何ら不当ではないだろう。日本人は誰よりも対米戦争が物理的に不可能であることを理解しており、米国が世界で最も裕福な国であり、数年もしないうちに現在不可能なことを実現できる力があることもわかっている。

日本人は、彼らを中傷し、批判する者たちの言う通りかもしれないが、唯一はっきりと否定できることがある。それは、彼らは決して常軌を逸しているわけではないということだ。

日米戦争が避けられない状態になったとしても、彼らはおそらく堅固な防御線の内側に海軍を集め、米国が攻撃を仕掛けるのを待ち構えている。

米国艦隊は何の反撃も受けずに黄海に入れるかもしれない。米国海軍の提督で責任を取れる者がいればの話だが、しかし一度黄海に入った船は二度と出て来られない。

その海戦が太平洋の運命を決することは確かである。米国が勝利すれば東アジアは我々のものになるが、もし負ければ追い払われ、二度と足を踏み入れられないだろう。

閣僚会議で国防のために国民男子の徴兵計画を秘密裏に決定する者たちが、九カ国条約つまり門戸開放主義以外に納得できる理由を明かすのであれば、日米間の意見の対立を調整し、永続的な友好親善関係を築く方法が見つかるかもしれない。

門戸開放の方針継続こそが、我々を最終決戦へと向かわせており、日本は米国が真意を隠しているのではないかと疑っているからだ。

米国の新聞の社説では「苛立つ日本」という見出しが躍るが、なぜ日本が苛立ってはいけないのか？　政府も報道各社も平和を語るが、日本の側から見れば我々の全ての行動は戦争を挑発しているとしか解釈のしようがない。

在ワシントンのロシア大使は、モスクワの同僚に米国は日本を恐れ、東洋に同盟国を欲しがっていると報告している。米国のそうした必要に駆られたソ連承認がそれ相応の義務（代償）を伴うことは明らかである。

英国の外務大臣ジョン・サイモン卿は、英国政府は米国の完全協力なしには九カ国条約を支持しないと発表した。

英国の首相であるスタンレー・ボールドウィンも同様にグラスゴーの民衆の前で「私が政権に責任を持っている限り、米国が何をやろうとしているのかその意図がわかるまでは、英国海軍がどこかの国との武力衝突に使われることを決して承認しない」と宣言したのである。

米国は「苦境に立っている」のではないか？

何か悪いことをすれば必ずその報いを受ける。ジョン・ヘイ国務長官が英国セント・ジェームス宮殿からワシントンに持ち帰り、米国の対東洋政策の柱として宣言した門戸開放主義のために日本と最終戦を交えるとすれば、まさにそういうことになる。

英国は、支那に十七億五千万ドルも投資をしながら、総額で千三百万ドルぽっきりの民間投資しかしていない米国の全面協力が確約されなければ、門戸開放支持に動かないだろう。

しかし米国では、対支投資から得られる利益を慈善事業費が上回り、毎年の貿易収支は五千万から七千万ドルの赤字となっているのだ。

英国は米国の全面的な協力を期待しているが、米国がその海軍を割り当てられた排水量以下に抑えているために、その枠一杯になるまでは米国の外交策を支持する行動を取ることはできない。スタンレー・ボールドウィンは、この事実をはっきりと米国に述べている。

英国政府は、米国がやろうとしていることを確実に知るまでは、いかなる国との武力衝突にもその海軍の使用を認めない。だがこの発言は、英国が単独で行動しなければならない欧州ではなく、もっぱら極東に関するものである。

米国としては英国に全面協力するために割当枠の上限まで軍艦を建造し、かつ日本の海軍力の二倍に達するまで建造を続けなければ、日本に攻撃を仕掛け、西太平洋上で戦うことはできない。

英国は、米国の海軍力が割当比率に達しないうちは米国への協力を約束できず、約束しようとはしない。そして米国としても、英国と共同歩調を取ることは伝統を破ることになり、正式に確約はできないのだ。

しかしどのような合意も両刃の剣だろう。欧州で戦争が勃発すれば、英国の主要艦隊は母国の海域に留まらなくてはならず、地球の反対側の英国の利益と領有権を守るために米国海軍が出ていかなくてはならないからだ。

わずか数カ月前、スティムソン元国務長官は、欧州の民衆に「米国は国際連盟に加入する用意がある」と語った。

スティムソンの不承認主義を実行に移すべく協力したリットン卿は、一九三四年（昭和九年）から一九三五年（昭和十年）にかけた冬に米国を訪問し、満洲国に関する演説を行うことになっている。英米協約なるものを、条約や正式な合意に基づいてではなく、「一方は米国民、もう一方を大英連邦国民として、双方の本能的心情と信念」に基づいて結ぼうという運動が始められているのだ。

両国間の同盟は、「正式な議定書に記録されるものではなく、双方に共通する倫理的な世界観や平和愛という考え方、戦争への憎悪、自由への情熱、抑圧に対する嫌忌といったもっと深い基底に基づくもの」だというのだ。

なるほど素晴らしい話だが、この協約は誰に対するものなのだろうか？　日本に対して結束しようというのではないだろうか？　どのような形であれ、日本を阻止しようという英米同盟、協約は、欧州や他の地域で必ず代償を必要とする。

我々の対アジア政策は、糸が絡んだ同盟関係に米国が巻き込まれないようにしてきた全ての防護壁を崩壊させることになり、米国は欧州組織の一部となり、世界最大の不正義（蔣介石軍閥）を武力によって支え、恒久化することになるのだ。

強大な米国は、どのような時でも自力で防衛できるよう備えることを放棄し、平和主義者と国際主義者の手によって徐々に国際連盟に引きずり込まれ、欧州を発端としながらもその宣伝を担わされた門戸開放主義を支持すべく、もつれにもつれた同盟関係に巻き込まれようとしている。

この政策は、早晩米国を新たな世界大戦に引きずり込むだろう。それは西洋と東洋の戦いであり、米国が英国、ソ連と組んで日本と敵対する戦争である。

馬鹿げた戦争

そうした戦争がどういう結果をもたらすのか大いに疑問がある。日本とドイツが手を組めば、果たして英国やロシアが米国の支援に乗り出すか判断が難しい。

一九三四年（昭和九年）十二月十二日のワシントンの商業会議所講堂で開催された世界経済学会において、ドイツと日本訪問から帰国したばかりのニューヨーク大学のチャールス・ホッジズ教授は、日独同盟は現に存在していると断定した。

だとすると英国艦隊は欧州に向かう必要があり、ロシア陸軍の主力部隊はその西部国境地帯に集められるだろう。

米国の対ロシア支援は、主に戦費調達とバルティック海か黒海の港向けの軍需品の供給に限られる。米国の船舶は一隻として、日本の封鎖戦を突破してウラジオストクに辿り着けないからだ。

支那は自動的にその戦争に巻き込まれるが、世界大戦でもそうであったように、支那は同盟国によって援護されなければならない。

だが支那と外国とのあらゆる海上交通路は閉ざされるだろう。何隻かは日本の封鎖戦をすり抜けて香港まで行けるかもしれないが、汕頭（スワトー）以北の支那は孤立し、日本に必需品の供給を求めざるを得なくなる。

米国海軍が日本との海戦で勝利できるだけの軍艦を建造できるまで、まだ二、三年はかかるだろう。その間戦闘は、無防備な都市への無意味な空襲と爆撃に限られるだろう。

支那とウラジオストクが封鎖され、米国海軍が十分な備えができるまで攻撃を仕掛けられなければ、戦争は、まず初期段階ではバイカル湖以東での日ソの交戦が中心となる。

米国海軍がその衝突に何らかの効果的役割を果たせるようになる前に、主な問題は日ソ両陸軍によって決着しているだろう。

ロシアは、一九〇四年（明治三十七年）に四千マイルの鉄路の末端で戦った（日露戦争の）時と同じ条件で日本と戦わなければならない。シベリア横断鉄道がイルクーツクまで複線化されたと伝えられているものの、車両不足と非効率的な運行は、軍事的、戦略的目的においては、三十年前より悪くなっているとは言わないが、不十分である。

だがそれ以外の運輸手段はない。ロシア陸軍はバイカル湖を北もしくは南へ抜けることができず、湖畔の周囲を鉄道によって移動しなくてはならない。

日本の戦闘機はこうした交通手段を破壊し、ウラジオストクや黒竜江地域は、空路以外、移動の手段がなく孤立するだろう。シベリア横断鉄道を急いで増強し、東シベリアへの輸送力を増やそうという計画は、鉄道全体を混乱させ、完全に運行は停止する。

ロシアにはまだ他の国が気付いていない兵力の蓄えがあるのかもしれないが、しかし今の状況では数カ月のうちに日本が勝利するだろう。

だが、反対に日本が敗北すると仮定してみよう。戦争終結と同時に米国は太平洋の主となり、ロシアがアジアを支配するだろうが、英国がその勝利からどのような利益を得られるのかはわからない。日本の抑制的効果がアジアから消えれば、ソビエト＝ロシアは艦隊を組むだろうが、それはやがて太平洋で優勢な米国海軍に挑みかかるだろう。

支那はロシアの経済的植民地となり、アジアの民衆は子孫を増やし続け、人口は倍増し、移住や生活の権利を主張するだろう。

日本は、我々の排日移民法に屈辱を感じるかもしれないが、それは支那が同様の差別をされた時に感じる侮辱に比べれば大きな問題ではない。強くなった支那は、本来持っている漢民族の優位性を満たすための第一歩として、民族の平等を要求するだろう。

日本は負けるかもしれない。和平合意によって日本は、大戦に敗れたドイツと同じように武装解除を強要されるだろうが、こうした条件を実行させる役目は自動的に米国が負うことになり、米国は少なくとも現在保有している艦隊の二、三倍の規模の海軍を極東地域に常駐させなくてはならなくなる。そうなればパリ講和会議の失敗と悲劇が繰り返されるのだ。

米国民は、我々の平和と安全は太平洋上から「日本の脅威」を排除することによってのみ確保されると考えているのかもしれない。

日本は支那を征服し、太平洋上の米国の地位への挑戦を決意しており、米国が日本を包囲して崩壊させる手段を取るのは当然だと心底勘違いをしているのかもしれない。

であれば、日本がこうした状況を危惧し、自衛の準備をしていることは何らおかしくはないのではないか？　日本人は馬鹿ではない。彼らは、今日本を包囲すべく盛大に繰り広げられている宣伝運動の意味を理解し、彼らなりの推論を導き出している。

そして米国の新聞の論説やソ連高官の明言から、米国によるソ連承認の内部事情をはっきりと知っている。

そうした話は真実ではないかもしれないが、公式に否定もされていないのだ。米国も賛成した国際連盟の裁決は、今もそのままである。例え日本にその意思があったとしても、控訴審も再審請求の道もない。

だとすれば、例え日本が艦隊を普通の警察隊規模にまで縮小しても構わないと思っていても、英米海軍と同等の規模を主張せざるを得ないのは当たり前ではないだろうか？

日本に軍備の平等性を認めないということは、日本近海の西太平洋地域で将来戦争が起こることを示唆しているのではないだろうか？

「日本はすでに戦いを挑んでいる」と米国の好戦的な編集者は叫ぶが、その挑戦は果たして本当に日本から届いているのだろうか？

第五十章　米国民は忘れるな

着実に触手を広げるソ連

我々は、国民を太平洋上の戦争にゆっくりと、だが確実に引きずり込もうとしている条約や主義、政策の死守を決断する前に、アジア問題の基本的事実、そして日本はなぜ絶えず警戒しなければ生存を賭けた戦いで倒壊してしまうのか、その理由を頭に入れておかなければならない。

併せてロシアの政策はソ連になっても決して変わっていないという事実も忘れてはいけない。ソ連は本当に平和を意図し、軍縮を約束し、人道主義を貫くのか、という疑念を完全否定しているが、我々がそれに騙されている間に、彼らはアジア征服計画を目標に向かって着実に進めている。

繰り返しになるが、再度一九〇〇年（明治三十三年）に出版されたアーチボルド・R・カルフーンの著書『オーバーランド・トゥ・アジア（アジアへの陸路）』の第一章から引用したい。

「こうしたスラブ民族（ソ連）の偉業が相も変わらず世界にとって驚きとなっているのは奇妙である。何年も、いや何世紀も、ロシアは数多くの目標に向かって並行する経路を使って我が道を突き進んでおり、それは他国には見えず、聞こえない。

世界は疑念も関心も抱かず、せいぜい漠然と『ロシアはアジアで何かに忙しい』とか、東方に向けて『また何か企んでいる』と想像しているだけである。

そしてある日、既成事実が作られると同時に、ロシアは突如アフガニスタンの国境や太平洋沿岸に姿を現し、アフガニスタンの都市ヘラートやイランのテヘラン、ポート・アーサー（旅順港）、北京といった都市を支配下に置いて、思考の単純な世界に向かって憐れむように笑うのだ。

例えば世界の注目がクリミア半島セヴァストポリに集まり、英国民が愚かにもロシアは英国にひれ伏したと想像していたまさにその年、アジアの歴史で最も示唆的な二つの事業が達成された。

ロシアがアムール川（黒竜江）沿岸を大胆にも掌握し、かつザイルスク・アルタイ丘陵地帯を占領したのだ。

ロシアは片手で太平洋への出口を確保し、もう片手で中央アジアを完全支配したのである。流血の惨事もなく喝采を叫ぶこともない勝利だったが、おそらく世界史においては、クリミア戦争で重要な意味を持ったインカーマンやアルマの戦いの十倍以上の影響をもたらしたと考えられる。

こうしたロシアの目的ややり方に我々が繰り返し驚くこと自体が驚くべきことだ。その目的、方法のどちらも真新しいわけでも、隠されているわけでも、理解が難しいわけでもないが、決して変わらない。どの出来事も確実に順序正しく続いている。

今では、米国や欧州のごく普通の市民が最新情報を得ようと努めており、ロシアが太平洋上でどういう立場にあり、コンスタンティノープルやテヘラン、北京を実質的に牛耳り、アフガニスタンにも勢力を広げ、ウイグルのカシガルも意のままにしている状況を理解しつつあり、そうした状況は、彼が考えにふけっている間も変化している。

一例を挙げれば（ロシアは何ら秘密にしていないが）、シベリアはすでに大海への出口を開き、その存在理由を満たしており、ロシアが今日満洲の豊かな土地から狙っているのは、もはや黒竜江ではなく、英国の勢力範囲である長江流域である。

三百年続いたシベリアを舞台とする一幕は旅順口で終わったが、始まったばかりの幕はいつまで続き、どこで終わるのだろうか？」

カルフーンは、アジア問題に関して英国を代表する専門家の一人だったが、それでもこのような一文を書いていたのだ。

ロシアは一八九六年（明治二十九年）に清国と秘密の同盟（露清密約）を結び、世界をごまかし、満洲に軍隊を送り込むことを可能にし、旅順口に難攻不落の海軍基地を築き、同盟国フランスとベルギーの金融業者を使って目指すインドへと強引に押し進んだ。

北京、サンクトペテルブルクやブリュッセル、パリに駐在の英国の外交官たちは、北京がロシアとつながっていると本能的に察していたが、同盟関係が存在するという直接的な証拠は見つけられなかった。

彼らは、ロシアが満洲から鉄道という触手を南へ広げ、北京を手探りし、またロシアの陸軍が開平炭鉱（河北省）を占拠し、秦皇島の港を接収し、天津の最高の居留地を手に入れ、同じく価値のある別の居留地をベルギーに与えるのを不安なまなざしで注視していた。

それらの土地は両方とも有事の際には英国人居留地を鉄道から切り離すものだったからだ。支那人ですら過ちに気付いた時にはすでに遅く、必死で掛け合い土壇場のところでハーバート・フーヴァーが代理人をしていた英国の一会社に譲渡することで、戦利品として奪われた開平炭鉱を守ったのである。

フーヴァーの会社は炭鉱を買収するために英国法人を設立したが、いざ炭鉱の運営管理を引き受ける時になって、ベルギー資本がすでに取引を成立させていたことが明らかになった。スラブ民族は、退場していなかったのである。

支那人が京漢鉄道の借款契約の財務代理人にこっそり露清銀行を指名し、英国に対する重大な背信行為を犯すことさえしなければ、ロシアは長江一帯の中心に腰を据えて、仲間であるベルギーと共に漢陽製鉄所を管理し、インドシナ半島のフランスの鉄道との接続計画の一環として、米国が持つ広東―漢口（粵漢鉄道）敷設権を手に入れたに違いない。

英国は支那の裏切りに最後通牒を突き付け、代償として鉄道利権を獲得し、それによって長江一帯を緩衝地帯としてインドを目指すロシアを抑え、何とか当時の情勢を維持した。だがロシアは多少の後退を余儀なくされたものの、その計画を着実に進行させたのである。

米国に対して扉が閉ざされた理由

ここで一点強調しておきたい。米国がアジアでのこうした帝国主義的勢力の動きに全く気付かず、粵漢鉄道の敷設権を守れなかったために、米支開発会社の株式の過半数が株式市場でベルギーに買われてしまったのである。

米国は、支那の中心部を貫いて南北を結ぶ幹線鉄道の支配権を得ようというロシアの悪巧みを全く理解しておらず、英国からの鉄道利権共有の提案も拒んだことが、危機的状況を招き、英国はドイツとの約束を破棄し、自らの利権を脅威から守るために問題のある手段に訴える羽目になったのだ。

英国が自らの影響力を守ろうと外交上の駆け引きを繰り広げている間、米国はそれがいったい何を意味するのか考えもせず、疑いもしなかった。

長江一帯の門戸を開いて、ロシアの北洋熊を招き入れ、香港からわずか九十マイルしか離れていない広東を貢物として差し出したのは米国である。

そして自分たちが理解できないがために、英国が支那の領土的保全について何か目論んでいると非難し、批評し、責める一方で、我がスラブの友人の本当の狙いを一度たりとも疑わなかったのだ。

支那支配を巡るゲームのあらゆる局面で、米国がどのような形であれロシアの匿名組合員であり、さもなければロシアのカモとなっていることが明白である。これは事実によって全面的に立証できる明確な分析である。

米国の論者たちは一様に、一八九八年（明治三十一年）時点で欧州列強国の間に明確な支那分割計画があったとしているが、実際に企んでいたのはロシアとフランスのみである。

私は独自に当時の鉄道を巡る計略について研究、調査し、他の批評家や専門家よりもこのあたりの事情を詳しく知っているが、それでも全体を見渡して何かが隠蔽され、何かが欠けていると常に感じてきた。

その謎を解く鍵は、一八九六年（明治二十九年）の露支秘密同盟（露清密約）にある。その密約は、ロシアにとって太平洋岸に不凍港を獲得し、満洲を占領し、フランス同盟軍とベルギーの代理人を使って一番重要な目的に向かって邁進できる扉を開いた。

英国は長江流域に勢力圏を築き、支那から威海衛と九龍の租借権を引き出したが、そこには支那の通商独占や他国に対して門戸を閉ざすといった問題はなかった。

いわゆる「利権争い」とその余波は、ロシアの対インド攻勢が、支那の鉄道を巡る駆け引きに紛れて極東に移っただけだった。いわば極東における覇権争いであり、そこに米国が自ら門戸開放の勝者として現れたのである。

支那の扉が開かれていたのは、米国の何らかの努力によるものでも、列強各国がヘイ国務長官の主義に敬意を表したわけでもなく、日英同盟と日露戦争のおかげである。その戦争で日本がロシアを太平洋岸から撤退させ、満洲を支那に返還させたのだ。主義を宣言したのは米国だが、それを守るために自国の生存を賭けたのは日本なのだ。

紙幅の都合上、こうした鉄道の利権争いを詳細に説明することはできないが、一点だけ述べておきたい。

第一次世界大戦の勃発前から戦時中にかけて、欧州列強は、フランスとベルギーの行動に隠れたスラブ帝国主義の南下を阻止する緩衝地帯として長江流域を守る苦しい戦いを英国に任せて、支那における自国の利権を保持し、拡大しようとした。

米国は、アジアにおける激しい鍔迫り合いを知らず、何の関心も払っていなかったにもかかわらず、一八九八年(明治三十一年)の時と同様に再び利権争いの場にしゃしゃり出て、門戸開放主義を掲げて支那との通商権を要求した。

それがシームス・カレー商会による鉄道敷設契約の真意であり、米国に対していたるところで扉が閉ざされていた理由である。

つまり米国は、他人が主張する権利を強引に横取りしようとしたのだ。もちろんその要求は、通商独占や商業搾取を狙ったわけではなく、戦略上の重要性に基づくものだったが、そこには多くの帝国の運命がかかっていたのである。

終わらない覇権争い

世界は、アーチボルド・R・カルフーンが一九〇〇年（明治三十三年）に記述した内容と全く同じ状況に直面している。

一九一八年（大正七年）に米軍がシベリアに干渉し、一九二一年（大正十年）には米国を満足させるために日英同盟が解消されたが、ロシアを九カ国条約の定めに従わせることができなかった。そのためにアジアは共産主義の天国に変わり、蒙古はモスクワに譲り渡され、列強は公然とロシアを支那に招き入れ、自由に振る舞うことを許したのだ。

日本によって満洲をもう一つのソビエト共和国に転換することを阻まれ、支那紅軍が南東部の沿岸地域からずるずると退却している状況（紅軍の長征）を目の当たりにして、今のモスクワは外交術を駆使し、策を弄して四川省と支那の西方奥地を死守しようとしている。

共産党が漢口に首都を置こうとした矢先に蔣介石の裏切りに遭ったモスクワは、時機到来を待っていた。南京国民政府の確立に至るまでの真相が明らかになれば、英国が蔣介石に軍資金を提供し、政権を成立させたことがわかるだろう。

そうこうしているうちに我々は、一九三五年（昭和十年）を迎えた。数世紀前と同じ芝居が世界の目の届かないアジアの舞台で演じられている。

支那の分断は着々と進んでいる。外チベット、新疆、蒙古、チャハル、そして大清帝国時代のかつての属領であった辺境地域で部隊が組まれ、戦闘の準備が始まっている。

チベットとカシガルの英国人は、これらの地域の緩慢だが確実な共産化の動きにあらゆる妨害をし、介入し、日本人はむっつりと黙ったまま、再び存立が危うくなるようなロシアの計画には、戦争も辞さないと覚悟を決めている。

日本軍がチャハルに侵入しているとすれば、それは満洲の無防備な側面を外蒙古から進んでくる赤軍から防護するための純然たる軍事的必要性によるものだと説明できるだろう。

世界は、蒙古がソビエト共和国として独自の赤軍を備え、外国人の旅行も居住も禁止されていることを忘れている。この通り抜け不能の閉ざされた壁の向こうでは、対日攻撃の準備が大わらわで進められているのだ。

しかし日本がこの地域で防衛のために何をしようが他の国には関係がない。存亡の危機に瀕しているのは日本なのだ。モスクワが長江地域征服を頼っていた支那紅軍は四川省に退却したが、そのうち彼らは四川だけでなく、貴州、雲南にも広がり、青海や甘粛も手中に収めるだろう。

こうした一帯には鉄道が通じていないため、彼らは空襲以外攻撃される恐れがない。モスクワは彼らに空から航空機や爆撃機を供給することができるが、世界は支那の共産主義者たちがそこにいることも、またどうやって辿り着いたのかも知らないのだ。

日本を支持する英国

国家間で交わされた条約や会議、和平協定や合意はこうした状況を変えられない。現在の米国海軍の十倍の兵力があっても、遠いアジアの何千マイルも奥地で作戦を広げる軍隊に対しては何の影響も与えられない。勢力拡張そして自存のための戦いは依然として続くだろう。

米国民が理解できるのは、せいぜい日本が条約を破ったことくらいである。その条約は、締約国でもないロシアに、外部からの妨害なしにアジア支配計画を遂行する許可証を与え、ロシアが支那本体から蒙古を切り離すことを許可し、長江流域に居座らせた。

米国民は、門戸開放という標語を延々と繰り返し、その主義実行に必要な強力な海軍を要求しているが、日本は、もし平等な扱いを受けられるのであれば、日本の艦隊を喜んで国防が可能な限度にまで縮小しようと米国に伝えている。

日本の米国に対する友好的な姿勢を証明する必要があるなら、それは日本からの海軍縮小に関する提案の中で明らかだろう。

日本は戦争を無理強いされない限り、米国と戦うつもりはない。日本がもっぱら気にしているのは、アジアで起こりつつある事態なのだ。

英国は日本の事情を理解し、同情している唯一の国のようだ。仮に真の問題が起これば、英国は国際連盟規約や和平協定、九カ国条約、そして米国との合意に反しても、日本側に立つだろう。

英国は決して危険は冒さない。英米共通の文明の基礎であり、包括的な問題で両国を結びつける正義や平和、そしてあらゆる理念や原則を愛する心は、物質的な利害が絡む問題の重圧には耐えられないだろう。

日本の没落はインドにおける英国統治の終焉、つまり歴史上最大の帝国の解体を意味する。英国がロシア阻止の唯一の保証人である日本を犠牲にしてまで、米国との間で合意可能な支那の門戸開放に関する協定を優先するとは私には思えない。例え米国政府がその保証を与える立場だったとしてもそうだろうが、実際米国はその立場にない。

米国民は認めたくないかもしれないが、米国はロシア（ソ連）の匿名組合員であり、ロシアのアジアにおけるあらゆる行動に目をつむり、一方で共産主義の脅威から自国を守ろうとする日本を世界平和の敵として非難していることは明白である。

我が国の平和主義者と国際主義者たちは、日本はもはや武力によって自衛することも、他の列強国が作った先例の陰に隠れることもできないと主張している。

英仏が帝国主義時代にどんな罪を犯していようが、米国がパナマ運河問題、またドミニカ共和国やハイチ、キューバ、メキシコ、そしてニカラグア、さらにハワイやフィリピン諸島に関してどんな大失敗をしていようが、アジアにおけるロシアのあらゆる行動が完全に正当化されようが、日本がいわゆる先進国家の真似をしようとすれば、列強国はそんな時代は終わったと言うのだ。

その言葉に何らかの意味があるとすれば、どのような危険を冒しても現状は維持しなければならず、世界を征服し尽くした列強国は過去を悔い改め、自分たちの獲物を手放さなくても良いとする新しい国際法を作った、ということである。

自分たちの犯した罪を償うとか、贖(あがな)うという意思は全く持ち合わせることなく、持っているものは持ち続ける。

だからこそ彼らは一列に並んで断固として日本に対抗し、その一方で自由民の国際連盟に新たに加盟した共産主義国を甘やかし、その征服計画の実行を許し、激励しているのだ。

そんな道理が通るはずがない。日本は自存権のためには戦争も辞さないと間違いようのない言葉で表明している。

日本は、不正義に従うくらいなら、再び自国の生存を賭け、必要なら文明化をあきらめることも厭わないだろう。

米国民は、ロシアとそのアジア支配の夢実現をどこまで支持する覚悟があるのか、自問自答すべきである。意識的だろうが、無意識だろうが、一九〇五年(明治三十八年)以降米国政府が取ってきたほとんど全ての行動、そして過ちによって、我々は気付けばロシアの味方となり、結束して日本に反対し、日本の自衛権を妨害しているのだ。

日本は米国民に自分の立場を辛抱強く説明しようと努めてきたが、その試みは拒絶され、今や米国に幻滅し、アジアで壁を背にして自国の二十倍の軍隊に対峙している。

一見米国世論の大勢を占めている一集団が勝手に言っているように、日本が軍備を縮小し、武装解除すればどうなるか。日本がモスクワの新たな管轄領にされるか、または国際連盟規約が定めた擬制を維持するための一独立国家としてのみ存在を許される弱小国となるかは時間の問題だろう。これが今日のアジア問題の最重要点なのだ。

第五十一章　選択を迫られる米国

帝国主義的意図を隠す大義名分

米国がもしアジアで、自国の存立のために必要不可欠な何かを三万五千トンの戦艦と巡洋艦をもってしても手に入れたいのであれば、本来の目的を覆い隠す軍艦の保有比率や割当枠、種類といった専門用語を並べるのは止めて、軍縮条約を破棄し、欲するものをつかみ取る準備をすべきである。

しかしアジアで何も求めるものがなく、日本が太平洋のこちら側では何も欲していないことをよしとして、真に平和を望むのであれば、これ以上日米戦争の話は無しにすべきではないか。なぜ米国は、次のような現実的で賢明な措置を取らないのだろうか。

一、対支四カ国借款団を正式に解散し、世界に機会均等の門は双方向に開いていることを宣言する。

二、他の現列強国と連携して、支那の軍閥に最後通牒を与え、六カ月間のうちに意見の対立を調整し、何らかの形で支那の代表として全体に責任を持つ中央政権を設立するよう要請する。

三、彼らが期限内にそれを達成できなければ、世界の他地域の民族自決の原則を支那にも適用し、いがみ合っている支那の各部族を本来の区分に分け、支那の対外債務を比率に応じて引き受けさせ、主権国家としてその独立を認め、国際連盟に迎え入れ、和平協定の締約国として調印させる。それが実現した後、他国の領土に進攻する侵略者が現れ、内乱が起これば、列強国は正当な行動として介入し、圧力をかけることができるのだ。さもなければ惨事はまだこの先も延々と続くだろう。

四、満洲国をそうした主権国家の一つとして承認する。満洲は主権国家であれば当然自由であり独立することになる。満洲国を承認し、「支那」と呼ばれるものが構成要素に分解されてしまえば、そうした国を一つにまとめようと米国が干渉する恐れがなくなり、米国も日本も海軍増強の必要はなくなる。

五、日本は、巨大海軍を必要とせず、潜水艦が二百隻あれば世界の連合軍に対して南はシンガポールまでの極東海域を封鎖でき、かつそれは攻撃のためではなく、防衛のために十分であるという明白な事実を主張する。米国のように極東に適当な基地を持たず、かつ日本による侵略の脅威が取り除かれた国は、極東で攻撃態勢を取れるだけの大海軍建設に必要だとして国民を駆り立てて資金を調達することなどできなくなる。結果的に、軍艦の建造競争は終わるだろう。

六、米国からアジア大陸の各港へ本来の航路で船積みされる交易品は、日本の中心を通るという地理的事実を認める。この経路がボイコットや戦争で封鎖されれば、我が国のアジア大陸との貿易は、琉球列島か台湾海峡の間を抜けなければならないが、その一帯は機雷を敷設し、潜水艦を潜らせれば簡単に封鎖できる。日本は大昔から、日本列島を取り囲む島々の間を守衛として見張っている。米国が日本の二倍か三倍の海軍を備えたとしても、日本に有利なこの地勢的、戦略的地位を変えることはできない。米国が三万五千トンの戦艦を一隻建造すれば、日本は潜水艦十隻を建造するだろう。日本が主力艦隊をその自然の盾の内側に留めている限り、太平洋上の海戦は膠着状態となるだろう。

七、日本を取り囲む諸島間の自由な航海権を列強国に保障するのと引き換えに、日本を海から攻撃しないことを保証する恒久的な条約を列強国間で締結する。そうして初めて未来永劫の平和が太平洋上で築けるのではないだろうか?

米国は首尾一貫した態度を取り、何億もの老若男女が、苦しめられ、奴隷にされ、虐殺され、飢餓に陥れられ、死に追いやられている「支那人」の実情をもっと深く理解すべきである。

そして我が国の海岸から九十マイルしか離れていなかったためにキューバで行った積極的な介入を支那では行うつもりがないのであれば、米国が対スペイン戦争を正当化するために定めた先例に、日本が倣う権利を認めるくらいはできるだろう。

さもなければ米国民の人道主義への関心は、単に我々の帝国主義的意図を隠す、もっともらしい大義名分に過ぎないことを告白しなければならない。

日本が今、平和を築く人道主義者としての役割を担い、大昔に欧米で捨て去られた西洋の民族主義の概念を支持すべく、同じアジア民族である何百万もの無辜の人々が飢餓や洪水、刀剣によって殺戮されている状況を見過ごせないと世界に宣言したとしよう。

米国は、わずか三十年前にキューバ戦争の死者の声に呼応して、自らが世界に唱えたその原則のために、日本と戦うというのだろうか?

そして、もし日本の国会が一八九八年(明治三十一年)に米国上下両院議会で承認された次の決議と一言一句同じ決議を行ったら、米国は条約を盾にして、貧しく無抵抗の支那人民に対する果てしない虐殺への干渉を妨害するのだろうか?

「しかるに、スペイン政府は過去三年間キューバ島において住民の革命運動に対する戦闘を行っているが、かかる革命の鎮静化に目立った効果はなく、国際法に反する非人道的で非文明的手段によって二十万以上の非戦闘員を餓死させ、その大半は弱い女子供であり、米国の貿易上の利益に容認し難い損害をもたらし、多くの在留米国人の生命と財産を破壊し、米国は沿岸警護と中立性維持のための公海上の規制に莫大な出費を強いられている。

しかるに、スペイン政府が長きにわたって責任を負うべき損失、損害及び負担は、ついにハバナ湾での米国の戦艦メイン号の沈没と二百六十名の水兵の死をもたらした。

よって、米国上下両院は、次のように決議する。大統領は、ここにキューバの戦争を止めるべく直ちに介入する権限と指示を付与され、その目的は恒久平和と秩序を確保し、かつ人々が自由行為によってキューバ島において自らの安定的な独立政府を確立することである。さらに大統領は、本決議の目的遂行のために、ここに米国陸海軍を使用する権限を付与される」

この決議文のスペイン政府を南京政府に、キューバ島を支那共和国に書き換えて、日本の国会が決議しても、誰も止められない。

その決議によって我々は、極東の統治には人道主義の基本法か、あるいは政治的条約のどちらを適用すべきか、その判断、決定を迫られるだろう。

もし条約が最高法であり、支那の惨劇を止めるために外国は何もできず、支那人民は運命に抗えないのだとしたら、そしてもし世界が支那の各国居留民の利益のために日本を攻撃するのだとすれば、それは全アジアを日本側に立たせる宣伝文句を日本に与えることではないだろうか？

一強国、さもなければ数カ国が一致して日本を恫喝し、抑圧できる時代は終わったのだ。米国が一国の力では日本の成長を止めることも妨げることもできないのは、米国の強大化を欧州が止められないのと同じである。

一世紀にわたり、欧州は我々を脅し、怒鳴りつけ、テーブルを叩き、拳を振り上げ、罵り、列強は対米で結束するぞと脅迫してきたが、米国は着実に歩を進め、アメリカ大陸最大の勢力を誇り、世界の列強としての地位を築き上げた。

世界の指導者としての判断

歴史はアジアでも繰り返されるだけである。日本は立ち止まらず、退却せず、前進するだろう。海から侵略されない日本は、アジアの隣人が自分たちを破滅させようと準備をしている間、黙って大人しくはしていない。

日本は、自国の生存に対するこうした脅威に対して、手遅れにならないうちに行動を起こしたのだ。ソビエト＝ロシアは、軍事力では日本より上回るかもしれない。豊富な資源を持ち、予備の兵力も多いだろうが、戦略的弱点は残っている。

ロシアは単線もしくは複線であっても四千マイルもの鉄路の末端で戦闘に勝つことはできない。満洲国が日本の同盟国である限り、ロシアはバイカル湖以東では勢力を保てず、進攻は無期延期となっている。

極東の平和に対する脅威は、これまでもそうであったように、混沌とした支那情勢であり、そこでは五百万もの武装勢力が国を食い潰している。どれだけ強大で、結束が固く繁栄している国であっても、こうした富の流出には耐えられない。

支那は貧窮にあえぎ、疲弊し、廃墟と化している。飢餓に瀕し絶望の淵にある民衆から取り上げたあらゆる税金を、彼らを服従させるための軍隊の維持に充当している状況では、国の再建計画、平常への回帰、交易の復活、そして真の工業、農業の発展も進歩も不可能である。銃を持った者が最高権力を握っているのだ。完全な悪循環である（この行き着いた果てが現中華人民共和国である）。

そうした中でもたらされる貿易利益は、国土を墓場に変容させるだけで、何の充足も永続的恩恵ももたらさない。まさに大規模な組織化された殺人によって奪った殺人報酬である。

「支那」と称する国土において我々が望む一層の貿易拡大は、五億の民の人間としての権利を認め、基本的人権を保護する何らかの政権の下で、彼らが自分たちの足で自由民として立ち上がれるよう促すことでしか実現できない。

満洲国は、極東のこうした問題解決に先駆的役割を果たしている。極東こそが、長く世界平和の脅威であり、何億もの不幸な民がその真下で生きなければならなかった悲劇の元凶なのだ。

満洲の地で惨めな毎日を耐えてきた混沌とした民衆は、安定した政権によって恩恵が得られるということすら知らないが、それでも彼らにもたらされた幸運の有難さをすでに理解しつつある。

近隣の親戚である漢民族は、この未知の幸運の出現（満洲国の樹立）を聞き及び、大挙して満洲との国境線に押し寄せ、問題となっている。

満洲国は、悲劇に見舞われ続けた広大な支那の土地に明るく輝き始めた光である。満洲国の樹立という先例は、地球の西半球の全人口も超える一大民族にとって、幸福を得られるかもしれないという希望となっているのだ（西半球の人々は、支那民衆の運命には依然として不可解なほど冷淡で関心を示さないのだが）。

それに加え、満洲国樹立は、米国が直面している明白で不断の戦争の脅威を取り除き、有事に備えて余儀なくされている巨額の出費を節約できる可能性も示しているのだ。

米国は、その力と国としての若さのために天性の世界の指導者の地位に押し上げられている。その米国が今決断を迫られているのだ。

長年にわたって背負ってきた想像を絶する不幸の重荷から逃れ、その背後に続く憐れな羊の群れを導くために鈴を付けた羊（先導者）となるべく、暗中模索している迷い人（満洲国）を受け入れるべきか、拒絶すべきか。世界が進む道を指し示すことが米国の役割である。我々が進む方向に他の国も追随するからだ（満洲国の承認問題である）。

第五十二章　増強せよ

日本の封じ込め政策

支那の貿易と開発に関して私は正確に把握していると思う。支那に何が起ころうと、また他国と競合しても、米国は対支取引で正当な分け前を得られるだろう。

従って通商上の利益のために他国、とりわけ我が国の最良顧客である日本と戦う必要はない。日本が支那に売れば売るだけ、日本は米国から仕入れるからだ。門戸開放原則を守るために巨大艦隊など無用である。

しかし米国民は、極東の人口の急激な増加に注意しなければならない。ドイツ皇帝の「黄禍論」はでっち上げだが、人口統計は議論でどうこうできない現実である。

今後二十年間に、東アジアとシベリアはさらに二億人のために生活の場を探さなくてはならない。国際連盟などによる支那復興計画が実現し、支那の民に平和と繁栄がもたらされれば、その人口増加の予測は上方修正しなければならなくなる。この間に日本の人口は一億二千万に達するだろう。

米国が日本国民の封じ込め政策に固執し、他国が関税障壁を築き、日本製品を排除すれば、世界は日本国民を徐々に餓死させることになる。

日本の政治、外交、国内政策、陸海軍計画は全てこの問題の平和的解決策を見出すためなのだ。人口増の圧力が高まれば高まるほど、時の政権は行動を起こさざるを得なくなる。いかなる内閣も、国民からの怒濤（どとう）のような生存権要求に応じなくては、一日たりとも存続できない。

米国は不変不動の政策としてこの問題への干渉を続けているが、人口問題をアジア民族本来の土地であるアジアに留めるためにあらゆる努力を払うよりも、むしろ彼らを太平洋に追い出そうとしているようだ。

この不可解で非見識な外交策は、自分たちに関係のない民族問題の解決を、米国の若者に背負わせることにしかならない。

我々はアジアで生活をしている膨大な民衆の力を支配も制御もできない。誓約や条約、同盟、大艦隊、海軍基地、移民排斥法、国際連盟による糾弾、経済制裁、封鎖そして産児制限は行えても、アジアの人口増、それも倍増を阻止することなど不可能なのだ。何らかの救済立法をしようとしてもすでに時機を逸している。

この先二十年で日本は三千万人が生活できる場所と手段を探さなくてはならない。日本が三つの大きな戦争を戦ったのは、増え続ける国民の捌け口を確保するためだったのだ。

そして誰もが認める戦争法により、また国際法が根拠とするあらゆる権利によって、日本はその戦果を享受する権利を得たのである。

日本が満洲国三千万の民の独立の権利を認め、強力で自立可能な国家の樹立を助けることを選択し、さらに彼らの正統な統治者（溥儀）を復活させ、国内外の敵に対する相互防衛のために、その政権と同盟を結んだことは、侵攻でも侵略でも征服でもなく、国際社会によって合法と認められた他の仕組みと何ら変わりない。

「日本は捌け口を見つけたのだ」。今のところ、満洲国は自由で独立した主権国家であり、その歴史と伝統を誇りにしている。

世界大戦後に欧州に生まれた国々が、主権国家として存在し続けるためにフランスと同盟を組み、頼っているのと同じように、満洲国も主権国家として独立はしているが、独り歩きができるまではその存立権を守るために、日本に頼らざるを得ないのだ。満洲国は日本の保護を受けているのかもしれないが、大日本帝国の一部ではない。

米国やカナダ、ニュージーランド、オーストラリア、南アフリカ、その他白人諸国は日本人の移住に扉を閉ざしている。南アメリカでは数千人なら定住可能かもしれないが、我々米国の南の隣人たちが我々の先例に倣い、日本人を締め出す日もそう遠くないだろう。

彼らは大人数でフィリピンへは行けない。支那で土地を所有、賃借もできない。ではいったいどこへ行くのか？

世界のどの国もが柵を作って日本人の移住を阻止している現在、日本人は唯一残されている天然の出口、満洲に目を向けており、新生国家を承認した代償の一部として、自由に移住し、満洲国の住民と全く同等に土地を所有、賃借し、事業を立ち上げ、工業や商業に携わる権利を獲得したのである。

もしこの扉まで閉鎖し、日本に民族的自殺をさせるのが米国の方針だとすれば、米国民は、今こそ国の方針がどのような結果をもたらすのか気付かなければならない。

我が国の外交政策によって、友好的だった日本人は、次第に米国は無慈悲な敵だと確信し始めている。米国の政治家が提起しているのはまさにこの点である。

我々は対日決戦を目の前にして、米国の見解を押し通すのか、それとも国としての威厳、尊厳、名誉を保ちつつ、後退する何らかの道を見つけるのか、いずれかに備えなければならない。

行進を続ける日本

国際連盟への加盟は、太平洋上の問題の解決にはならない。米国はすでに国際労働機関に加わり、一九三五年（昭和十年）一月には常設国際司法裁判所（注：一九四六年に設立された国際司法裁判所の前身）への参加も予定していた。

国務省は連盟加盟に必要な決議案も作成し、日本が国連を正式脱退した三月（注：日本は国際連盟からの脱退を宣言した一九三三年三月から二年間の猶予期間を経て、一九三五年三月に正式に脱退した）に加盟するはずだったのだ。

米国が国際連盟理事会と国際司法裁判所に加わっていれば、日本は満席の法廷に立つことになっただろう。

日本の事案はヘーグの国際司法裁判所に回され、そこでも国際連盟総会の決議を支持する政治的判断が下され、連盟に米国、ソビエト＝ロシアを迎え入れた世界は、ドイツ以外全員一致で日本を非難しただろう。

日本人が考えている通り、一九三五年（昭和十年）は日本の命運を分ける年なのだ。

日本による太平洋諸島の委任統治領の取り扱いが問題となり、最終調整の段階になれば、米国の太平洋上の利害関係が明るみに出たはずだ。今のところ連盟はこの点について何ら問題視していないが、米国が国際連盟理事会と国際司法裁判所に代表を送れば直ちにその態度を変えただろう。

近年行われたロンドン海軍軍縮会議の結果を見ると、米国は、ワシントン軍縮条約で定めた主力艦の保有比率である五対五対三の割合を断固として譲らず、それには然るべき海軍基地建設と委任統治領の最終所有権問題も絡んでおり、今後何が起こるか容易に想像できる。

日本の委任統治領は取り上げられ、そのまま米国に譲り渡されたかもしれない。連盟は、日本の委任統治を終了させる法的権限を有していると主張し、日本は第一次世界大戦に参戦した代償として連合同盟側から付与されたものだと反論している。

米国が常設国際司法裁判所と国際連盟に加わっていれば、対日制裁が決議されただろう。もし米国上院が司法裁判所への参加を承認していれば、米国民は瞬く間に窮地に陥っていたはずだ。米国は危険な状況に向かっていたのだ。

元々モンロー主義は、英国のカニング外相が米国に提案し、門戸開放主義は、駐英大使だったジョン・ヘイが任務を終えて帰国する際に持ち帰ったものである。

国際連盟設立案は、南アフリカの首相を務めたヤン・スマッツと英国枢密院顧問のフィリモア卿が作成したが、それを「ウィルソンは全て鵜呑みにした。提唱された国際連盟は、実際は英国の起案によるものだが、それをウィルソン大統領は自分が考案したとした」[36]のである。

ワシントン会議を着想したのは英国首相だったロイド・ジョージであり、それを当時のハーディング大統領とヒューズ国務長官に渡し、二人は自分の手柄にした。

不戦条約は、元々カーネギー国際平和財団の理事ジェームス・T・ショットウェルが仏首相のブリアンの耳に入れた構想であり、それがケロッグ国務長官に伝わり、彼は米国による平和貢献として推進し、現在ケロッグ＝ブリアン条約として知られている。

【36】Lord Riddell "Intimate Diary of the Peace Conference and After"（一九三四年、ニューヨーク、Reynal & Hitchcock, Inc.）

これらの業績は、米国の偉大で輝かしい外交勝利として歴史に刻まれ、我々国民は、米国こそが世界を主導し、文明を作り変えていると思い込んでいる。

米国は、百年にわたって我々の主要な方針を指南してきた母なる英国の属領として、脇道か裏口から国際連盟に加わり、世界の諸問題において相当の地位を占めるところだった。カーネギー財団とセシル・ローズの数百万人（注：セシル・ローズが会員であったフリーメイソンのことか、オックスフォード大学に寄贈した奨学金による奨学生のことかは不明）の力をもってすればその目的は達成されただろう。

米国の代表一人が国際司法裁判所の判事席に座り、もう一人が国際連盟理事会議長の椅子を与えられれば、米国は数においても投票においても一対九という圧倒的優位にある一団（英国）から国際的諸問題について指示を受けることになる。

同盟国と友好国を従えたこの一団は、南米大陸の反米国とも手を組み米国の外交策を公然と決定しただろう。百年間、英国が狡猾で不正な方法で米国の行動を指図してきたのと同じになったのだ。

英国にとってもう一つ米国をかつての英国属領に戻す方法は、オークランド・ゲッデス卿の説に従い、ジョージ五世陛下に進言してウェールズ公（皇太子）をカナダの総督に任命させることだ。

「それは米国に素晴らしい影響を与えるだろう。カナダは大陸の社交的中心となり、ウェールズ公は米国に何度か訪問するだけで米国世論を英国に有利に転換でき、それは他のいかなる方法によっても達し得ない」[37]

英国人は何と的確に米国人を理解しているのだ。ウェールズ公は社交界の寵児となり、米国の金持ちの婦人方を虜にしたはずだ。（そうやって米国民を味方にすることに）皇太子自身ためらっただろうが、うまくいったかもしれない。米国を国際連盟に加盟させても、英国は（米国を懐柔するという点で）同一の結果が得られただろう。

これは一大勝負である。米国世論を味方に付けるためにすでに数百万ドルもの資金が使われており、米国を連盟に加入させ、対米戦債を帳消しにするためにさらに数百万ドルが充当されようとしている。賭け金は高いが見返りも大きい。

欧州の論客や宣伝活動家たちは、うまくやれば爵位を授与され、貴族に格上げされ、勲章を与えられる。騙されやすい米国人は両手を広げて彼らを歓迎し、演説を聞こうと会場に押し寄せ、新聞記者たちは全国隅々まで宣伝を広げるのだ。

今こそ米国は目を覚まし、慎重に歩を進め、冷静に対話し、自らの足で立ち上がる時である。太平洋上で戦争を起こせば自動的に対支貿易の門戸は閉鎖されることを肝に銘じるべきだ。太平洋上の通商取引は阻まれ、日本も破綻するだろう。

支那の貿易と開発は欧州の手に渡り、対米債務は自動的に解消され、米国はさらに数十億ドルを他国の利益のために費やすことになる。

国家間の利害が絡み合った状態から早く抜け出し、自国の安全保障と太平洋の特殊権益を守る政策を打ち立てて広く世に知らせなければ、米国は、新たな戦争の先兵とされる運命から逃れることはできない。

私は重ねて断言する。米国が門戸開放主義とその当然の結論として導かれる「支那」と称する地域の領土的、行政的独立維持とは、詰まるところ英国の通商のみならず、さらに重大で必須の戦略的政

【37】Lord Riddell "Intimate Diary of the Peace Conference and After"（一九三四年、ニューヨーク、Reynal & Hitchcock, Inc.）

策を守ることなのだ。

それは米国の対支投資の十三倍に上る英国からの投資の保護であり、米国の二倍の対支輸出額の維持である。加えて米国の対支輸出の中身を分析すれば、国内企業による輸出以上の米国製品を、日本人が支那に販売していることがわかるだろう。

日本の対支輸出品の大部分は繊維製品だが、その五、六割は米国から輸入した綿花を原材料としている。我々は負け馬に賭け、乗り合いバスに乗り遅れているのだ。

日本は米国の友好国である。どれほど好戦的な愛国主義者が吠えようが、実際の日本の指導者、健全で保守的な実業家や銀行家、自由主義者、そして大衆の大部分は米国の理解と同情を求めており、米国と英国連邦の住民が共通の理解によって結束しているように、日米両国も均衡のとれた貿易と相互の利益によって、しっかりと堅く結びつく日が来ると私は信じている。

私自身、今の日本の指導者たちを心から信頼している。彼らの全てを知っており、何を求めているかわかっており、彼らが直面している問題も理解している。

しかし情勢は変化し、政府も内閣も権力の座から引きずり降ろされ、新顔が現れる。日本は流動的であり、まるでダイナマイトを巻きつけているようだ。来年の今頃誰が権力を握っているのか予想できる者はいない。

だが確かなこともある。自由主義者だろうが、軍国主義者だろうが、労働者だろうが、ファシストだろうが、共産主義者だろうが、日本の政権を握る者の綱領は一つしかない。国内からの抗いようのない圧力が形となり、その政策を形成するからだ。

十年前の日本と今日の日本が異なるように、十年後の日本もまた今日の日本とは異なるだろう。日本は行進を続けているのだ。

天秤に掛けられた文明の未来

今、日本は、米国の同情と好意、友好関係を求め、仲間となるべく手を差し伸べている。我々はその手を握るべきか、それともこのまま日本を裏切り、世界世論を動かし、日本に対抗させるべきなのか？

もし米国が現行方針に固執し、日本との握手を拒み、日本の領域内での生存権にあくまで干渉するのであれば、米国民は国の外交策によってどこへ向かおうとしているのかを真剣に考えなくてはならない。

太平洋の根本的問題は変わることがないだろう。おそらく我々が知らないうちに、そして直面する覚悟もできていないうちに、その問題は降りかかってくるのだ。米国の国民が情報を共有さえできれば、政府の極東政策を直ちに変更するよう要求するはずだ。

米国の運命を左右する者たちが、自分たちの過ちに気付かないか、気付こうとしないのであれば、国民は少しの時間も無駄にできない。今日からでもその国防強化に着手しなければならないのだ。

米国は万全の策を取らなくてはならない。何の警告もなく戦争状態に投げ出されるかもしれないのだ。太平洋沿岸やアラスカ沿岸が攻撃されても、防護できるだけの海軍力を備えなければならない。侵入されることなど問題外である。

パナマ運河を再強化し、ニカラグアを横断する運河を掘削し、真珠湾を難攻不落の要塞とし、太平洋沿岸の港の対空装備を増強し、大規模な航空機隊を編制し、腰を据え、いつ何時も我が国の海岸線を防御する用意をしておかなければならない。

問題が勃発すれば、英国は、日本が敗北し、アジア統治がソビエト＝ロシアの手に渡るのを黙って許さないはずだが、英国がどう出るか安心はできない。

英米の利益は一致せず、米国は単独でこの問題に立ち向かわなければならない。我々次第なのだ。太平洋上の平和か戦争か、我々の文明の未来は天秤に掛けられている。

米国は、賢明に判断すれば、日本と友好的に折り合いをつけ、日本が友情の印に差し出しているその手を握り、互いに協力し、通商と東洋における共通目的のために結束できる。

さもなければ欧州から押し付けられた主義や原則にしがみつき、我々の感情的で非現実的な外交策がもたらす結果に直面する覚悟をしなければならない。

もし後者が国の方針だとすれば、米国の安全を守るためには、ただ一つ、軍備を充実するしかないのだ。

軍備を増強せよ、そして口を閉ざせよ。

【参考資料1】露清秘密条約（一八九六年〈明治二十九年〉五月二十二日調印）

ロシア帝国皇帝陛下、大清国皇帝陛下は、極東において再建された平和を然るべく強固にし、かつアジア大陸を新たな外国の侵略から守るべく、防衛同盟を締結することを決定し、その目的のためにそれぞれ全権大使を任命した。

ロシア帝国皇帝陛下の代理として、外務大臣、国家評議会議員及び現在枢密議官であるアレクセイ・ロバノフ＝ロストフスキー公及び大蔵大臣、枢密議官のセルゲイ・ヴィッテ、大清国皇帝陛下の代理として特命全権大使（欽差大臣）である李鴻章伯は、全権委任状を交換し、それらが適法な書式であり問題ないことを確認した上で、以下の定めに合意した。

第一条　東アジアにおけるロシア国領土に対するか、清国または李氏朝鮮の領土に対するかを問わず、日本の企図する一切の侵略は、必然的に本条約の即時適用を招くものとみなす。かかる場合、両締約国は、その時点において締約国が使用可能な一切の陸海軍によって相互支援し、かつ各々の兵員に対する糧食供給のための可能な限りの援助を行うものとする。

第二条　両締約国が共同行動を開始した後、一方の締約国は、他方の同意なくしてその敵対国と何ら和平協定を締結してはならない。

第三条　軍事行動中、清国の全港湾は、必要に応じてロシア軍艦のために使用されるものとし、その際清国政府当局は必要とされるあらゆる援助を提供するものとする。

第四条　清国政府は、侵略の虞(おそれ)のある地点へのロシア陸軍の移動を容易にし、かつ同軍隊の糧食確保のため、ロシアが清国黒竜江省及び吉林省を横断してウラジオストクへ至る鉄道を建設することに同意する。かかる鉄道とロシアの鉄道との接続は、清国領土への侵略または清国皇帝陛下の主権侵害の口実とはならない。かかる鉄道の建設及び運営は、これを露清銀行に委ね、その目的のために締結される契約条件は、サンクトペテルブルク駐在の清国大使と露清銀行間で適宜協議されるものとする。

第五条　第一条に定める通り、ロシアは戦時においてその軍隊及び糧食輸送のため第四条に記載の鉄道を自由に使用する権利を有し、平時においてもその軍隊及び軍需品輸送のために同一権利を有するものとし、これを停止することは、運輸上必要とされる場合を除いて許されないものとする。

第六条　本条約は、第四条に定める協約が清国皇帝陛下により勅許される日をもって効力を発生するものとし、その日より十五年間有効とする。かかる期間満了の六カ月前に、両締約国は、本契約の延長に関して検討するものとする。

一八九六年（明治二十九年）五月二十二日（露歴六月三日）

ロバホフ（署名捺印）　ヴィッテ（署名捺印）　支那側（署名捺印）

この密約の存在を完全に秘匿するために、本条約は、各政府による正式批准を必要としなかった点に注目すべきである。本条約が実行されたのは、東清鉄道建設協定が調印された同年九月であり、表面は純然たる請負契約であったが、実際は同盟の目標を実現するために考え出された戦略的路線であり、対日攻撃と敵意の証拠だった。東清鉄道は、基本となる密約においては正確に法的位置づけがなされ、建設協定はそれを隠すための覆いだった。

密約の定めに基づき、東清鉄道は建設された。それに続く南満洲鉄道として知られる支線の敷設権と遼東半島の租借は、ロシア陸軍を朝鮮国境の戦略的重要地点までさらに円滑に輸送し、旅順の不凍港をロシア艦隊の基地とすべく密約を単に拡張したに過ぎない。その後に例えロシアが条約違反を疑われるような行動を取っても、ロシアは決して非難されず、ロシア陸海軍は密約によって満洲と港湾を占領し、真の目的である対日戦争準備を進めることができたのだ。

密約は完全に秘匿されていたが、露支間に何らかの秘密の合意があることは誰の目にも明らかであり、特に西方へのロシアの動きを食い止めている英国は、ロシアが東方へ抜けて支那の領土である太平洋沿岸の不凍港まで到達するのを注視していた。英国はまたロシアとフランス、ベルギーが合同して、北のロシア鉄道の南端から支那を縦断するフランスの鉄道を接続させようと、支那の鉄道敷設権獲得に奔走している状況にも注目していた。

英国はインドを防護すべく長江流域を割譲しないことを列強に強く求め、そのため一帯を自分の勢力圏とし、清国に渤海湾（直隷港湾）を見下ろせる威海衛の租借条約に調印させ、北京政府には北京と漢口間の鉄道敷設条約の不履行に対して最後通牒を送り、清国領土を通過してインドを目指そうというロシアの計画を阻止する唯一の方法として、躍起になって日本と同盟を結んだのである。経緯を書けば非常に長くなるが、近代史の最も興味深い一頁である。露清間の密約は直接的には日本に対抗するものだったが、間接的には英国にとってさらに大きな脅威だった。

日本は、密約の存在を知らないまま日露戦争を戦い、和平合意に調印したが、この密約こそが戦争を引き起こすことを可能としたのである。清国はこの戦争について何も知らず傷を負った被害者として現れ、全世界の同情を集め、満洲における完全主権を回復し、承認された。しかし密約の存在に関する真実がポーツマスの和平会議で明らかになっていれば、日本は多額の補償金かそれに代えて領土の一部を獲得する権利を得ただろう。

一九一一年(明治四十四年)から一九二〇年(大正九年)にかけて幾度か密約の存在が、非公式に取り沙汰され、一九二一年(大正十年)のワシントン会議において、一方の締約国によってその文言が公式に暴露された。国際法上、こうした類の証拠に基づく請求に時効はない。支那はこの秘密条約の存在を告白すると同時に、日本が請求可能な損害賠償金について法的責任を負ったのである。密約は一九一一年(明治四十四年)に満了失効したのかもしれないが、その役割は果たし、日露戦争を引き起こし、日本にこれまで四十億金兌換ドル以上の戦費を使わせたのだ。

【参考資料2】ピョートル大帝遺言書

第一条 ロシア国民を恒久的に戦争状態に置くこと。それによって兵士を常に戦闘に適した、訓練された状態に置くことができる。国の財政状態を改善する必要がある時のみ兵士を休ませること。軍隊を改革し、常に攻撃に最適な機会を選ぶこと。平和を戦争に役立て、戦争を平和に役立て、双方をロシアの偉大さと安泰に役立てること。

第二条 ロシア国民の優秀性を失わず、かつ他国民の優秀性を活用すべく、欧州の極めて教養ある人民から戦時、平時の兵役経験のある将校を招くこと。

第三条 欧州、とりわけ我が国の隣人であり最大の関心があるドイツ国内の紛争と折衝には、いかなる性質のものであれ、常に加わること。

第四条　ポーランドで不安と対立を拡大し、国王の選挙に影響を与えるべく有力者を買収し、議会に賄賂を贈り、我が国が推す候補者を勝たせ、ロシア軍をポーランドまで行軍させ、軍隊を恒久駐留させる好機が来るまで留め置くこと。近隣国で難色を示すところがあれば、ポーランドを一時分割して彼らを満足させ、ロシアが割譲したところを後日再度征服できる立場になるまで待つこと。

第五条　スウェーデンからは可能な限り広い領土を奪い取り、彼らにロシアを攻撃させて我々（ロシア）がスウェーデンを隷属させる口実を作ること。さらにスウェーデンをデンマークから、またデンマークをスウェーデンから切り離し、慎重に両国間の敵対心を保たせること。

第六条　ロシア皇太子の配偶者はドイツの皇女から選び、血族関係を築き、両国の利害関係を混ぜ合わせ、それによってドイツに対する影響力を増大させてドイツをロシアの味方とすること。

第七条　特恵待遇によって英国との通商協力を求めること。英国はその海軍力がゆえにロシア海軍開発のために最も利用価値が高い強大国だからである。ロシアの木材及び他の産品と英国の金を交換し、両国間の商人及び海員間で、通商と航海に関する継続的提携を促すこと。

第八条　バルティック海沿岸の北方、黒海沿岸の南方においてロシアの勢力を拡大することを躊躇してはならない。

第九条　コンスタンティノープルとインドへの接近に力を集結せよ。そこの主が世界の真の主となるからだ。この目的のためにトルコ（オスマン帝国）とペルシャには繰り返し戦争を挑むこと。黒海に造船所を建造し、バルティック海と同様に黒海を占領すること。これらの目標の実現は我が国の計画達成に必要不可欠である。ペルシャの衰退を加速化させ、ペルシャ湾まで到達すること。

可能であれば、かつてのレバント（注：東部地中海沿岸地方）との交易を復活させ、世界の商業の中心であるインドに到達すること。もしインドを獲得できれば、英国の金は不要である。

第十条　オーストリアとの同盟維持には慎重を期し、ドイツの玉座を狙っているオーストリアにはロシアが支持していると見せかけながら、徐々に諸侯が反オーストリアとなるよう煽動すること。どちらがロシアの支援を求めるかを見極め、一種の保護関係を維持し、実際の支配の準備をすること。

第十一条　オーストリア王室にトルコを欧州から除外することに興味を抱かせること。しかしトルコの対抗を無力化すべくコンスタンティノープルを征服する前に、トルコと旧欧州諸国との間で戦争を引き起こさせるか、または被征服地の一部をトルコに維持させれば、それは後日トルコから奪取できる。

第十二条　現在トルコ、ハンガリー、ポーランド南部に広がっている全てのキリスト教正教徒と連携し、結集させること。ロシアが彼らの中心であり支援者であるとし、その前に王室として、または聖職者として最高権力機関を設立すること。彼らは全て、敵国における我が国の同胞となるだろう。

第十三条　スウェーデンを分割し、ペルシャを打ち負かし、ポーランドを隷属させ、トルコを征服し、ロシアの軍隊を統一し、黒海とバルティック海をロシア海軍によって警護すること。そうすればまずフランス、次にオーストリアの王室に内密に、かつ個別に、世界をロシアと一緒に分割支配することを提案できる日が来るだろう。彼らの野心と虚栄心をくすぐれば、どちらかの国が受け入れることは間違いない。その後は残り一国と戦わなくてはならないが、ロシアはすでに東洋全体と欧州の大部分を手に入れており、その結果は疑いようがない。

第十四条　ほとんどあり得ないが、両国とも提案を拒絶した場合は、両国間で紛争を引き起こさせ、その闘争で国力を消耗させるよう試みなければならない。そして決定的瞬間が来れば、ロシアは統一軍隊をドイツに広げ、同時に巨大な二つの輸送艦隊、一つはアゾフ海（黒海の湾）から、もう一つはアルハンゲリスク港（白海）から出港させ、そのどちらにもアジア民族の大軍を乗せ、黒海とバルティック海を警備するロシア海軍によって護衛する。これらの軍隊は地中海と大西洋を渡り、一方からフランスを打倒し、もう一方からドイツに流れ込む。これら二カ国が負ければ、残りの欧州は容易く、一撃も与えることなく、ロシアの支配下に入るだろう。このようにして欧州はロシアに支配され、かつ支配されるべきである。

【参考資料3】清国皇帝退位協定（一九一二年〈明治四十五年〉二月十一日調印）

清国皇帝退位協定は、通常「清室優待条件」とされ、その中には清国に含まれない満蒙回蔵族（満洲族、蒙古族、回族、チベット族）の権利について特別の定めが含まれている。

清室に関して

大清皇帝は、共和制政府である支那共和国が辞任及び退位後の皇帝に対して、下記の待遇を認めることを宣言する。

第一条　退位後、大清皇帝はその尊号をなお有し、支那共和国は外国君主としての礼をもって待遇する。

第二条　退位後、大清皇帝の位にあるものは、支那共和国より年四百万両の年金を受領するものとし、新貨幣改鋳後はその金額を四百万ドル（元）とする。

第三条　退位後、大清皇帝は当面紫禁城に居住し、その後頤和園（いわえん）に移るものとし、護衛兵は従来のままとする。

第四条　退位後、大清皇帝は宗廟寝陵において永遠に祭事を執り行うものとし、支那共和国より護衛兵を置き保護する。

第五条　徳宗皇帝（光緒帝）の陵は未だ竣工せず、造営は元の計画通り遂行されるものとし、先帝の御遺体を新陵へ移御する祭事は、原案通り行われるものとし、かかる経費は支那共和国がこれを負担する。

第六条　皇室の使用人は従来通り雇用するが、新たな宦官は任命できない。

第七条　退位後、全ての私有財産は、支那共和国によって尊重され、保護されるものとする。

〈**第八条**　現在の禁衛軍は、支那共和国陸軍部の節制に帰し、その数及び俸給は従来の通りとする。〈注：原書には第八条はない〉〉

皇族に関して

第一条　清国王公その他の爵位の称号は従来通りとする。

第二条　清国皇族は、支那共和国において他の市民と同等に、公私の権利を有する。

第三条　清国皇族の私有財産は適切に保護される。

第四条　清国皇族は兵役の義務を免ぜられる。

満蒙回蔵各族に関して

共和国を認める満洲族、蒙古族、回族及びチベット族には下記の待遇が与えられる。

第一条　各族は、漢族と完全に同等とする。

第二条　各族はその私有財産を完全に保護される。

第三条　王公その他の爵位の称号は従来通りとする。

第四条　生計困難の王公は生活費を支給される。

第五条　八旗の生計に関する定めは速やかに決定するものとするが、かかる定めがなされるまでの間は八旗の俸給は従来通り支払われる。

第六条　各族に対する交易及び居住制限は廃止され、今後各省県に自由に居住することを認められる。

第七条　満蒙回蔵各族は、完全に信仰の自由を有する。

以上の諸条件は制規公文をもって双方代表により北京駐在各国公使に照会され、各国政府に電達される。

【参考資料４】支那に関する九カ国条約

米国、英国、オランダ、イタリア、仏国、ベルギー、ポルトガル、日本及び支那（中華民国）国間で締結。

第一条　支那国以外の締約国は、左の通り合意する。

（一）支那国の主権と独立並びにその領土的及び行政的保全を尊重すること。

（二）支那国が実効性を有し、かつ安定した政府を自ら確立し、維持するために、最も完全で、かつ最も障壁のない機会を提供すること。

（三）支那国の国土全体において、あらゆる国による商取引及び工業の機会を均等とする原則を有効に確立し、維持するために各々尽力すること。

（四）支那国の情勢に乗じて、友好国の臣民又は人民の権利を損なうような特別の権利もしくは特権を要求せず、かつ友好国の安全保障を害する行動を容認しないこと。

第二条　締約国は、相互もしくは個別に、又は共同して、第一条に記載する原則に違反するか、又は有害となるいかなる条約、協定、取り決めもしくは合意を一国もしくは複数の国との間で締結しないことに同意する。

第三条　支那国におけるあらゆる国に対する商取引及び工業の門戸開放、又は機会均等の原則を更に有効に適用することを目的として、支那国以外の締約国は、以下のいずれも要求せず、かつ自国民による要求をも認めないことに同意する。

（一）支那国内のいずれか特定の地域における商業発展又は経済発展に関して、一般的に優位となる権利を自国の利益のために設定することを意図する取り決め。

（二）支那国において他国民が適法な商取引や工業を営む権利、又は分野を問わず公営企業体を支那国政府もしくは地方当局と共同運営する権利を奪うような独占権もしくは優先権。又はその事業領域、期間もしくは地理的範囲を理由として、機会均等の原則の適用を実質的に妨げるとみなされる独占権もしくは優先権。

締約国は、本条の前記規定が、個別の商取引、工業もしくは金融事業の実施、又は発明及び研究の奨励に必要となり得る財産もしくは権利の取得を禁止するものとは解釈されないことに同意する。

支那国は、本条約の当事国であるか否かを問わず、いずれかの外国の政府及び国民から経済的権利及び特権付与の要請を受けた場合、本条の前記規定に定めた原則に従うことを約束する。

第四条　締約国は、それぞれの国民同士が、支那国内の特定の地域において勢力圏を築くか、又は相互に排他的な機会を得るための合意締結を認めないことに同意する。

第五条　支那国は、支那国内の全鉄道について、いかなる類であれ不公平な差別を行わず、又は容認しないことに同意する。

特に、鉄道旅客の国籍、出発地もしくは目的地、貨物の原産地もしくは所有者、積み出し地もしくは仕向け地、又は前記の旅客貨物を支那鉄道による輸送前後に運ぶ船舶、その他輸送機関の国籍もしくは所有者によって、料金や設備に直接、間接を問わず、いかなる差別も設けてはならない。

支那国以外の締約国は、自ら又はその国民が前記鉄道の一部について何らかの権利を得るか、特別な協定その他に基づいて管理権を行使できる立場にある場合、その部分に関して前項に相当する義務を負う。

第六条　支那国以外の締約国は、支那国が参戦しない戦争の際は支那国の中立国としての権利を完全に尊重することに同意し、支那国は、自らが中立国である場合、中立の義務を遵守することを宣言する。

第七条　締約国は、何らかの事態が発生し、締約国のいずれか一国が、本条約の規定の適用が関係すると判断し、かかる適用について協議が望ましいと提案した場合は、何時でも関係締約国間で十分かつ率直な意思伝達を行うことに同意する。

第八条　本条約の署名国ではない大国で、署名国が承認した政府を有し、かつ支那国と条約関係を有する国に対して、本条約への加入を呼びかける。

右の目的に向けて、米国合衆国政府は、非署名国に必要な連絡を行い、受領した回答を締約国に知らせる。

他の大国による加入は、合衆国政府がその通知を受領した時点で発効する。

第九条　本条約は、締約国それぞれの憲法上の手続きに従い批准されるものとし、全ての批准書が寄託された日をもって発効する。かかる寄託は、ワシントンにおいて可及的速やかになされるものとする。

合衆国政府は、批准書寄託の調書の認証謄本を他の締約国に送付する。

本条約は、仏語版及び英語版双方を正本とし、合衆国政府の公文書庫に寄託保管されるものとし、その認証謄本は、同政府より他の各締約国に送付されるものとする。

右合意の証として前記各全権委員は、本条約に署名した。

（この条約には米国は非加盟であるにもかかわらず、条約の運用について、締約国を監視する立場に立っている）

あとがき

たまたま私は満洲国奉天市に生まれ、その後、山西省太原市に移住し、物心ついた頃には太原市に住んでいた。従って当時の奉天は全く記憶になく、その後になって親、兄弟、親戚、知人から聞かされたことを覚えているだけである。父が満洲鉄道に勤務していて、途中で華北交通に移ったために、太原に移住したのであった。

私ごとではあるが、私ども一家は引き揚げが一九四六年（昭和二十一年）と遅れたが、蔣介石の国民党軍や毛沢東の八路軍に襲われることなく無事に引き揚げることができた。この山西省は終戦直後も、引き続き閻錫山が統治していたからである。閻錫山は日本の陸軍士官学校に留学しており、極めて親日的で、一九四九年（昭和二十四年）、共産党軍に敗れるまでこの地域を支配していた。

満洲国には終戦時、およそ二百十万人の日本人が住んでおり、そのうち朝鮮人が百三十万人（この時の朝鮮人は日本人）いたので、日本人（朝鮮人、台湾人を除いて）は八十五万人いた。

この八十五万人の日本人は、侵略してきたソ連兵によって抑留され帰国を許されず、昭和二十一年から二十二年にかけて順次帰還させられた。私物でも持ち帰ることは一切許されず、身一つで帰された。徹底的に略奪されたのである。

引き揚げるにあたっては、ソ連兵、支那兵、支那の民間人、朝鮮人から、略奪、強盗、殺人、強姦と筆舌に尽くしがたい被害を被ったことは記憶に留めおく必要がある。健康な男性は軍人、民間人を問わずソ連が拉致しシベリアへ連れ去り、残された女性、子供がソ連兵、支那兵、にわか作りの朝鮮兵に襲われ、痛ましい悲劇が起きたのであった。

福岡県筑紫郡二日市町（現筑紫野市）にあった二日市療養所では、朝鮮半島から引き揚げてくる女性の多くに堕胎手術を施し、性病治療を行っていた。満洲、朝鮮からの引き揚げ女性である。強姦の加害者はソ連人、支那人、朝鮮人であったことがわかっている。

満洲の日本人が満洲の地に残してきた資産は、現在の価値に換算すればいくらになるのか見当がつかない。見積もりは可能であろうが、天文学的数字になる。

例えば、現在の九州に三百万の第三国の大軍が突然なだれ込んできて、九州を包囲し封鎖し、九州人は収容所に隔離して、二年後に彼らを本州に追放し、身一つで移住させ、そこにその第三国人が侵入してその資産をそっくり手にしたと思えば、この時、満洲に突然ソ連兵がなだれ込んできて、全ての日本人を隔離し収容した時に起きたことが想像できるかもしれない。国の侵略ではなく、国の乗っ取りである。

しかもその時、満洲にあった資産は、この例でいう九州の資産をはるかに超えるものであろう。それを紆余曲折の末、現中華人民共和国が手にしている。何しろ人口四千万を超える満洲国という一国の全資産である。国民党軍に追われて延安に逃げ込んだ毛沢東が、満洲さえ取れば何とかなると言ったその満洲である。

一九四五年（昭和二十年）九月十九日に、ＧＨＱが報道することを厳禁した三十項目（プレスコード・日本に与える新聞準則）を発表したが、その中でソ連への批判、朝鮮人の批判、支那の批判、満洲での日本人処理への批判を入れていることで、報道は一切許されなかった。ＧＨＱは全てわかっており、この不法を許したのである。

そしてサンフランシスコ講和条約締結で日本が主権を回復した後も、ＧＨＱのこの命令を日本の左翼が忠実に引き継いで報道規制し、未だに報道されずにいるため、ほとんどの日本人はこの事実を知らないでいる。

ヨーコ・カワシマ・ワトキンズ著『竹林はるか遠く』、遠藤誉著『チャーズ　中国建国の残火』などを読むと、当時の悲惨な状況が理解できる。『チャーズ　中国建国の残火』には、満洲国首都であった新京（現長春）を共産党軍が包囲し、三十万人を餓死させた凄まじい記録がリアルに描かれている。この中には日本人の犠牲者も多く含まれている。

これら全ての悲劇は、ブロンソン・レーが本書で米国政府に警告を鳴らしていた通りになって発生したのであった。

『満州国の遺産』など黄文雄氏の本を何冊か読んでいて、このブロンソン・レーがしばしば引用されていたのでこれを読んでみたいと思い、翻訳本を探したが、絶版になっていて入手できなかった。

古書は大変高価で諦めていたが、あるときこの本のこと、どうしても世に残しておくべき本であることを、私の事務所の弁護士・高松直樹氏に話したところ、元本を探してみましょうと助け船を出していただいた。そして彼がアメリカから中古の原本を手に入れてくれて、これを翻訳して再出版したのが本書である。

この本は世に残しておくべきものという私の願いを、高松弁護士が共有してくださったことが出発点になったことで、私としては彼に対する感謝の気持ちで一杯である。

それから翻訳にあたっては、これまた事務所で翻訳専門にしておられた藤永二美女史に相談したところ、たまたま事務所を退社し独立されたばかりで、協力を快諾いただき、翻訳作業は急速に進み、このたびこの翻訳本として完成をみた。

日支関係と日朝関係の近現代史に関しては、学校教育でもあまり教えられないし、報道機関も報道しないので、一般にはほとんど知られていない。そこで、この本の翻訳に関しては多少注釈を付け、理解に供するように心掛けた。

翻訳作業に入った頃、いつも何かとご指導いただいている竹田恒泰先生にご相談したところ、私の思いをご理解いただき、全面協力をいただけることとなった。

これも偶然のことであるが、竹田恒泰先生の祖父であられる竹田宮恒徳王は陸軍中佐として昭和十八年八月、関東軍参謀に任じられ、満洲に渡り、新京で満洲国皇帝溥儀と交流を持たれたという奇しき縁をお持ちであった。昭和二十年七月、第一総軍参謀として内地へ戻り、間もなく終戦を迎えられた。

そして終戦直後は、天皇の特使として再び満洲に赴かれ、関東軍に停戦の大命を伝えて武装解除を厳命するという大役を果たされた。昭和二十二年十月十四日、ＧＨＱの命令で十一宮家が臣籍降下され皇籍を離脱されるまでは皇族であられた。

最後に、この本を出版するにあたっては、ＰＨＰ研究所学芸出版部部長・大久保龍也氏にひとかたならぬお世話になった。不慣れで無学な私を懇切丁寧にご指導いただきましたこと、ここに心から感謝申し上げる。

企画・調査・編集　　吉重丈夫

〈著者略歴〉

ジョージ・ブロンソン・レー（George Bronson Rea）

1869年、ニューヨーク市生まれ。技師であったが、米国の新聞社の特派員として1898年、アメリカ＝スペイン戦争の際キューバに赴き、1899年のアメリカ＝フィリピン戦争でも現地で取材。第一次世界大戦中は米国陸軍情報部大尉、また在マドリッド大使館付副武官を務めた。1905年に上海で英語の雑誌『The Far Eastern Review』を創刊し、国際的に名が知られるようになる。東洋の政治状況に詳しく、また技師として中国での鉄道建設計画及び資金調達に深く関与し、さらに中国及び日本政府要人とも親密な関係を築いていた。1932年、満洲国建国と同時に満洲国政府顧問に就任。1935年７月に病気のため極東より帰国。1936年11月21日、ワシントンにて死去。アーリントン国立墓地に眠る。

本書以外にも『The Breakdown of American Diplomacy in the Far East』『Facts and Fakes about Cuba』など多数の著書がある。

〈監修〉

竹田恒泰（たけだ　つねやす）

作家。昭和50年、旧皇族・竹田家に生まれる。明治天皇の玄孫に当たる。慶應義塾大学法学部法律学科卒業。専門は憲法学・史学。皇學館大学現代日本社会学部で「日本国家論」「現代人権論」の授業を受け持つ。平成18年、『語られなかった皇族たちの真実』（小学館）で第15回山本七平賞を受賞。著書はほかに『日本はなぜ世界でいちばん人気があるのか』『日本人はなぜ日本のことを知らないのか』『日本人はいつ日本が好きになったのか』『アメリカの戦争責任』（以上、PHP新書）など多数。

〈企画・調査・編集〉

吉重丈夫（よししげ　たけお）

昭和40年、東京大学法学部卒業。会社役員・代表。北浜法律事務所顧問。素行会維持会員。大阪竹田研究会幹事長。日本の正史を研究している。

著書に『歴代天皇で読む　日本の正史』（錦正社）などがある。

〈翻訳〉

藤永二美（ふじなが　ふみ）

香川県出身。明治大学文学部（日本文学）卒業後、大手流通企業に就職。東南アジアへの事業展開に携わる傍ら、翻訳学校の夜間コースでジャーナリズム翻訳を学ぶ。出産のため退職後もノンフィクションを中心に翻訳修業を続け、翻訳学校のインストラクターを務めながら、法律翻訳も学ぶ。2001年から14年間、法律事務所で秘書兼翻訳として勤務。現在自宅で翻訳業に専念。千葉市在住。（バベル大学院講師、英国認定パラリーガル協会準会員、日本翻訳連盟会員）

「満洲国建国」は正当である
米国人ジャーナリストが見た、歴史の真実

2016年8月5日　第1版第1刷発行

著者　ジョージ・ブロンソン・レー
監修　竹田恒泰
企画・調査・編集　吉重丈夫
翻訳　藤永二美
発行者　小林成彦
発行所　株式会社ＰＨＰ研究所
東京本部　〒135-8137　江東区豊洲5-6-52
学芸出版部　☎03-3520-9618（編集）
普及一部　☎03-3520-9630（販売）
京都本部　〒601-8411　京都市南区西九条北ノ内町11
PHP INTERFACE　http://www.php.co.jp/

制作協力
組版　有限会社メディアネット

印刷所
製本所　図書印刷株式会社

ISBN978-4-569-83091-9

日本はなぜ世界でいちばん人気があるのか

竹田恒泰 著

「もったいない精神」「日本食」「和み」――世界が猛烈な日本ブームに沸いていることを、いまこそ知ろう。北野武氏との対談も収録。

〈PHP新書〉定価 本体七二〇円（税別）

PHPの本

日本はなぜ日本のことを知らないのか

竹田恒泰 著

「日本は世界最古の国」——誇るべきことなのに、なぜか学校では教えてくれない建国神話を紐解く。子どもに伝えたい「日本誕生の教科書」。

〈PHP新書〉定価 本体七二〇円（税別）

PHPの本

旧皇族が語る天皇の日本史

竹田恒泰 著

現存する世界最古の国家・日本。その神代から現代までを、天皇という存在を通して概観する。従来の日本史観を覆す画期的な一冊。

〈PHP新書〉定価 本体七八〇円（税別）

PHPの本

日本人はいつ日本が好きになったのか

竹田恒泰 著

日本人はなぜ「日本が好き」といえるようになったのか。占領政策や戦後外交の問題点を指摘しながら、全国民に自信と勇気を与える一冊。

〈PHP新書〉定価 本体七六〇円（税別）

PHPの本

日本人の原点がわかる「国体」の授業

竹田恒泰 著

日本国のかたちを守り続けるために一番大切なことは何か？　日本人として知っておきたい天皇、憲法、歴史についての特別講義。

〈PHP文庫〉定価 本体六〇〇円（税別）

PHPの本

日本人が一生使える勉強法

竹田恒泰 著

なぜビジネス書を読んでも成功できないのか。ベストセラー作家が自らの人生を赤裸々に明かしながら、ほんとうの勉強法を一挙に大公開。

〈PHP新書〉定価 本体七六〇円(税別)